ELOGI
LA VERDADE

Mary es una teóloga profunda y muy capacitada, pero me maravilla ver cómo ella transmite la enseñanza a las mujeres de una forma tan llana, eficaz y llena de gracia. Este libro es altamente recomendado en estos tiempos en que la mujer busca ser fuerte según los estándares del mundo. Mary las ayuda a formar hábitos consistentes basados en principios bíblicos, y las invita a cultivar esa fortaleza interna que les permite hacer frente a las diversas circunstancias de la vida sin temor. Una joya para la mujer cristiana de hoy que anhela ser fuerte a la manera de Dios, vistiéndose de fuerza y dignidad mientras sonríe al futuro, cultivando un espíritu tierno y sereno, lo cual es precioso delante de él.

—LAURA GONZÁLEZ DE CHÁVEZ
DIRECTORA DEL MINISTERIO AVIVA
NUESTROS CORAZONES

«Mi amiga, Mary Kassian, es una mujer fuerte. Ella irradia una confianza humilde en el Señor. Es estricta y sensible, determinada y amable, una verdadera "magnolia de acero". Sabe cuándo ser flexible y cuándo ser inamovible, cuándo consolar y cuándo confrontar, cómo ser una pacificadora y al mismo tiempo una guerrera. Mary posee la verdadera fortaleza. No puedo pensar en nadie mejor para ayudarle a transitar los desafíos de vivir en un mundo que celebra y promueve una clase de fortaleza muy diferente. Los siete hábitos para desarrollar la fortaleza que Mary extrae de la Palabra de Dios son fundamentales. Este libro transformará su vida. Sinceramente, se lo recomiendo».

—NANCY DEMOSS WOLGEMUTH,
AUTORA, FUNDADORA Y MAESTRA
DE AVIVA NUESTROS CORAZONES

«Cautivador. Radical. Hermoso. Mary realizó un trabajo excelente al mostrarnos por qué una mujer fuerte no se fundamenta en el poder y las habilidades de este mundo, sino en reconocer humildemente nuestra necesidad de

Cristo y recibir su fortaleza en nuestras vidas. ¡Oramos para que este libro inspire a muchas generaciones de mujeres cristianas a levantarse y convertirse en mujeres que tengan la verdadera fortaleza para la gloria de Dios!».

—KRISTEN CLARK Y BETHANY BEAL,

FUNDADORAS DE GIRL DEFINED

MINISTRIES, AUTORAS Y *YOUTUBERS*

«¡Necesitaba este libro! Me dio permiso para ser fuerte, pero a su vez me invitó a mostrar una debilidad santa que hace brillar la fortaleza de Dios en mí. A cada mujer que está en los caminos de Dios y piensa que es espiritualmente fuerte, Mary la desafía a examinar los vestigios de debilidad a los que puede estar enceguecida, y la invita a experimentar un nuevo avivamiento de la verdad».

—DANNAH GRESH, FUNDADORA DE

TRUE GIRL Y AUTORA DE *MENTIRAS*

QUE LAS MUJERES CREEN

«En una sociedad que está cada vez más obsesionada con empoderar a las mujeres por las razones incorrectas, este libro constituye un desafío reconfortante para ser fuerte en el Señor. En su estilo típico sensato, Mary A. Kassian nos brinda una lista clara de siete hábitos que debemos desarrollar mientras nadamos contra la corriente cultural y evitamos a toda costa el comportamiento de las mujeres de voluntad débil que se encuentran en 2 Timoteo 3. La sabia instrucción bíblica de Mary acompañada de ilustraciones prácticas constituye una combinación ganadora. Este libro será una adquisición valiosa para la biblioteca de las mujeres de todas las edades y etapas que en verdad estén buscando ser espiritualmente más fuertes para la gloria de Dios».

—MARY K. MOHLER, AUTORA DE *SUBLIME*

GRATITUD; ESPOSA DEL PRESIDENTE

Y DIRECTORA DEL INSTITUTO DE

ESPOSAS DEL SEMINARIO, SEMINARIO

TEOLÓGICO BAUTISTA DEL SUR

«Mary Kassian les ha dado un regalo a las mujeres cristianas al rescatar la palabra *fuerte* de una cultura que ha distorsionado aquello que Dios destinó para las mujeres de hoy. Basándose en 2 Timoteo 3, Mary presenta una imagen clara y muy necesaria de una mujer fuerte que es una seguidora de Cristo. Un libro de carácter obligatorio, especialmente para las líderes de este tiempo».

—TERRI STOVALL, DECANA DE
LOS PROGRAMAS FEMENINOS Y
PROFESORA DEL MINISTERIO DE
MUJERES, SEMINARIO TEOLÓGICO
BAUTISTA DEL SUDOESTE

«Mary Kassian ha escrito un libro oportuno en nuestra era de revertir las injusticias históricas cometidas contra las mujeres. ¡Definitivamente necesitamos más mujeres fuertes en cada generación! Sin embargo, el libro de Mary nos muestra que esto no es una nueva tendencia. Dios siempre ha querido que sus hijas sean fuertes "con el gran poder del Señor" (Efesios 6.10). Mary altera sus expectativas en este libro. Si está esperando un libro sentimental, no lo va a encontrar. Si está esperando un libro enfocado en el poder femenino, no lo encontrará tampoco. En cambio, será desafiada a desarrollar la clase de discernimiento, sabiduría y hábitos espirituales que le garantizarán ser verdaderamente una mujer fuerte hasta el final. ¡Un gran recurso para instruir a las mujeres de todas las edades!».

—CAROLYN MCCULLEY, AUTORA
DE *THE MEASURE OF SUCCESS*
Y *RADICAL WOMANHOOD*

«A mi ser feroz de veintitantos le habría venido muy bien, pero incluso ahora, mi ser de cincuenta y pico de años se siente profundamente animado y desafiado por estas verdades. Me encanta este libro. La perspectiva de Mary sobre la clase correcta de fortaleza les provee a las mujeres una búsqueda digna: ser lo suficientemente valientes a fin de vivir para la gloria de Dios, sin importar el costo. ¡Esta es una obra exhaustiva que les aporta a las mujeres una teología fortalecedora además de una ayuda práctica! Quiero que cada mujer que conozco tenga este recurso. (¡Estaré comprando muchos ejemplares! Es una gran inversión.).

—KIMBERLY WAGNER, AUTORA
DE *FIERCE WOMEN*

«Fui la campeona de lucha en octavo grado. Ahora, décadas más tarde, deseo saber cómo demostrar mi fortaleza como esposa, madre, hija, amiga y embajadora del evangelio, mientras camino con la humildad a la que Cristo me llamó. Por ese motivo estoy agradecida por este libro. En su estilo sabio, Mary Kassian desacredita los mensajes culturales sobre una feminidad fuerte y al mismo tiempo nos lleva a la fuente de la verdadera fortaleza, la Palabra de Dios».

—ERIN DAVIS, AUTORA, BLOGUERA,
MAESTRA DE LA BIBLIA (Y
CAMPEONA DE LUCHA)

LA VERDADERA

fortaleza

HÁBITOS SORPRENDENTEMENTE SENCILLOS
DE UNA MUJER ESPIRITUALMENTE FUERTE

MARY A. KASSIAN

Vida®

La misión de Editorial Vida es ser la compañía líder en satisfacer las necesidades de las personas con recursos cuyo contenido glorifique al Señor Jesucristo y promueva principios bíblicos.

LA VERDADERA FORTALEZA
EDICIÓN EN ESPAÑOL PUBLICADA POR
EDITORIAL VIDA – 2019
NASHVILLE TENNESSEE

© 2019 por Editorial Vida

Este título también está disponible en formato electrónico.

Originally published in the U.S.A. under the title:
The Right Kind of Strong
Copyright © 2019 por Mary A. Kassian
Published by permission of Zondervan, Grand Rapids, Michigan 49546.
All rights reserved.
Further reproduction or distribution is prohibited.

Editora en Jefe: *Graciela Lelli*
Traducción: *Marina Lorenzin*
Adaptación del diseño al español: *Grupo Nivel Uno, Inc.*

ISBN: 978-1-40021-837-0

CATEGORÍA: Religión / Vida Cristiana / Inspiración

A mi madre
y a
Pearl, June, Marigold, Sarah y Dorothy,
mujeres fuertes
de la pequeña iglesia rosada de la esquina

CONTENIDO

CONTENIDO

Aquí no hay mujeres débiles

Decidida se ciñe la cintura y se apresta para el
trabajo [...]
Se reviste de fuerza y dignidad, y afronta
segura el porvenir.
—Proverbios 31.17, 25

Solía ser buena en las pulseadas.

Y me sentía orgullosa de ello.

Podía vencer a todas las chicas en mi escuela secundaria y a muchos de los chicos también.

Al ser la única niña en una familia de seis hijos varones, estaba decidida a demostrar que era igual de fuerte que mis hermanos. Todo lo que ellos podían hacer, yo era capaz de hacerlo mejor. ¿Pegarle a una pelota de béisbol? ¿Realizar actos de equilibrio a lo largo del puente por donde pasa el tren? ¿Construir una obra maestra de madera en el garaje de papá? ¿Trepar a un árbol? ¿Recoger un puñado de babosas? No tenía ningún problema. Podía hacer cualquier cosa.

Independiente. Capaz. Segura. Valiente. Fuerte.

Esa era yo.

Mi actitud de que todo se puede fue reforzada por el surgimiento de la segunda ola del feminismo. Durante mi niñez, los medios estaban plagados de canciones que alentaban el empoderamiento de las mujeres. Me sabía de memoria la mayoría de las letras y a menudo las tarareaba a lo largo del día. «These Boots Are Made for Walkin'» [Estas botas están hechas para caminar] de Nancy Sinatra me convenció de que una mujer fuerte puede aplastar a cualquier hombre que se atreva a molestarla. ¡Cuidado, muchachos... uno de estos días mis botas van a caminar sobre ustedes!

La melodía pegadiza de Aretha Franklin me fortaleció para demandar con valentía que mis cinco hermanos (y todos los demás hombres en mi vida) me *respetaran*. Y luego estaba «I Am Woman» [Soy mujer] de Helen Reddy, la cual me reafirmó que tengo que ser fuerte... incluso invencible.[1]

Así es.

Estaba convencida de que ser mujer se trataba de ser fuerte e invencible. Les tenía poca paciencia a las chicas que no comprendían este concepto fundamental.

Las otras chicas se contentaban con inscribirse en el curso obligatorio de economía doméstica. Sin embargo, yo no. En cambio, persuadí al director para que me permitiera cursar mecánica/artes industriales con los varones, y creo que obtuve la mejor calificación de la clase. Era ambiciosa. Una líder. Emprendí un pequeño negocio. Comencé una banda de *rock*. Era presidenta del club cristiano.

Después de terminar la preparatoria a los dieciséis años, convencí al encargado de una tienda importante para que me contratara como conserje nocturno, un puesto físicamente demandante que solo había sido ocupado, hasta ese entonces, por hombres fornidos. El salario era cuatro veces más alto de lo que podría haber ganado como vendedora o secretaria. En la entrevista, presioné para obtener la oportunidad de demostrar que podía hacer el trabajo tan bien como cualquier hombre. Cuando me contrataron por un período de prueba sabía que necesitaba hacerlo incluso mejor.

Gracias a ese empleo, ahorré el dinero suficiente para pasar casi un año en Europa y pagar mis estudios universitarios. De mis seis hermanos, soy la única que obtuvo un título profesional y la oportunidad de escalar en el campo empresarial. Estos eran logros grandes para un hijo de una familia de inmigrantes pobres, y especialmente para una chica.

Era una mujer fuerte.

Así es, era fuerte de todas las maneras que el mundo admiraba.

No obstante, al pasar los años, comencé a sentir que no era tan fuerte como creía ser. Mientras más leía la Biblia, mis principios eran cada vez más desafiados con respecto a lo que verdaderamente significaba ser fuerte. Me di cuenta de que doblegar mi voluntad para hacer aquello que Dios quería que hiciera requería una fuerza que no poseía. Era lo suficientemente fuerte para reclamar mis derechos, pero no lo bastante fuerte para renunciar a ellos. Con renuencia concluí que aquello que exaltaba como fortaleza era por lo general un poco más que obstinación, insolencia, autosuficiencia y autopromoción orgullosa.

Y luego conocí a Pearl Purdie.

Ese era su nombre.

De verdad.

Pearl asistía a la iglesia en la cual crecí, la pequeña iglesia rosada de la esquina. En mi adolescencia y mis veinte años, Pearl me invitaba a su casa de vez en cuando para tomar té Orange Pekoe y jugar algunas rondas emocionantes del juego del tejo.

Pearl era de edad avanzada. Muy anciana. Tenía pequeñas venas azules. Cabello canoso. Dentadura postiza. Anteojos con un cristal grueso que hacían que su ojo derecho se viera más grande que el izquierdo. Medía quizás un metro y medio. Y eso era con sus modestos zapatos de tacones Mary Janes puestos. Pearl era tan frágil que un fuerte viento podría haberla partido a la mitad.

No tenía un título universitario.

No había escalado en el campo empresarial.

No tenía la arrogancia resuelta y confiada de sí misma de todas las mujeres triunfadoras poderosas con las que normalmente me juntaba.

Sin embargo, en la medida en que fui conociéndola, descubrí que era una mujer en verdad fuerte.

Curiosamente, parecía incluso más fuerte que las mujeres poderosas a las que admiraba y trataba de imitar.

Pearl no exhibía la clase de fortaleza intrépida, atrevida, egoísta y demandante que el movimiento feminista había cultivado en mí y muchas de mis pares. Ella poseía una clase de fortaleza diferente. Una fortaleza mucho más amable. Mucho más hermosa. Mucho más real. Mucho más genuina. Mucho más profunda.

Y mucho más poderosa.

La fortaleza de Pearl estaba acompañada de un espíritu suave y apacible. La clase de espíritu femenino del que habla la Biblia es de gran valor delante de Dios (1 Pedro 3.4). Ella era una mujer de fe con convicciones profundas e implacables. Esta mujer dulce y amable era valiente. Resuelta. Apasionada. Audaz. Una vencedora de ochenta y tantos años, un metro cincuenta, que tomaba té Orange Pekoe, jugaba al tejo y era una gigante espiritual. Una fuerza que había que tener en cuenta.

Aprendí de Pearl que la fortaleza que viene de Dios posee una textura muy diferente a la fortaleza de este mundo. También aprendí que la fortaleza puede venir en toda clase de formas y tamaños.

Pearl era Pearl. Ella no necesitaba obtener un título universitario, escalar en el campo empresarial o adoptar un conjunto diferente de características de personalidad para ser una mujer fuerte. Tampoco necesitaba ser joven, sexualmente atractiva ni llena de energía. Cuando la vista de Pearl falló y ya no era capaz de ponerse sus Mary Janes, jugar al tejo o preparar la taza perfecta de té, su fuerza interior continuó brillando, cada vez más fuerte, hasta el final.

Pearl fue mi heroína.

Era una mujer que tuvo el hábito de vestirse con la verdadera fortaleza.

Nuestro Padre celestial desea que todas sus hijas sean fuertes. Quiere que todas nosotras nos revistamos de fortaleza y dignidad y nos preparemos para el trabajo.

Quizás usted sea introvertida o extrovertida. Le encante el rosa o lo odie. Trabaje como directora general o camarera. Se sienta cómoda en la cocina o en la pista de carreras. Tal vez sea la clase de mujer que elige un perfume para su lista de deseos de Navidad, o del tipo que preferiría recibir una herramienta eléctrica. (Brent, si estás leyendo esto, me gustaría un cepillo eléctrico para madera Bosch o Makita, por favor).

Independientemente de nuestras distintas personalidades, intereses y dones, todas podemos convertirnos en mujeres fuertes de Dios.

Estimo que la razón por la que usted escogió este libro es porque quiere ser fuerte. Quizás haya tenido una Pearl en su vida que la ha inspirado con una visión de la fortaleza espiritual, una mujer de Dios mayor que ha sido un buen ejemplo. O quizás sospecha que a la fórmula popular para lo que significa ser una mujer fuerte le falta y está perdiendo su marca. Tal vez se sienta débil e incapaz. Quizás ya esté cansada de simplemente pretender ser fuerte.

Cualquiera sea su motivación, tenga por seguro que su deseo de ser fuerte está alineado con lo que Dios quiere para usted.

Él no quiere que las mujeres sean débiles y cobardes, sino que desea que demostremos verdadera fortaleza.

ELLA SE REVISTE DE FUERZA

¿Cómo obtenemos la verdadera fortaleza?

La Biblia nos enseña que esta comienza cuando creemos en Jesucristo. Una vez que lo hacemos, nos llenamos de *su* fuerza. El Espíritu Santo nos hace fuertes en el Señor. Asunto sellado. Somos fuertes porque Dios nos hace fuertes. Él hace el trabajo. Eso es parte del don que recibimos desde el momento en que somos salvas.

Sin embargo, la Biblia también dice que tenemos la responsabilidad de aprender a *revestirnos* de la fuerza que Dios provee. La mujer virtuosa «decidida se ciñe la cintura y se apresta para el trabajo» (Proverbios 31.17). Ambas metáforas implican que esta fortaleza requiere de una acción continua de nuestra parte.

Nos ceñimos nuestra ropa todos los días, múltiples veces al día. La ropa del gimnasio. La ropa para trabajar. Vestidos. Ropa cómoda. Ropa de noche. Accesorios. Abrigos y chaquetas. Zapatos. Sandalias. Botas de nieve. Pantuflas.

Aprestarnos para el trabajo también indica una acción continua. Esto vincula el proceso de ejercitar la fuerza espiritual con el proceso de ejercitar la fuerza física. Nuestros brazos no se van a volver más fuertes si solo vamos al gimnasio una vez al año a fin de ejercitar nuestros músculos en el reluciente banco para levantar pesas. No. Fortalecemos nuestros brazos al crear el hábito de levantar pesas a diario.

Proverbios 31.17 nos muestra que una mujer se va fortaleciendo espiritualmente al incorporar hábitos a su vida que ejerciten su fuerza.

Los hábitos son actos pequeños y aparentemente insignificantes. Estas acciones, en el momento, no parecen gran cosa. Los cambios que producen son tan sutiles que resultan casi imperceptibles, por lo que es fácil minimizar la importancia de los mismos.

¿Cuál es la diferencia si hoy no me ejercito? ¿O si disfruto de un refresco? No mucha. No obstante, si de manera sistemática dejo de ejercitarme y continúo consumiendo un refresco cada día, de aquí a un año mi cuerpo se atascará como una bicicleta vieja oxidada y habré aumentado unas quince libras (siete kilos) extras.

Las elecciones individuales pueden parecer insignificantes, pero ciertamente no son intrascendentes. Las pequeñas decisiones se acumulan con el tiempo. Las acciones pequeñas que se realizan con regularidad producen grandes resultados.

Una serie de pequeñas decisiones negativas conducirá a resultados negativos significativos. Una serie de pequeñas decisiones positivas conducirá a resultados positivos significativos. Es la regularidad del hábito en el curso del tiempo más que la magnitud de cada acción individual lo que marca la diferencia.

Este libro aborda hábitos sorprendentemente sencillos de una mujer espiritualmente fuerte. Trata de las pequeñas cosas que podemos hacer de manera continua para fortalecer nuestro ser espiritual. Voy a ser muy directa con usted: no hay una fórmula secreta, una solución rápida o una píldora mágica. No existen los atajos. Convertirse en una mujer fuerte no es algo que sucederá de la noche a la mañana. Se necesitan años de hábitos constantes, miles de pequeños pasos de obediencia aparentemente insignificantes.

Estos pequeños pasos, dados de manera constante, con el tiempo producirán un cambio radical en nuestras vidas. Los hábitos piadosos son los que nos convertirán en mujeres fuertes de Dios.

Tenía dudas en cuanto a si debía subtitular este libro *Secretos de una mujer espiritualmente fuerte* en lugar de *Hábitos de una mujer espiritualmente fuerte*. *Secretos* podría haber conseguido una mayor venta. *Hábitos* resulta muy cotidiano. Poco interesante. Tedioso. Monótono. *Secretos* suena mucho más misterioso, intrigante y tentador. Pensaba en que las mujeres estarían emocionadas de recibir algunos secretos nuevos, y me preguntaba si estarían igual de dispuestas a que se les recordara todas las pequeñas decisiones rutinarias diarias que necesitan hacer constantemente a fin de volverse fuertes.

Vivimos en un mundo donde prevalecen las fórmulas secretas y las soluciones rápidas. Por lo tanto, a menudo perdemos de vista la simple pero profunda verdad fundamental de que el esfuerzo firme y constante a lo largo del tiempo es la mejor forma de progresar.

¿Existe una fórmula secreta para ser fuerte?

No, no existe.

Solo queda la antigua sabiduría que establece los hábitos necesarios para construir la fortaleza espiritual.

¿Conllevan estos hábitos esfuerzo?

Sí, por supuesto que sí. Sin embargo, no son prohibitivos ni complicados. Son sencillos. En realidad resultan tan sencillos que es fácil pasarlos por alto.

En este libro, encontrará siete hábitos sorprendentemente sencillos. Es posible que los mismos no encabecen la lista si le fuéramos a preguntar a las mujeres sobre aquellos hábitos importantes para construir la fortaleza espiritual. Los hábitos elementales de leer la Biblia, orar, memorizar, asistir a la iglesia y tener comunión cristiana es muy probable que los encontremos, ya que son disciplinas vitales para una vida espiritual saludable. Casi no hace falta decir que usted se beneficiará si continuamente lleva a cabo estas conductas.

Los hábitos que se presentan en este libro son igual de importantes. Los mismos no pretenden remplazar las disciplinas de leer la Biblia y orar, sino acompañarlas y edificar sobre las mismas. Se trata de una lista que no es absoluta. Sin duda existen otros hábitos que podrían agregarse. Entonces, ¿por qué, quizás se pregunte, escogí estos hábitos en particular?

Porque específicamente contrarrestan los hábitos que socavaron la fuerza de un grupo de mujeres que el apóstol Pablo caracterizó como débiles. Estos hábitos habrían impedido que estas mujeres se volvieran débiles y las hubiesen hecho espiritualmente fuertes.

Los siete hábitos para desarrollar la fortaleza sobre la que vamos a hablar en este libro no implican grandes cambios radicales que pueden suponer una gran cantidad de tiempo y esfuerzo. No son tareas difíciles que necesitará sumar a su lista de quehaceres diarios. Algunos quizás requieran un mayor seguimiento, pero en su mayoría son solo pequeñas actitudes correctivas y maneras de pensar, las cuales no le consumirán mucha energía a fin de ponerlas en práctica. Son pequeñas cosas sencillas que puede hacer todo el tiempo.

No obstante, las mujeres que hagan estas cosas de manera constante se volverán más fuertes. No será así para las mujeres que solo piensen en hacerlas o solo las hagan de vez en cuando.

PEQUEÑAS MUJERCILLAS DÉBILES

Algunas mujeres en la iglesia de Éfeso eran débiles. Pablo le advirtió a Timoteo sobre las personas impías que «van de casa en casa cautivando a mujeres débiles» (2 Timoteo 3.6).

No sé usted, pero si un pastor prominente me llamara débil públicamente, me sentiría insultada. Dada la connotación de la palabra griega que Pablo utilizó, las mujeres en la iglesia de Timoteo probablemente se hayan sentido de la misma manera. Permítame explicarle por qué.

El término griego para *mujer* es el sustantivo femenino *gynaikes*, pero Pablo les llama a estas mujeres *gynaikarion. Karion* es un diminutivo, el cual se agrega al final de la palabra para indicar que se trata de una versión más pequeña o de un grado inferior que su raíz. Puede referirse a alguien o algo que sea más pequeño en tamaño o calidad, más joven o más bonito.

Los músicos saben que la palabra *diminuendo* significa que deben disminuir el volumen o la intensidad con la que están cantando o tocando.

No tenemos muchos sufijos con valor diminutivo en español, y los que sí tenemos por lo general solo hacen referencia al tamaño, sin las otras connotaciones. Como el sufijo *–ito* en *cerdito* o *librito*, por ejemplo. Sin embargo, muchos otros idiomas, como el griego, latín, francés y polaco, aplican diminutivos gramaticales a los sustantivos.

El alemán, que fue mi lengua materna, es otro. Por lo general, usa el sufijo diminutivo *–chen*. *Brot* es una barra de pan; *brötchen* es un panecillo. *Katze* significa gato; *kätzchen* es un gatito. *Punkt* significa punto; *pünktchen* es un puntito. Usted entiende la idea.

A veces, los diminutivos tienen valor afectivo. Frecuentemente se utilizan cuando les hablamos a los niños (pequeño Tim), para expresar cariño e intimidad (amorcito, gatito, osito) o en los sobrenombres (le llamamos «Miguelito» a Miguel).

No obstante, en otros contextos los diminutivos se utilizan para indicar que alguien o algo es débil o inmaduro. Por ejemplo, a uno de los últimos emperadores romanos de occidente se le llamó Rómulo Augusto por el primer rey legendario de Roma, Rómulo, y su glorioso primer emperador, Augusto. Sin embargo, le agregaron el diminutivo despectivo *ulu* a su nombre, llamándole *Rómulo Augústulo* (pequeño Augusto), con el objetivo de manifestar que era inferior a estos grandes líderes y ridiculizar la ineptitud del joven emperador. Augústulo no duró ni siquiera un año antes de ser depuesto.

Cuando Pablo llamó a las mujeres de Éfeso *gynaikarion*, no estaba utilizando el diminutivo de manera positiva. No estaba diciendo que lucían bellas en sus zapatos de moda. Tampoco estaba empleando un término afectivo. Todo lo contrario. Sus dichos fueron similares a un insulto. Fue una ofensa. Pablo literalmente las estaba llamado «mujercillas» o «pequeñas mujeres débiles».

Y no se estaba refiriendo a su estatura.

Gynaikarion contiene la idea de pequeñez, inmadurez e insuficiencia. Traducir esta palabra al español no es una tarea fácil. Diferentes versiones de la Biblia utilizan los términos «débiles» (NVI), «vulnerables» (NTV), «tontas» (TLA) y «mujercillas» (RVR1977).

Lo importante aquí, el concepto que quiero dejarle con toda esta explicación sobre los diminutivos, es que estas mujeres eran menos de lo que deberían haber sido. Eran versiones atrofiadas de la verdadera feminidad. Eran débiles en un sentido de inferioridad. No eran maduras ni ejemplos hermosos de cómo deberían ser las mujeres fuertes de Dios. Simplemente eran mujercillas débiles.

AMIGAS FUERTES

¿Era Pablo machista? ¿Enemigo de las mujeres? ¿Una víctima de la ideología patriarcal de su época?

Muchas mujeres modernas se ofenden ante el hecho de que Pablo les haya llamado a estas mujeres débiles. Si un pastor o bloguero fuera a usar esa etiqueta para las mujeres hoy, el universo de Twitter explotaría de ira. Lo acusarían de ser un malvado misógino sexista. Como mínimo se le vería como un grosero políticamente incorrecto con una gran necesidad de algún tipo de capacitación en materia de género.

Basándose en esta etiqueta peyorativa que Pablo les aplicó a las mujeres en Éfeso, y algunas otras cosas que escribió acerca de las mujeres, muchos concluyen que era una persona machista que no consideraba a las mujeres como iguales. Sin embargo, no creo que esta conclusión esté justificada. Pablo tenía muchas amigas cercanas fuertes. Sus cartas mencionan a doce mujeres por sus nombres, mujeres fuertes que trabajaban con él en el ministerio del evangelio.

Estaba Cloé, cuya familia le informó a Pablo sobre las rivalidades en la iglesia de Corinto (1 Corintios 1.11); Ninfas, la mujer que reunía en su casa a la iglesia de Laodicea (Colosenses 4.15). Apia, anfitriona de la iglesia de Colosas (Filemón v. 2); Lidia, una mujer emprendedora adinerada que estaba involucrada en la venta de telas de púrpura, cuya casa se había convertido en la central de operaciones para el ministerio de Pablo y Silas en Filipos (Hechos 16.14, 40).

Y estaba Febe, quien llevó y entregó la carta de Pablo a los romanos. Pablo describió a su fuerte compañera como diaconisa de la iglesia de Cencreas y patrocinadora. Ser patrocinadora (o *sponsor*) era un papel público influyente que las mujeres ricas tenían en el primer siglo del mundo grecorromano (Romanos 16.1-2).

También estaban María, Trifena, Trifosa y Pérsida, mujeres fuertes a quienes Pablo reconoció por trabajar muy duro para propagar el evangelio (vv. 6, 12).

Y luego estaban Evodia y Síntique. Estas dos mujeres eran fuerzas tan poderosas que constantemente chocaban. Pablo las animó a que arreglaran sus asuntos y se pusieran de acuerdo (Filipenses 4.2-3).

Sin embargo, eclipsando a las tantas amigas fuertes de Pablo, encontramos a su amiga especial Priscila, la mitad femenina de la poderosa pareja ministerial conformada por Priscila y Aquila.

Al igual que Pablo, Priscila y Aquila se dedicaban a la confección de tiendas de campaña. Conocieron por primera vez a Pablo en Corinto, donde lo invitaron a vivir con ellos y a trabajar juntos en su negocio de tiendas. Cuando estaban en Corinto, los tres amigos también trabajaron juntos para establecer una iglesia (Hechos 18.2). Más tarde, Priscila y Aquila acompañaron a Pablo en su viaje evangelístico hasta Éfeso (Hechos 18.18-19).

En Éfeso, Priscila y Aquila instruyeron a Apolos en el camino del Señor (vv. 24-26). A medida que el número de creyentes aumentaba, se reunían como iglesia en la casa de la pareja (1 Corintios 16.19). Su ministerio en Éfeso fue tan impactante que Pablo les dijo a sus amigos que todas las iglesias de los gentiles tenían una gran deuda de gratitud con ellos (Romanos 16.3-5).

A Priscila y Aquila se los menciona seis veces en las cartas de Pablo, y cuatro de las seis veces se menciona a Priscila en primer lugar. En la antigüedad, el orden de los nombres solía indicar prioridad o importancia. El hecho de que Pablo mencionara a Priscila primero podría sugerir que provenía de una familia romana influyente, o que ella era la más fuerte en el ministerio y la más proactiva de los dos. Más allá de esto, es indiscutible que Priscila (a quien a veces se la llamaba Prisca) era una mujer cuya fortaleza Pablo respetaba y admiraba.

Era una mujer fuerte.

Como mencioné anteriormente, fue una parte esencial de la iglesia en Éfeso. Así que quizás esa sea la razón por la que Pablo les llamó débiles a aquellas mujeres de la congregación de Éfeso. La diferencia entre ellas y Priscila resultaba evidente.

Cuando Pablo las llamó despectivamente mujeres débiles, su punto era que no tenían que ser débiles. Quería que fueran mujeres *fuertes*. Lo irónico es que tal vez ellas creían que lo eran. Sin embargo, por desgracia, sus conceptos de lo que hacía a una mujer verdaderamente fuerte no se alineaban con los del Señor.

Se había descubierto que tenían malos hábitos, los cuales disminuían su fuerza espiritual.

Quizás imitaban el ideal cultural de lo que significaba para una mujer ser fuerte.

LAS MUJERES EN EL ANTIGUO ÉFESO

Para tener una mejor comprensión de por qué las mujeres en la iglesia de Timoteo probablemente se consideraban fuertes, hagamos un breve recorrido por el antiguo Éfeso.

Cuando piense en Éfeso, no piense en un pueblo pequeño y polvoriento con sus calles sucias y algunos pocos camellos y asnos amarrados aquí y allá. Imagínese una ciudad metropolitana, una de las más grandes del mundo, con un puerto de mucha afluencia y el ritmo, la arquitectura y la infraestructura de un gran centro comercial cosmopolita. Piense en Chicago, Toronto o Los Ángeles. Eso la acercará más a la realidad.

Éfeso era un importante puerto urbano grecorromano.[2] En la época romana se le llamaba «la primera y más grande metrópolis de Asia».[3] En su época de apogeo, unas doscientas cincuenta mil personas vivían allí. Solo las poblaciones de Roma y Alejandría resultaban superiores.

Un teatro que se menciona en Hechos 19.29 era el más grande del mundo. Podía acoger a veinticuatro mil personas en tres niveles. Las puertas del espectacular teatro se abrían hacia la calle principal de mármol, la cual estaba flanqueada a ambos lados por altas columnas de mármol.

A su alrededor había fuentes hermosas, edificios cívicos, casas, negocios, una biblioteca, baños y un gran mercado. El centro cosmopolita también contaba con un burdel y un casino ubicados en una zona céntrica.

Éfeso era una ciudad próspera. Las residencias de varios pisos de la clase media alta estaban situadas en la terraza norte de una montaña. Ellas mostraban dos niveles de construcción y una opulencia increíble, con superficies que por lo general excedían los diez mil pies cuadrados (novecientos metros cuadrados aproximadamente). Algunas viviendas tenían pisos de mosaicos elaborados y paredes de mármol. Muchas contaban con agua corriente fría y caliente y baños calefaccionados. Eran mansiones, incluso para los niveles de vida de hoy.

De la población metropolitana, al menos un tercio eran esclavos. La mayoría eran empleados de servicio doméstico en residencias y podían esperar tener una vida más fácil que un campesino libre. Muchos esclavos ganaban dinero. Algunos tenían sus propios esclavos. Es importante comprender que la esclavitud en aquel entonces era muy diferente del tipo de esclavitud que se vio en nuestro mundo occidental en el siglo dieciocho y diecinueve. En la época de Pablo, algunos se vendían a sí mismos como esclavos, sabiendo que podrían llegar a tener un nivel de vida superior que valiéndose por su cuenta.

Según la leyenda, Éfeso fue fundada por las amazonas, mujeres guerreras, por lo que no es de extrañar que su pueblo creyera que una deidad femenina cuidaba la ciudad. A la diosa Artemisa se la describía como una virgen «cazadora [...] con su arco y flecha y perros a su lado».[4] El Templo de Artemisa (también conocido como el Templo de Diana), situado al norte de la ciudad, fue considerado una de las siete maravillas del Mundo Antiguo. Tan grande como un campo de fútbol y tres o cuatro veces más grande que el Partenón de Atenas, representaba el edificio más grande y más prominente del mundo en aquella época. Un historiador declaró que era más sorprendente que cualquiera de las otras seis maravillas del Mundo Antiguo.[5]

Este templo estatal era famoso no solo por su gran tamaño, sino también por las magníficas obras de arte que contenía. Fue la principal institución financiera y de bienes raíces de Asia Menor, la cual aseguraba el dinero de sus habitantes e incluso de los estados extranjeros y reyes. También promovió una industria turística rentable. Los plateros, como

Demetrio (Hechos 19.24, 38), el líder del gremio de los plateros, hicieron su fortuna vendiendo suvenires del templo y la diosa Artemisa a los turistas de la ciudad (vv. 25-28).

El culto religioso patrocinado por el Estado también era responsable de las muchas actividades culturales. Además de los sacrificios públicos diarios, en el Templo de Artemisa se celebraban fiestas, festivales, banquetes, procesiones, concursos de atletas, actores y músicos, y otros juegos sagrados en honor de la diosa virgen. Asimismo, se adoraba a un gran número de otros dioses o diosas.

La mayoría de las mujeres en Éfeso eran educadas. La cultura romana y griega valoraba la educación, de modo que tanto los niños como las niñas estaban escolarizados hasta la edad de doce años, y se les enseñaba a leer, escribir y los conceptos elementales de matemáticas. Algunos niños mayores, cuyas familias podían permitírselo, iban a escuelas más avanzadas donde estudiaban oratoria y los escritos de los grandes genios. Éfeso era sede de un reconocido centro para los estudios filosóficos y retóricos, aunque pocas personas avanzaban en su educación formal hasta ese punto. Esta escuela de postgrado no estaba abierta para las mujeres. Sin embargo, eso no significaba que las mujeres no pudieran alcanzar una educación avanzada.

Las mujeres de clase alta recibían su educación de parte de tutores privados. El hecho de que leyeran y escribieran literatura y poesía durante este período quedó ilustrado en los muchos tributos y epigramas poéticos, los cuales demuestran que las mujeres estaban entre los devotos reconocidos de la literatura.[6] La filósofa más famosa de la antigüedad, Hipatia de Alejandría, escribió varios tratados y llegó a ser directora de una escuela de filosofía. Mientras que los hombres en Éfeso solían juntarse en lugares públicos para escuchar los debates y enseñanzas de los filósofos, las mujeres de clase alta se reunían en lugares privados, asistiendo con frecuencia a estos debates en salones y tertulias.

La tradición que sugería que Éfeso había sido fundada por mujeres guerreras amazonas y que una deidad femenina la cuidaba indica que las mujeres desempeñaban un papel importante en esa sociedad. Además, las leyes romanas les garantizaban a las mujeres muchos derechos y libertades.

La descendencia masculina y femenina tenía los mismos derechos de herencia, por lo tanto, las mujeres heredaban bienes. Asimismo, la ley establecía que los bienes de la esposa podían mantenerse separados de los del esposo (excepto la dote) y que ella podía reclamar su dinero en caso de divorciarse. Una mujer casada podía mantener su apellido de soltera o usar el de su esposo. El divorcio se lograba fácilmente por cualquiera de las partes y era un hecho común.

Había muchas mujeres adineradas independientes. Si bien legalmente necesitaban la autorización de la cabeza de la familia para realizar transacciones legales, al parecer esta no era difícil de conseguir. Habitualmente, las mujeres poseían bienes y negocios y tenían su propio dinero.

Las mujeres de esa época no podían votar ni ocupar un cargo, pero eso no significa que no estuvieran involucradas en la vida política. En el año 42 a. c. una mujer rica llamada Hortensia dio un discurso famoso en el foro romano para oponerse a una ley que proponía gravar las riquezas de las mujeres más adineradas de Roma con el propósito de financiar la guerra contra los asesinos de César.

Ella no fue la única mujer que ejerció una influencia política significativa. Una mujer llamada Livia resultó sumamente influyente en materia política, hasta el punto de que le fue otorgado el título ilustre de Madre de la Patria. Al igual que muchas otras mujeres ricas independientes, Livia también fue una patrocinadora notable del arte, la literatura y la filosofía.

La iglesia primitiva dependía de la riqueza de estas clases de mujeres. Las iglesias se reunían en sus hogares y proveían apoyo financiero para el ministerio.

En Éfeso, las mujeres podían trabajar en casi todas las profesiones. Una mujer no podía ser soldado o una senadora romana, pero prácticamente todo lo demás era válido. Podía ser comerciante, vendedora o fabricante de joyas, o trabajar en la artesanía o la industria textil. De acuerdo con los registros históricos, al menos una mujer era herrera. Priscila fabricaba tiendas. El hecho de que una mujer trabajara o no tenía que ver más con su condición socioeconómica que con cualquier otra cosa. Como mencioné antes, una tercera parte de los habitantes de Éfeso eran esclavos, al servicio de la clase alta. Muchas mujeres de clase media trabajaban en el comercio con sus esposos. Y muchas mujeres de clase media y alta poseían negocios. Por lo tanto, parece que la mayoría de las mujeres en Éfeso contaban con «empleos remunerados» más allá de sus funciones como esposas y madres.

El ambiente del antiguo Éfeso sorprendentemente era parecido al nuestro.

La población tenía una ferviente devoción por la condición física. Los atletas, los músicos y los actores eran ampliamente populares y alcanzaron una fama y fortuna considerables.

El consumismo estaba fuera de control. Las mujeres trataban de copiar la última colección de ropa y peinado de las aristócratas romanas.

Las creencias morales eran diversas.

Los chismes en las calles ardían con los escándalos sexuales de mujeres prominentes como Mesalina, la poderosa e influyente esposa del emperador romano Claudio; ella recibió en su cama a varios amantes. Y Popea Sabina, una plebeya que rechazó a su marido, sedujo a un senador, y finalmente se convirtió en la amante (y luego en la esposa) del despiadado emperador Nerón. La prostitución era legal, pública y muy extendida. Ninguna censura moral estaba dirigida al hombre que se involucraba en actos sexuales con niños.

Éfeso era extremadamente pluralista, incluyendo a los griegos, romanos y varios otros orígenes étnicos y culturales. La cultura abrazaba la diversidad religiosa, celebraba la libertad moral y fomentaba la tolerancia y la inclusión. Cualquiera que asegurara profesar la religión correcta, creer en el único dios o tener una sola verdad estaba destinado a enfrentar la marginalización social y hasta la persecución.

Podemos asumir que muchas de las mujeres en la iglesia de Timoteo eran personas cultas. Los peinados ostentosos, las joyas y los vestidos que se mencionan en 1 Timoteo 2.9 y la advertencia a los ricos en 1 Timoteo 6.17-18 demuestran que había mujeres ricas en la congregación. Varias de esas mujeres habrían tenido sus propios negocios. Al menos algunas de ellas fueron educadas de manera privada, instruidas por maestros como

Himeneo y Fileto (2 Timoteo 2.17-18). Unas pocas, posiblemente, eran dotadas para la poesía y la filosofía.

Dado el contexto histórico y cultural, creo que las mujeres en la iglesia de Timoteo no se hubieran considerado a sí mismas como débiles, sino todo lo contrario. Eran exitosas, independientes y autosuficientes. Probablemente algunas tendrían una actitud engreída y descarada que se avenía bien con sus posiciones privilegiadas y bolsos elegantes. Para los estándares romanos contemporáneos, y probablemente también para nuestros estándares, se las habría defendido y exaltado como modelos de fortaleza.

No obstante, Pablo no basó su afirmación en el estándar de la comunidad, sino en uno espiritual.

Estas mujeres no estaban ni cerca de ser importantes y capaces como creían ser. En cambio, eran pequeñas, poco desarrolladas e insuficientes. No eran fuertes como la amiga de Pablo, Priscila.

Simplemente eran mujercillas débiles.

¿Por qué?

LOS PROBLEMAS DE LAS MUJERES PEQUEÑAS

No recuerdo a nadie que me haya llamado *pequeña*. Al medir un metro ochenta, el comentario que siempre me hacen es: «Vaya, eres alta. ¿Juegas al baloncesto?».

Dependiendo de mi humor, a veces tengo que morderme la lengua para no responder: «Y tú eres bajito. ¿Montas ponis?». Suspiro. #ProblemasDeMujeresAltas.

Como vimos anteriormente, Pablo usó el diminutivo *gynaikarion*, que significa «mujeres pequeñas», para referirse a ese grupo de mujeres en la iglesia de Timoteo, y esta etiqueta no tenía nada que ver con su estatura. Estas mujeres eran espiritualmente más bajas de lo que deberían haber sido. Eran liliputienses espirituales, versiones más pequeñas y menos desarrolladas de las mujeres fuertes de Dios.

¿Por qué? ¿Qué era lo que las volvía pequeñas?

SIETE HÁBITOS QUE
DEBILITAN LA FUERZA

En 2 Timoteo 3.6-7 aparece una declaración muy esclarecedora: «Así son los que van de casa en casa cautivando a mujeres débiles cargadas de pecados, que se dejan llevar de toda clase de pasiones. Ellas siempre están aprendiendo, pero nunca logran conocer la verdad». Si dividimos estos versículos en cláusulas, podemos identificar siete hábitos poco saludables que empequeñecen a esas mujeres refinadas de Éfeso para convertirlas en diminutas criaturas espirituales. #ProblemasDeMujeresPequeñas.

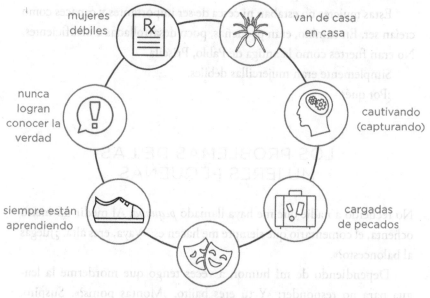

1. Toleran a los intrusos («van de casa en casa»).
2. No guardan su mente («cautivando»).
3. Permiten que las cosas se acumulen («cargadas de pecados»).
4. Están dominadas por sus emociones («se dejan llevar de toda clase de pasiones»).

5. No ponen en práctica lo que aprenden («siempre están aprendiendo»).

6. No tienen convicciones sólidas («nunca logran conocer la verdad»).

7. Aceptan una fortaleza equivocada («mujeres débiles»).

Aquí los tiene.

Siete cláusulas. Siete hábitos que debilitaban la fuerza de las mujeres cristianas de Éfeso. Siete hábitos que usted querrá evitar si quiere convertirse en una mujer fuerte.

Cada hábito malo tiene su contraparte. Si fumar es un hábito malo, entonces no fumar es un hábito bueno. En este libro, aprenderá a evitar los hábitos que vuelven a las mujeres débiles al acoger las conductas que las hacen fuertes.

Si constantemente pone en práctica los siguientes hábitos, se convertirá en una mujer fuerte:

- Atrapar a los intrusos.
- Dominar su mente.
- Deshacerse de la carga.
- Controlar sus emociones.
- Pasar del dicho al hecho.
- Mantenerse firme.
- Admitir sus necesidades.

Como dije antes, estos no son los únicos hábitos que pueden fortalecer el corazón de una mujer. No obstante, sin duda alguna son importantes.

VALIENTE. AUDAZ. FUERTE.

Esta generación ha sido educada con la idea de que la *fuerza* es el atributo más importante de las mujeres. Deliberadamente, Hollywood desplegó un desfile de heroínas capaces a fin de mostrarnos lo que significa ser fuerte. Ha habido una explosión de campañas e iniciativas del Gobierno, organizaciones sin fines de lucro, compañía y educadores cuyo propósito explícito es promover el empoderamiento femenino. Miles de millones de dólares se han gastado en esta misión.

Las campañas sobre el poder femenino se ven reforzadas por las celebridades, los medios de comunicación y las escuelas. Los himnos acerca del poder femenino llenan las ondas radiales para que nuestros corazones se unan a la causa. Como el de Beyoncé, «Run the World (Girls)» [Chicas, dominemos el mundo]; el de Destiny's Child, «Independent Women» [Mujeres independientes]; el de Demi Lovato, «Confident» [Segura de mí misma]; el de Rachel Platten, «Fight Song» [Canción de lucha]; el de Sara Bareilles, «Brave» [Valiente]; el de Britney Spears, «Stronger» [Más fuerte] y el de Alicia Keys, «Girl on Fire» [Chica increíble].[7] ¿Qué mejor manera de infundir la idea en el subconsciente de las chicas que teniéndolas constantemente entonando canciones sobre las mujeres tomando el control?

Literalmente estamos siendo bombardeadas con el mensaje de que las mujeres deben ser audaces. Valientes. Fuertes.

La debilidad debe evitarse a toda costa.

Sin embargo, si está familiarizada con la Biblia, sabrá que ser débil no necesariamente es algo malo. En 2 Corintios 12.10, por ejemplo, Pablo les dijo a sus amigos que se deleitaba en sus debilidades: «Porque, cuando soy débil, entonces soy fuerte». Las flaquezas y sufrimientos de Pablo le presentaron una oportunidad para depender del poder de Cristo, así que los veía de manera positiva. Como a veces me recuerda una amiga mía: «¡Todo lo que aumente nuestra dependencia de Jesús es algo bueno!».

Pablo pensaba lo mismo. No cabe duda de que habría animado (y no reprendido) a las mujeres que se sentían insuficientes y carentes de fuerza. Sin embargo, cuando Pablo desafió a las mujeres de la iglesia de Timoteo por ser débiles, obviamente no tenía en mente la clase de debilidad que me hace fuerte. Esa clase de debilidad es una cualidad positiva.

Y ahí está el problema.

El concepto de débil y fuerte de la Biblia no está alineado con el de nuestra cultura. Este es particularmente el caso cuando se trata de ideas relacionadas con la feminidad.

Muy a menudo, las mujeres creen que ser fuerte significa privarse de su feminidad y negar los aspectos más integrales y hermosos de quiénes son como mujeres. Lamentablemente, una mujer que se cree fuerte quizás solo sea testaruda. Una mujer que cree que es valiente puede que solo sea imprudente. Una mujer que cree que es audaz tal vez solo sea agresiva. Una mujer que se cree segura de sí misma quizás solo sea arrogante. Una mujer que cree que es independiente puede solo ser distante. Una mujer que cree que es lista quizás solo sea insensata.

Muchas mujeres han abrazado la clase de fortaleza falsa. Las mujeres cristianas no son inmunes a tener una imagen distorsionada de lo que constituye a una mujer fuerte.

Todas hemos bebido el mismo veneno cultural.

Si leemos la Biblia, es innegable que Dios quiere que sus hijas sean fuertes, pero con la clase de fortaleza verdadera. Esto es porque la clase de fortaleza falsa simplemente lleva a la debilidad, una debilidad equivocada.

Gracias a Dios, las Escrituras establecen muy claramente la diferencia entre la clase de fortaleza verdadera y la falsa. Por esta razón, vamos a confiar en la Biblia para que nos ayude a comprenderla.

Si le parece, puede leer la segunda carta de Pablo a Timoteo antes de comenzar. Son solo cuatro capítulos. Se trata del libro de la Biblia que contiene el pasaje sobre las mujeres débiles. Es allí donde vamos a detenernos y pasar un buen rato. Si es ambiciosa, también puede leer la primera carta de Pablo a Timoteo. Y si es superambiciosa, puede sumarle el libro de Efesios. Estas tres cartas fueron escritas para la congregación de Éfeso. Leerlas le dará un mayor entendimiento de lo que sucedía allí. (¡Ja, ja! Y dije que no iba a agregar a su lista ninguna tarea importante para hacer).

Dios no quiere que sea una debilucha. Él desea que usted sea una magnolia de acero: una mujer femenina y delicada con un corazón valiente a prueba de fuego. Él quiere que tenga la fuerza para decirle que no a lo que está mal y decirle que sí a lo que está bien y vivir su vida para la gloria de Cristo.

Imagínese cómo sería ser una mujer genuinamente fuerte.

No estoy hablando de la fuerza temeraria o mundana que depende de sus propias capacidades —la clase de fuerza que es inestable y frágil y se hace añicos cuando se pone a prueba— sino de una fuerza segura, mansa y apacible que depende del poder del Espíritu Santo. De la clase de fuerza que la vuelve audaz para defender la verdad y valiente para atravesar cualquier tipo de tormenta.

¿Está lista para comenzar?

Estos hábitos sorprendentemente sencillos le ofrecerán más de lo que el poder femenino alguna vez podría darle. Solo tendrá que llevar a cabo una serie de pequeños pasos, de manera constante y a lo largo del tiempo, a fin de fortalecer radicalmente su ser interior. Solo piense: puede volverse más audaz, más valiente y más fuerte que nunca antes... y lo mejor de todo, será una fortaleza verdadera.

HÁBITO 1

Atrape a los intrusos

El pecado no avanza a saltos, avanza
introduciéndose poco a poco,
un pequeño paso a la vez.

¿Se encerraría en una jaula de cristal con cinco mil escorpiones mortales? Una mujer tailandesa conocida como la reina de los escorpiones lo hizo. ¡Y durante treinta y tres días! Los espectadores ponían cara de dolor mientras que el manto negro de arácnidos serpenteantes de cola curva y ponzoñosa oscurecía por completo su rostro. Para conseguir otro récord Guinness, mantuvo un gran escorpión venenoso de ocho patas en su boca por tres minutos y veintiocho segundos.[1] ¡Qué horror!

La reina de los escorpiones es un caso singular. La mayoría de las personas odian a los arácnidos. Solo el hecho de pensar en arañas, tarántulas, grillos, saltamontes, serpientes o cualquier otro tipo de bicho es suficiente para darnos escalofríos.

Si bien no soy una persona a quien le asusten, tampoco tolero su existencia. Cuando encuentro una araña escabulléndose por el suelo, la veo como una intrusa y rápidamente acabo con ella.

A veces, nuestros sentimientos hacia los bichos van más allá del disgusto. Ellos bordean el terror. Estoy convencida de que uno de los invitados a una barbacoa que organicé el verano pasado en mi patio sufría una fobia real.

Siempre hay insectos zumbando y arrastrándose por mi patio, y la mayoría de las veces la gente solo los espanta con molestia. Sin embargo, no fue así en esta ocasión. Cuando una araña se deslizó a lo largo de su hilo sedoso y con agilidad aterrizó en el hombro de esta invitada, su reacción no pudo haber sido más extrema. Con un grito espeluznante, saltó del diván.

Su plato de comida salió volando en todas direcciones. Una rebanada de tomate untada de mayonesa cayó sobre mi cabeza. Sobresaltados, los perros comenzaron a correr en círculos, ladrando y tirando los vasos de la mesa del café. Algunos invitados tomaron sus platos y se pusieron a cubierto. Otros solo se quedaron mirando con los ojos bien abiertos.

La mujer continuaba chillando y gritando, golpeando a atacantes invisibles en su cabello, sacudiendo cada centímetro de su cuerpo y saltando de aquí para allá, de pie en pie, más rápido que un jugador de fútbol en una escalera de agilidad.

Me quedé congelada cuando noté una horrible mancha roja en su pierna. ¿La había atacado uno de los perros? Me llevó un momento darme cuenta de que la mancha era kétchup. Y que su tormento (y chillidos) no cesarían hasta que alguien se deshiciera de la diminuta araña que yacía a sus pies.

¿Cuál es este poder extraño y aterrador de los bichos?

Gritamos cuando se posan en nuestra piel, le damos papeles prominentes en las películas de terror, contratamos exterminadores para eliminarlos de nuestros hogares y llamamos a hombres caballerosos para que los persigan.

El temor a criaturas como las arañas y las serpientes encabeza la lista de las fobias más comunes en el mundo, y afecta a las mujeres cuatro veces más que a los hombres. Casi la mitad de las mujeres manifiesta ansiedad, nerviosismo o temor extremos cuando se enfrenta a una.[2] Hay algo alarmante y despreciable con respecto a una criatura que se arrastra.

Ya es lo suficiente malo cuando divisamos a un pequeño intruso y podemos ver que no representa ninguna amenaza. Sin embargo, es mucho peor cuando ignoramos el peligro (la reina de los escorpiones *voluntariamente* metió en su boca escorpiones venenosos) o cuando ni siquiera somos conscientes de que esos intrusos han entrado sigilosamente y causan daño.

Nuestra familia tiene una antigua cabaña a orillas de un lago al norte de Alberta, Canadá. Cierto día, noté una pequeña pila de aserrín en el borde de la ventana del frente. Rápidamente lo limpié y no le di mayor importancia. En la primavera siguiente, cuando abrimos la cabaña, había una pila de aserrín muchísimo más grande, la cual yacía sobre el borde de la ventana. Al examinar más detenidamente, descubrí la razón.

¡Hormigas carpinteras!

Eso era malo. No tan malo como las termitas; las hormigas carpinteras son más bien primas de las hormigas. Por lo general, buscan madera que se haya ablandado producto de la humedad o el deterioro. No les gusta morder madera que sea demasiado dura. No obstante, estos intrusos aún pueden causar un daño significativo y debilitar la estructura de apoyo de un edificio. La invasión puede llegar a ser tan grave que las paredes comienzan a crujir como celofán arrugado, y grandes hormigas aladas comienzan a emerger desde cada grieta.

Gracias a Dios, pudimos reparar el daño y exterminarlas antes de que fuera demasiado tarde.

INTRUSOS ENTONCES Y AHORA

El primer hábito de una mujer espiritualmente fuerte es que siempre se mantiene alerta ante los intrusos. Las mujeres en Éfeso tenían el mal hábito de dejarlos entrar a sus casas.

Algunas mujeres recibían a los que se metían en sus hogares. Como la reina de los escorpiones, no parecían creer que suponían una amenaza. Otras, probablemente, no tenían idea de que las estaban invadiendo. Al igual que en la situación ocurrida en nuestra cabaña, no prestaron atención a las primeras señales de advertencia y eran inconscientes de que los intrusos habían entrado y estaban causando un daño significativo.

Aparentemente, algunos miembros prominentes de la congregación de Timoteo promovían ideas que se habían «desviado de la verdad» (2 Timoteo 2.18). Sus malas enseñanzas se extendían «como gangrena» (v. 17). Incitaban a «discusiones necias y sin sentido» (v. 23), provocaban «pleitos» (v. 23), y así trastornaban «la fe de algunos» (v. 18).

Pablo notó que estos charlatanes hallaban un éxito desproporcionado entre las mujeres. ¿Por qué?

Porque según la evaluación de Pablo, estas mujeres no eran lo suficientemente fuertes como para resistirlos. En lugar de cerrarles la puerta a estos maestros deshonestos y sus nuevas ideas, les permitían entrar a sus casas.

El verbo que Pablo utilizó para describir las acciones de estos hombres es *enduno*, que significa entrar a través de medios retorcidos o pretextos. También puede traducirse como «abrirse camino, colarse, infiltrarse o entrar a hurtadillas».[3] Se trata de un término despectivo que describe a estos hombres como embaucadores siniestros y traicioneros.

Cuando Pablo dice que «van de casa en casa» quiere dar a entender que avanzan lentamente o gradualmente, con sutileza y de manera casi imperceptible. Progresan de forma persistente, dando un paso a la vez.

Al igual que las mujeres en Éfeso, muchas mujeres modernas permiten que la clase de hombres incorrectos entre a sus vidas. Todo el tiempo recibo cartas de mujeres que se enamoran perdidamente del Sr. Encanto, solo para descubrir que en realidad era el Sr. Espanto encubierto.

Pienso en Emily, una señora de mediana edad que enviudó cuando su esposo de veintisiete años falleció de un repentino ataque al corazón. Aproximadamente un año después, Emily conoció a Harvey. Él se le acercó en el estacionamiento de la iglesia justo antes de la reunión. Ese domingo se sentaron juntos en la iglesia. Harvey era encantador. Después la invitó a almorzar. A las dos semanas, se veían a diario. El dolor por la muerte de su marido finalmente se había disipado.

Emily se sentía como una colegiala otra vez.

Ella eludía las preguntas inquisitivas de sus hijos adultos sobre el pasado de Harvey. A él no le gustaba hablar al respecto. Además, ¿qué importaba? También ignoraba sus sugerencias de que las cosas iban demasiado rápido. ¿Y qué? Harvey era perfecto. Resultaba divertido y atento y afectuoso (¡muy afectuoso!). Emily estaba enamorada.

Harvey llevó a Emily a un viaje romántico a México. Pasaban solos mucho tiempo en el condominio de Emily. Tanto era así que sus hijos sentían que Harvey prácticamente vivía allí. Emily se enfurecía cuando sus hijos le decían que estaba rompiendo todas las reglas de citas que ella les había exigido que siguieran. Se puso extremadamente a la defensiva cuando su hija la confrontó porque Harvey estaba allí durante el desayuno una mañana cuando pasó por casualidad.

«¿Sabes acaso a qué se dedica Harvey?», sus hijos le preguntaban. Emily no sabía explicarles con exactitud. Algo relacionado con inversiones de negocios. Definitivamente pasaba mucho tiempo con la computadora.

Cuatro meses después de que se conocieran, Emily y Harvey se casaron. Sin embargo, todo no resultó teniendo el final de cuento «y vivieron felices para siempre» que Emily esperaba.

Ni siquiera se acercó.

Harvey la abandonó después de su primer aniversario de boda, pero no sin antes embaucarla para que le hiciera la transferencia de su coche. Y sin antes vaciar todas sus cuentas bancarias, incluyendo mucho del dinero que había recibido como herencia de su difunto esposo.

Usted se preguntará cómo pudo Emily haber estado tan ciega ante las verdaderas intenciones de Harvey. Sin embargo, los intrusos son notablemente inteligentes y astutos. Saben con exactitud qué decir y hacer para seducir a su presa. Saben cómo explotar las vulnerabilidades de una mujer y ganar su confianza.

Existe algo siniestro con respecto a los intrusos.

Ellos entran e invaden. Y sustituyen. Y toman el control. No obstante, lo hacen de manera tan gradual y progresiva que suelen dejar a la mujer rascándose la cabeza y preguntándose: *¿Cómo pudo sucederme esto a mí? ¿Cómo llegué de allí hasta aquí? ¿Cómo me enredé yo misma en semejante lío? ¿Cómo?*

Estoy segura de que estas son las clases de preguntas que Eva se hizo cuando se dio cuenta del lío en el que se había metido después de creer el argumento de ese viejo intruso astuto en el huerto.

EL MAYOR INTRUSO DE TODOS

Los intrusos no son para nada novedosos. Desde el principio de los tiempos, las mujeres han sido susceptibles a los embaucadores que tratan de infiltrarse en su camino. Todo comenzó con esa vieja serpiente astuta en el huerto de Edén.

La Biblia nos dice que era «más astuta» que cualquier otro animal (Génesis 3.1). Cuando se trata de intrusos, resultaba el peor. Era malvado, sagaz y excepcionalmente habilidoso en el engaño.

La serpiente se deslizó en la vida idílica de Eva y entabló una conversación amistosa. A Eva le pareció que su charla era inocente. Lo que menos se iba a imaginar era que resultaría ser un embaucador muy calculador. Mientras hablaban, tergiversó la verdad solo un poco. Lo que proponía sonaba bien, justo y razonable para Eva. Estoy segura de que estaba convencida de que él solo trataba de ser útil. Sin embargo, en realidad no lo fue.

Tenía un objetivo en mente mucho más siniestro.

Era como un hábil vendedor de autos usados que trata de vender un cacharro haciéndolo parecer un Lincoln. Empleando una serie de pequeñas mentiras, la engañó para que creyera su discurso deshonesto. «La serpiente con su astucia engañó a Eva» (2 Corintios 11.3).

Si se hubiera imaginado las consecuencias horribles, dolorosas y mortales de su decisión, ¿cree usted que habría escuchado las mentiras de la serpiente y desobedecido a Dios? Probablemente no.

Ya usted conoce el resto de esta trágica historia. Eva comió del fruto prohibido y se lo dio a Adán, quien también lo probó. Sus ojos fueron abiertos y se avergonzaron y horrorizaron de su propia desnudez. Para cubrir sus partes privadas, trataron de entretejer algunas hojas de higuera. Y cuando Dios fue a verlos más tarde esa noche, se ocultaron.

Lo primero que Dios hizo después de pedirles explicaciones a Adán y Eva por su comportamiento fue maldecir a la serpiente. La condenó a arrastrarse sobre su vientre y a comer polvo, una postura de extrema humillación. (Antes de esto, las serpientes aparentemente tenían extremidades y no se arrastraban). Dios advirtió que el conflicto entre la mujer y la serpiente se intensificaría y continuaría. No obstante, sorprendentemente, dejó entrever que un Libertador finalmente aplastaría y derrotaría a este poderoso enemigo. «Entonces el Señor Dios le dijo a la serpiente: "Por lo que has hecho, eres maldita más que todos los animales, tanto domésticos como salvajes. Andarás sobre tu vientre, arrastrándote por el polvo durante toda tu vida. Y pondré hostilidad entre tú y la mujer, y entre tu descendencia y la descendencia de ella. Su descendiente te golpeará la cabeza, y tú le golpearás el talón"» (Génesis 3.14-15, NTV).

Eva no tenía idea de lo que todo esto significaba.

No sabía que la serpiente era el archienemigo de Dios. No sabía que «su descendiente» que golpearía la cabeza de la serpiente era Jesús. Antes de que la humanidad pecara, Dios ya tenía un plan armado para derrotar a la serpiente y vencer al pecado (Romanos 16.20; Apocalipsis 12.9).

Estoy segura de que Eva escuchó atentamente la maldición que Dios pronunció contra el autor de su caída, y comprendió el panorama negativo/positivo que sus palabras contenían. Dios usó la palabra *hostilidad* para describir la contienda perpetua que existiría entre la mujer y el intruso. En hebreo, esta palabra contundente describe el desprecio y un nivel de animosidad sangrienta para un enemigo de guerra. Supone un conflicto feroz que alcanza proporciones de vida o muerte. Esta es la clase de batalla a la que se enfrentaba Eva.

Esta parte del pronunciamiento de Dios definitivamente se trataba de las malas noticias. Si bien Eva no hubiera podido entender plenamente la parte de las buenas noticias del mensaje —cuando Dios dice que alguien golpeará la cabeza de la serpiente— creo que debió haber vislumbrado un rayo de esperanza.

Eva le llamó al defraudador que la había engañado «la serpiente» (Génesis 3.13). Realmente no sabía mucho acerca de él. No fue hasta más tarde que Dios reveló más acerca de este intruso y sus tácticas. Ahora sabemos que la serpiente tiene muchos nombres. Por lo general, la llamamos el diablo. También es conocida como Belial, Beelzebú, el adversario, el dragón, el enemigo, el tentador, el acusador y el maligno.

Satanás es el ser maligno supremo, el cual es enemigo de Dios y el gobernador poderoso de este mundo (Lucas 4.6; Juan 14.30; Hechos 26.18; 2 Corintios 4.4). Se opone a Dios y su pueblo de manera implacable.

Está siempre decidido a robar, matar y destruir todo y a todos los que pertenecen a Dios (Juan 10.10). Le ordena a un ejército de ángeles caídos, mejor conocidos como demonios, que hagan su voluntad (Mateo 25.41). Gobierna sobre un gran número de fuerzas malignas oscuras invisibles, tales como «autoridades», «potestades» y «fuerzas espirituales malignas» (Efesios 6.12). Esclaviza a todo aquel que no reconoce al nombre de Jesús, reclutando a cada uno de estos para que le obedezcan y se unan a su rebelión cósmica (Juan 8.34, 44).

Existen otros aspectos que usted debería conocer acerca de este intruso maligno y sumamente astuto. En primer lugar, su arma principal es el engaño, y la usa con eficacia.

Con *mucha* eficacia.

Jesús dijo lo siguiente sobre él: «Desde el principio este ha sido un asesino, y no se mantiene en la verdad, porque no hay verdad en él. Cuando miente, expresa su propia naturaleza, porque es un mentiroso. ¡Es el padre de la mentira!» (v. 44).

En segundo lugar, es el principal farsante. Siempre oculta su verdadera naturaleza e intenciones. Satanás «se disfraza de ángel de luz» (2 Corintios 11.14). Esto significa que se presenta a sí mismo como bueno, íntegro y hasta justo y santo, aunque su naturaleza es exactamente lo opuesto. El hecho de que se oculte detrás de una máscara de bondad lo vuelve difícil de identificar.

En tercer lugar, es extremadamente paciente. Las Escrituras dicen que «ronda como león rugiente, buscando a quién devorar» (1 Pedro 5.8).

La palabra *rondar* contiene la misma clase de idea que la palabra *intruso*. Significa acechar, merodear, escabullirse, entrar a hurtadillas. Como un león, Satanás actúa con cautela y estrategia. Se toma su tiempo para acercarse y atacar. Está dispuesto a esperar por el momento oportuno. Y se encuentra comprometido a presentar batalla por un largo tiempo, así que se contenta con avanzar solo un poco a la vez.

En cuarto lugar, Satanás es implacable. No se rinde. Nunca.

Siempre está tratando de introducirse a hurtadillas. Cuando un método falla, intenta otro. Si hay algo de lo que puede estar segura es de que *siempre* está tratando de avanzar en su vida.

Por último, es importante que se dé cuenta de que Satanás es el intruso principal o Übercreep. *Über* proviene del idioma alemán y significa «encima» o «sobre». Satanás está por encima de los otros intrusos. Él está sobre los ángeles caídos (demonios), principados, autoridades, poderes cósmicos y todas las fuerzas del mal. También está sobre todo aquel que no sirve a Dios y que, por lo tanto, sirve a Satanás. Él es el padre de los intrusos.

¿Por qué es importante que usted sepa esto?

Porque cuando encuentre un farsante destructivo en su vida, puede estar segura de que Satanás está detrás de ello. Además, esto le da un panorama de la naturaleza y las tácticas del farsante. Como dice el dicho: «De tal palo, tal astilla».

Todos los intrusos están cortados por la misma tijera. Usan disfraces y pretenden ser justos, al igual que Satanás. «Tales individuos son falsos apóstoles, obreros estafadores, que se disfrazan de apóstoles de Cristo. Y no es de extrañar, ya que Satanás mismo se disfraza de ángel de luz. Por eso no es de sorprenderse que sus servidores se disfracen de servidores de la justicia. Su fin corresponderá con lo que merecen sus acciones» (2 Corintios 11.13-15).

Los intrusos son engañadores. Se hacen pasar por algo que no son. Avanzan de manera lenta, pero persistente. Y están decididos a causarle un gran daño.

Las Escrituras nos advierten: «Sed sobrios, y velad» (1 Pedro 5.8, RVR1977). El hecho de que tengamos un enemigo poderoso y asesino que quiere dañarnos no es algo que debamos minimizar o ignorar. C. S. Lewis sugiere que los dos errores que las personas cometen cuando hablan de Satanás son no tomarlo en serio o, por el contrario, tomarlo con demasiada seriedad.[4]

De acuerdo con esta frase, ninguna de las dos es una opción. Satanás no es una pequeña caricatura de traje rojo y con cuernos que usted puede fácilmente quitarse de su hombro. Necesita darse cuenta de que forma parte de una batalla de vida y muerte contra un enemigo astuto e intimidante. A fin de resistir sus maquinaciones de manera efectiva, precisa conocer a su enemigo y sus características y tácticas.

Así como hay engañadores enfocados en las personas en Facebook, él y sus demonios la tienen a usted como objetivo. Rastrean sus movimientos, toman nota de sus hábitos, sus amigos y familia, sus conversaciones y debilidades. Incluso ahora mismo están formulando un plan siniestro para infiltrarse en su vida y destruirla.

Eso es lo que hacen los intrusos.

CUALIDADES DE UN INTRUSO

Como mencioné anteriormente, las mujeres débiles de Éfeso tenían el mal hábito de tolerar a los intrusos. Algunas ni siquiera los reconocían como intrusos; otras no creían que fueran un problema o que representaran algún tipo de amenaza.

Si queremos ser fuertes, y no débiles como ellas, tenemos que considerar la amenaza de los intrusos con seriedad. En lugar de ignorar o pasar por alto el peligro, necesitamos establecer el hábito de identificar a los impostores que tratan de introducirse en nuestras vidas. No obstante, dado que son tan buenos en hacer imitaciones, ¿cómo podemos descubrir quién es quién?

Podemos encontrar una lista detallada de las cualidades de los intrusos en los cinco versículos que anteceden a nuestro pasaje sobre las mujeres débiles. «Ahora bien, ten en cuenta que en los últimos días vendrán tiempos difíciles. La gente estará llena de egoísmo y avaricia; serán jactanciosos, arrogantes, blasfemos, desobedientes a los padres, ingratos, impíos, insensibles, implacables, calumniadores, libertinos, despiadados, enemigos de todo lo bueno, traicioneros, impetuosos, vanidosos y más amigos del placer que de Dios. Aparentarán ser piadosos, pero su conducta desmentirá el poder de la piedad. ¡Con esa gente ni te metas!» (2 Timoteo 3:1-5).

Note que estos vicios son características de los falsos maestros que se introducían en las casas de las mujeres débiles. Los intrusos tratan de ocultar estos rasgos negativos, pero si estamos atentas, probablemente veremos estas malas actitudes asomándose por debajo de sus apariencias atractivas. Si reflexiona acerca de este pasaje, podrá aprender a identificar a los farsantes.

Para hacerlo aún más fácil, elaboré una lista de verificación con esas cualidades a fin de ayudarla a determinar si algún intruso se le está acercando.

Un intruso es:

- ❑ egoísta: interesado, narcisista, egocéntrico, busca ser el número uno
- ❑ materialista: amante del dinero, avaro, codicioso, posesivo, tacaño
- ❑ vanidoso: jactancioso, presumido, arrogante, fanfarrón
- ❑ despreciativo: soberbio, condescendiente, presuntuoso, desdeñoso
- ❑ vituperioso: abusivo, ofensivo, denigrante, criticón, castigador
- ❑ insolente: rebelde, desafiante, desobediente (especialmente con los padres)
- ❑ desagradecido: ingrato, se cree con derecho, exigente
- ❑ irreverente: grosero, ordinario, profano, vulgar, bruto
- ❑ insensible: desalmado, sin amor, frío, antipático
- ❑ resentido: inclemente, irreconciliable, implacable, rencoroso
- ❑ difamador: calumniador, acusador, mentiroso, maldiciente
- ❑ indisciplinado: intemperante, libertino, carente de dominio propio
- ❑ malicioso: brutal, salvaje, agresivo, ponzoñoso, vil, despiadado, cruel
- ❑ cínico: despreciativo, burlón, irónico, enemigo de todo lo bueno
- ❑ traicionero: traidor, infiel, engañador, adúltero
- ❑ impulsivo: impetuoso, imprudente, precipitado, salvaje, testarudo
- ❑ engreído: vanidoso, petulante, fanfarrón, ególatra
- ❑ autoindulgente: hedonista, concupiscente, promiscuo, lascivo
- ❑ hipócrita: mentiroso, farsante, engañador, impostor

Si una persona muestra *una* de estas características, eso no significa que automáticamente sea un intruso. No obstante, si ha tildado muchas de estas a lo largo de la lista o si se trata de una actitud grave, las sirenas deberían encenderse en su mente. ¡No ignore estas señales de alarma!

Demasiadas mujeres ignoran estas primeras señales de alerta en los hombres que las buscan. Creen que él cambiará o que solo está teniendo un mal día. O encuentran excitante su comportamiento impulsivo, indisciplinado e insolente de chico malo. O se justifican porque se supone que deben ser la sal y la luz y perdonar los pecados de las personas. ¿Es eso correcto? Sí, ¿pero Dios quiere realmente que usted se junte con un intruso?

No. De ninguna manera.

La lista de diecinueve vicios concluye con la orden estricta: «¡Con esa gente ni te metas!» (v. 5).

El problema de juntarse con intrusos es que sus actitudes y comportamientos tienden a contagiarse. La Biblia nos advierte: «No se dejen engañar: "Las malas compañías corrompen las buenas costumbres"» (1 Corintios 15.33). También nos aconseja: «El que con sabios anda, sabio se vuelve; el que con necios se junta, saldrá mal parado» (Proverbios 13.20).

Casi todos han oído este tipo de advertencia proveniente de sus padres en algún momento y con mucha razón, pues el consejo trasciende el paso del tiempo. La Biblia enfatiza la importancia de las buenas amistades. Las personas que permitimos que entren en nuestro círculo íntimo se convertirán en partes fundamentales de nuestra historia durante las décadas venideras. Dependiendo de su carácter, nos ayudarán o nos perjudicarán.

No siempre es fácil identificar a los intrusos. Estos pueden ser inteligentes, encantadores, divertidos y simpáticos. No obstante, si los observamos con atención, por lo general podemos discernir su lado oscuro. Podemos reconocer muchas de las cualidades que Pablo enumeró.

Una mujer débil ignora las señales de alarma. En cambio, una mujer fuerte es consciente del peligro y permanece alerta ante la amenaza.

TODA CLASE DE INTRUSOS

Un falso maestro o un impostor controlador no es el único tipo de intruso ante el cual necesita estar alerta. Existen diferentes tipos.

Un intruso podría infiltrarse en sus actitudes o abrirse camino hasta su comportamiento. Podría entrar lentamente en sus hábitos o entrometerse con su tiempo. Podría influenciarla para comprometer sus valores, o podría usurpar sus ideas.

Un intruso es *cualquier* influencia negativa que llega a su vida.

INTRUSOS EN LAS ACTITUDES

Todas nosotras experimentamos pensamientos negativos de vez en cuando. Sin embargo, si permitimos que estos pensamientos se presenten a diario y no los frenamos, comenzarán a formar parte de nuestro modo de pensar.

El intruso más común en lo que respecta a nuestra actitud es la negatividad: la negatividad hacia una misma, hacia otros y hacia las circunstancias que vivimos. Al tener una personalidad melancólica, del tipo que ve el vaso medio vacío, siempre he tenido que luchar contra esto.

La negatividad constituye una característica clave del padre de los intrusos, Satanás. Él pasa mucho tiempo condenando y acusando a las personas. La Biblia lo llama «el acusador de nuestros hermanos, el que los acusaba día y noche delante de nuestro Dios» (Apocalipsis 12.10). Así que realmente no es de extrañar que le guste ver esta actitud negativa abriéndose paso en nuestras vidas.

Satanás nos condena todo el tiempo, así que él celebra una victoria cuando caemos en el engaño y comenzamos a condenarnos a nosotras mismas. Satanás también gana cuando exhibimos una actitud negativa y crítica hacia otros. Las Escrituras nos dicen que «ya no hay *ninguna condenación* para los que están unidos a Cristo Jesús» (Romanos 8.1, énfasis añadido). Si tenemos una actitud crítica o de condenación hacia nosotras mismas o los demás, vamos en contra de Dios.

Le abrimos la puerta al intruso.

La Biblia también señala: «Háganlo todo sin quejas ni contiendas» (Filipenses 2.14) y «den gracias a Dios en toda situación, porque esta es su voluntad para ustedes en Cristo Jesús» (1 Tesalonicenses 5.18). Por lo tanto, cuándo murmuramos o nos quejamos con respecto a nuestras circunstancias, igualmente estamos dejando entrar al intruso.

¿Qué hay de usted? ¿Está teniendo una actitud cada vez más crítica hacia su esposo? ¿Sus hijos? ¿Sus parientes políticos? ¿Su iglesia? ¿Su jefe? ¿Sus vecinos? ¿Sus circunstancias?

Usted puede detener al intruso de la negatividad al ser intencionalmente agradecida y declarar en cambio palabras de bendición.

Hemos hablado acerca del intruso de la negatividad, pero existen muchos otros intrusos relacionados con la actitud, como la falta de perdón, el resentimiento, la envidia, el egoísmo, la desconsideración, la impaciencia o la culpa. Cuando uno de estos aparece, tenemos que tomar una decisión. Podemos intencionalmente atrapar al intruso y dejarlo fuera, como Dios quiere, o podemos de manera pasiva permitirle que se introduzca.

INTRUSOS EN EL COMPORTAMIENTO

Los intrusos en la actitud provocan un cambio negativo gradual en nuestra *actitud*, mientras que los intrusos en el comportamiento conllevan a un cambio negativo gradual en nuestro *comportamiento*. Ambos están por lo general conectados. Jesús dijo: «El que es bueno, de la bondad que atesora en el corazón produce el bien; pero el que es malo, de su maldad produce el mal, porque de lo que abunda en el corazón habla la boca» (Lucas 6.45).

Si guardamos rencor, ingratitud, amargura y descontento en nuestros corazones, seguramente se evidenciarán en nuestras palabras y acciones. Quizás reprenda a su compañera y la difame repetidas veces a sus espaldas. Tal vez haga comentarios sarcásticos, hirientes. ¿Se ha vuelto cada vez más distante e insensible hacia su esposo? ¿Está usando un lenguaje más grosero y obsceno?

O quizás pida licencia por enfermedad cuando no está realmente enferma. ¿Qué hay de engañar a su empleador al hacer cosas personales en el horario laboral? ¿De solicitar pagos en efectivo para evitar pagar los impuestos? Quizás diga mentiras a fin de evitar pasar vergüenza. ¿Tiene diferentes versiones de la verdad para personas distintas? ¿Rompe su palabra y su presupuesto al comprar algo que no había planeado comprar? ¿O no sigue adelante con aquello que ha prometido?

Si nos descubrimos a nosotras mismas formulando excusas, desarrollando falta de paciencia, volviéndonos más perezosas, más imprudentes o más irrespetuosas, cualquier cambio negativo progresivo demuestra que somos víctimas de estos intrusos en el comportamiento.

INTRUSOS DEL TIEMPO

«Todo tiene su momento oportuno; hay un tiempo para todo lo que se hace bajo el cielo», dijo Salomón (Eclesiastés 3.1). Hay un tiempo para trabajar. Un tiempo para servir. Un tiempo para descansar. Y un tiempo para divertirse. Desafortunadamente, una categoría puede ir más allá de sus límites y robarle tiempo a otra categoría. Podemos divertirnos cuando deberíamos trabajar. O trabajar cuando deberíamos estar descansando. O descansar cuando deberíamos estar sirviendo. Además, podemos postergar y malgastar el tiempo en actividades sin sentido.

El tiempo es nuestro bien más preciado. La Biblia nos desafía a que aprovechemos al máximo nuestro tiempo (Efesios 5.16). Incluso el agnóstico Charles Darwin admitió: «Un hombre que se atreve a desperdiciar una hora no ha descubierto el valor de la vida».[5]

En el año 2016, la agencia de mercadotecnia Mediakix preparó una infografía para mostrar cuánto tiempo, en promedio, las personas pasan en las redes sociales y otras actividades diarias a lo largo de la vida. Concluyeron que una persona promedio pasará siete años y ocho meses mirando televisión y cinco años y cuatro meses en las redes sociales, comparado con un año y tres meses socializando con amigos y seis meses lavando la ropa.[6]

Solo piense: para cuando llegue al final de su vida, probablemente habrá pasado unos trece años mirando televisión e interactuando con las redes sociales.

Solo eliminando las redes sociales le daría el tiempo para escalar el monte Everest treinta y dos veces o recorrer la Gran Muralla china tres veces y media. Sorprendente, ¿verdad?

Y es aún más sorprendente cuando considera que la cantidad de tiempo que la gente pasa en estas actividades ha incrementado desde el año 2016 y continúa en aumento.

Pienso en estas estadísticas cuando me escucho a mí misma decir: «No tengo tiempo para...». Por lo general, no es cierto que no tenga tiempo. La verdad es que a veces prefiero pasar mi tiempo haciendo cosas que relativamente tienen poco valor en lugar de tener la disciplina para aprovechar mi tiempo con sabiduría.

Todos esos minutos que desperdiciamos o postergamos también cuentan.

A Satanás le gusta mantenernos ocupadas en actividades improductivas. Le gusta distraernos de lo que realmente es importante para ocuparnos en cosas sin importancia. ¿Está usted alerta del intruso del tiempo que constantemente trata de colarse en su vida? ¿Está haciendo algo para impedir que se introduzca?

INTRUSOS EN LOS HÁBITOS

Los intrusos en los hábitos representan un patrón de comportamiento negativo, y por lo general están vinculados a la falta de autodisciplina. Todo empieza como un comportamiento en apariencia inofensivo, pero con el tiempo se convierte en un hábito negativo, algo que habitualmente hacemos o dejamos de hacer.

Sabemos que tenemos que levantarnos temprano, pero en cambio nos levantamos tarde y luego corremos como locas para salir a tiempo.

O decimos que estamos tratando de bajar de peso, pero de todos modos nos comemos ese segundo trozo de pastel (lo dice la mujer que se acaba de comer un puñado de chocolates de Halloween que tenía separados para darles a los niños disfrazados). Nos decimos que vamos a agregar una sesión de entrenamiento adicional, pero tampoco lo hacemos. Tenemos tiempo para mirar Netflix, pero no para ejercitarnos.

Quizás descuidamos nuestro tiempo de comunión con el Señor de algún modo, y nuestros amigos no nos ven en el estudio bíblico. Nuestras excusas parecen racionales y buenas. Luego, faltamos a la iglesia. Tenemos una buena razón, pero entonces sucede de nuevo. Después tres veces más. Antes de darnos cuenta, nuestro hábito de ir a la iglesia fue remplazado por el hábito de faltar a la iglesia.

A veces, esta actitud permisiva en lo que respecta al compromiso con nuestras convicciones se extiende a áreas de vicio también. Un mal hábito ocasional se convierte en una adicción.

El tiempo que pasamos usando nuestros teléfonos inteligentes puede conducir a una adicción a las redes sociales. La emoción de hacer una nueva compra puede conducir a una adicción a las compras. Un vaso de vino ocasional puede conducir a una adicción al alcohol. La compra de los boletos de la lotería puede conducir a una adicción al juego. La exposición frecuente a escenas para adultos puede conducir a una adicción al sexo. El consumo de analgésicos puede conducir a la drogadicción. Ir a fiestas informales puede convertirse en su estilo de vida.

Los malos hábitos pequeños por lo general conducen a hábitos mayores y más destructivos. ¡Tenga cuidado con estos tipos de intrusos!

INTRUSOS IDEOLÓGICOS

Otra clase de intruso es el ideológico. Este invade nuestras ideas y opiniones y se infiltra en nuestra mente. Nos influencia para aceptar el punto de vista mundano en lugar del punto de vista de Dios.

Todas las cosas que vemos, leemos y oímos impactan nuestra manera de pensar. Pablo le advirtió a su protegido: «Oh Timoteo, guarda lo que se te ha encomendado, evitando las profanas pláticas sobre cosas vanas, y los argumentos de la falsamente llamada ciencia, la cual profesando algunos, se desviaron de la fe» (1 Timoteo 6.20-21, RVR1977).

Solo necesitamos revisar las publicaciones de nuestras redes sociales para ver que hay muchas pláticas inútiles dando vuelta. Y que muchas personas se dejan enredar en las mismas.

Las ideas tienen mucho poder. Estas pueden desviarnos del camino. Peor aún, pueden hacernos naufragar en la fe (1.19). Hablaremos más acerca de las falsas ideas en los capítulos siguientes, pero por ahora solo quiero que sea consciente de que algunos de los intrusos más implacables con los que se enfrentará son aquellos que constantemente tratan de infiltrarse en su mente.

INTRUSOS EN LA MORAL

Y luego están presentes los intrusos poderosos en la moral, que comprometen los estándares de pureza de Dios.

Una pequeña concesión conduce a otra y luego a otra más.

Las escenas de sexo que nos habríamos rehusado a mirar años atrás se convierten en nuestra nueva norma de entretenimiento. Aquello que una vez parecía escandaloso ya no nos resulta tan inaceptable. La tentación de ceder se vuelve cada vez más fuerte. La atracción a programas picantes, escandalosos o a la pornografía es más potente. Las imágenes se vuelven más obscenas. La autosatisfacción es cada vez más frecuente. La lujuria crece. Las fantasías aumentan. Los estándares sexuales decaen.

Llegamos más lejos de lo que hubiéramos querido, y luego vamos un poco más allá. Terminamos haciendo lo que jamás habríamos concebido hacer unos años atrás.

Quizás termine durmiendo con su novio antes del matrimonio, o acabe mudándose con él. Tal vez termine teniendo una serie de aventuras de una noche. Comience a seducir a hombres en los bares. Empiece a experimentar. Quizás su comportamiento sexual se vuelva cada vez más degenerado y pervertido. Quizás esté casada e idee excusas como: «Es solo un almuerzo» o «Solo somos amigos». En lugar de huir de la tentación, la considera. Lentamente, comienza a enredarse. Almorzar con el apuesto ejecutivo casado se convierte en algo habitual. La relación emocional conduce a una relación física.

Cuando se da cuenta, su vida es un desastre.

Ninguna de las mujeres con las que hablo que se han visto involucradas en un dilema moral lo había planeado. Cuando se dan cuenta de cuán profundo han caído, se preguntan con incredulidad: *¿Cómo es posible que pudiera pasarme esto? ¿Cómo llegué tan lejos? ¿Cómo hice para meterme en semejante lío? ¿Cómo?*

A esta altura, espero que sepa la respuesta. El pecado no avanza a saltos, lo hace poco a poco, un pequeño paso a la vez.

Estas pequeñas concesiones, en el momento, no parecen graves. Los cambios que producen son tan sutiles que parecen casi imperceptibles. Por lo tanto, es fácil minimizar la relevancia o la importancia de las mismas. Sin embargo, Satanás sabe que una serie de pequeñas decisiones negativas conducirá a un resultado negativo significativo. Le encanta aprovecharse de las mujeres débiles que poco a poco van comprometiendo sus convicciones.

Ya sea positivo o negativo, es la constancia del hábito a lo largo del tiempo más que la magnitud de cada acción individual lo que marca la diferencia.

Se trata de cómo nos volvemos esclavas o nos volvemos más fuertes. Una mujer fuerte evalúa si sus valores morales están yendo en una dirección positiva o negativa. Si los ve desviarse, actúa de inmediato para detener al intruso.

¿ES REALMENTE UN INTRUSO?

Existen muchos tipos diferentes de intrusos y de maneras en que podemos ser engañadas. Son demasiados para que podamos considerarlos a todos. El asunto es que si dejamos entrar a un tipo de influencia destructiva en nuestra vida, les estamos abriendo la puerta a otras. Un intruso en nuestra actitud se convierte en un intruso en nuestro comportamiento. Un intruso ideológico se convierte en un intruso en la moral. Y existen muchísimos más.

¿Cómo podemos saber si algo constituye una influencia destructiva? Bueno, todos comparten las mismas características. Para que algo califique como un intruso debe:

- *invadir lentamente.* Al igual que un león, un intruso avanza y se va introduciendo lenta y sutilmente, casi de manera imperceptible. Con paciencia y persistencia sigue avanzando para entrar en nuestras vidas. Nos invade incesantemente, pero solo dando un pequeño paso a la vez.
- *exhibir las cualidades del padre de los intrusos.* Todos los intrusos están cortados por la misma tijera; por lo tanto, tendrán una o más características subyacentes del padre de todos los intrusos. ¿Recuerda la lista de verificación de las diecinueve cualidades? Todos los intrusos comparten la misma naturaleza y tienen estas cualidades, por lo general muchas de ellas.
- *influenciarnos para movernos en una dirección negativa.* Un intruso nos va dando empujoncitos. Nos lleva lentamente y nos hace cambiar de posición. El cambio es tan sutil que de manera usual no lo consideramos significativo. Damos pequeños pasos

en una dirección negativa. Vamos cediendo, nos justificamos y comenzamos a tener una actitud diferente con respecto a ciertas cuestiones. Por lo general, nos lleva algún tiempo antes de que nosotras, o las personas a nuestro alrededor, notemos que las cosas en nuestra vida están yendo cuesta abajo.

• *ganar poder sobre nosotras.* Mientras que la influencia del intruso continúa, vamos cediendo cada vez más poder y adoptando su comportamiento. Cuando esto sucede, *nos* volvemos cada vez más egoístas, materialistas, vanidosas, despreciativas, arrogantes, insolentes, desagradecidas, irreverentes, insensibles, resentidas, difamadoras, indisciplinadas, maliciosas, cínicas, traicioneras, impulsivas, engreídas, autoindulgentes e hipócritas.

Lisa recuerda con claridad el día en que hizo clic por primera vez en ese enlace. Su esposo tenía entradas para el partido de *hockey* esa noche. Aburrida, Lisa navegó por la web. Leía las noticias de entretenimiento cuando apareció el enlace seductor. Al principio, posó el cursor sobre la *x* para cerrarlo. Dudó por un instante. Luego, por impulso, movió el *mouse* una o dos pulgadas.

Y cliqueó.

Las imágenes pornográficas la conmocionaron. Horrorizada ante la obscenidad, cerró el sitio después de unos pocos minutos. Sin embargo, no podía borrar de su mente las imágenes que había visto. Perturbaban sus pensamientos y sueños.

Durante las siguientes semanas, Lisa volvió a visitar el sitio pornográfico y algunos sitios relacionados. Su conmoción inicial se transformó en una fascinación oscura y tentadora. Impulsivamente, encargó algunos juguetes sexuales para que se los entregaran en su casa en un paquete sin identificar. A solas en su alcoba, los probó, pero no le dijo nada a su esposo.

Y luego apareció ese otro enlace, uno que ofrecía hablar en lugar de mirar. Lo observó varias veces antes de que finalmente tuviera el coraje.

Cliqueó.

Las conversaciones con el hombre que conoció en Internet eran ardientes. *Es solo por diversión*, pensaba. De ninguna manera planeaba conocerlo personalmente ni seguir adelante con sus intercambios. Su intención era permanecer anónima. No pasaba nada. Estaba segura de que las cosas se esfumarían después de un par de semanas. Pero no fue así.

Lisa no podía recordar si fue él quien compartió su número telefónico primero o si fue ella. No obstante, en algún punto el coqueteo virtual pasó de sus computadoras a sus celulares. Y luego comenzaron a enviarse mensajes sexuales explícitos.

Ella no estaba planeando tener una aventura. En verdad no. Había planeado encontrarse con él en un restaurante en un pueblo cercano para ponerle un alto a su relación. Sin embargo, la atracción sexual era demasiado fuerte. Lo novedoso era demasiado seductor.

La aventura duró tres meses. Su esposo nunca lo supo.

Posteriormente, el descontento de Lisa con su matrimonio fue creciendo. No pasó mucho tiempo antes de que se involucrara en otra relación. Esta vez no logró mantenerla en secreto. Su hija adolescente fue quien comenzó a sospechar e hizo que su papá empezara a curiosear. El esposo de Lisa trató de convencerla para que lo acompañara a consejería matrimonial, pero su corazón ya se había enfriado.

Ella había cambiado. Sus actitudes ya no eran las mismas, así como tampoco su comportamiento, hábitos, valores morales ni pensamientos. Dos años después de haber hecho clic en ese enlace y ceder ante ese pequeño empujoncito, Lisa abandonó a su esposo, sus hijos, su iglesia y todo lo que una vez había apreciado.

EL PELIGRO DE LOS INTRUSOS

¿Cuál es el problema con esos pequeños intrusos, como hacer clic en un enlace o hablar de manera persistente con un compañero de trabajo? No parecen para nada malos. Quizás se diga a sí misma: *Es solo por curiosidad*. O comente: *Un poco de coqueteo es inofensivo. No es que vaya a acostarme con él.*

La cuestión es que el peligro no siempre es evidente al principio. Y la primera vez que cede, quizás hasta ni se dé cuenta de que es un intruso tratando de infiltrarse en su vida. El asunto tal vez parezca inocente y casual, como una especie de equivocación cotidiana.

Tal vez.

Sin embargo, luego vuelve a suceder.

Y otra vez.

Y otra vez.

Probablemente haya oído acerca de la parábola de la rana en la olla. A fines de la década de los ochenta, unos investigadores llevaron a cabo una serie de experimentos con las ranas. Descubrieron que cuando lanzaban una rana en una olla con agua caliente, la rana saltaba de inmediato. No obstante, cuando ponían la rana en una olla con agua fría y gradualmente iban aumentando la temperatura, la rana no percibía el peligro. Si el aumento de la temperatura era lo suficiente lento, la rana se quedaría allí hasta morir cocinada.

Aunque los científicos modernos cuestionan los resultados de este experimento, sigue siendo una buena metáfora para ejemplificar cómo usted puede verse perjudicada por nuevas actitudes, comportamientos o personas en su vida que parecen inofensivos. Muy a menudo puede ceder poco a poco ante estas situaciones de manera ingenua y no reconocer el peligro hasta que sea demasiado tarde. No es hasta después de un tiempo que recién nota cuánto ha cambiado la situación.

¿Ha habido algún cambio lento y negativo en sus actitudes, comportamientos, hábitos, valores morales, pensamientos o maneras de pasar el tiempo? ¿Puede identificar algún área donde ha sido una mujer débil y tolerado a un intruso?

He aquí algunas posibilidades:

- Un sitio web que no debería estar viendo.
- Un libro que no debería estar leyendo.
- Un programa que no debería estar mirando.
- Letras de canciones que no debería estar cantando.

- Un intercambio de mensajes de texto o correos electrónicos secretos que no debería estar contestando.
- Un almuerzo con un hombre casado que no debería estar teniendo.
- Una fantasía o escenario que no debería estar visualizando.
- Un lugar al que no debería estar yendo.
- Una actividad en la que no debería estar participando.
- Un amigo al que no debería estar viendo.
- Una excusa para faltar a la iglesia que no debería estar considerando.
- Un resentimiento amargo que no debería estar guardando.
- Un afecto marital que no debería estar reteniendo.
- Un chisme que no debería estar esparciendo.

No racionalice ni justifique estas situaciones al decir: «No me va a afectar», «Soy lo suficientemente fuerte como para lidiar con esto», «¡Realmente no es gran cosa!» o «Eso no va a sucederme a mí».

Tiene razón, probablemente no sea *gran* cosa, por supuesto que no, ¡es un intruso! Es una en una serie de *pequeñas* decisiones que la están desviando del camino.

Una mujer fuerte sabe que no son los *grandes* pensamientos los que representan la mayor amenaza a su bienestar, son todos los *pequeños*.

Son las pequeñas cosas las que tienen el poder de producir los cambios más grandes. Descuidar las cuestiones pequeñas puede conducir a un gran desastre; encargarse de las mismas garantiza el mayor de los éxitos.

Creo que el apóstol Pablo estaría de acuerdo con esto. En 2 Timoteo 3.5 (RVR1977), después de detallar las diecinueve características negativas de un intruso, le advirtió a su amigo: «A éstos también evita». Esa palabra *evita* está en modo imperativo. De forma literal significa que usted debe apartarse de algo constantemente. Evitar la influencia destructiva por lo general requiere de un pequeño esfuerzo, pero el mismo debe ser constante y continuo.

El problema con las mujeres débiles de Éfeso es que eran ingenuas al peligro y pasivas. No veían cómo estas pequeñas decisiones, las cuales iban desarrollándose en actitudes y hábitos día a día, constituían un problema. Toleraban a los falsos maestros, toleraban la desviación y toleraban a los intrusos. Y poco a poco perdieron su rumbo.

Eso también nos puede suceder a nosotras si no tomamos a los intrusos con seriedad.

FRENAR A LOS INTRUSOS

Pedro nos dio algunas claves para no solo frenar a los intrusos, sino también derrotarlos. ¿Recuerda lo que dijo acerca de los leones que andan merodeando? «Sed sobrios, y velad; porque vuestro adversario el diablo, como león rugiente, anda alrededor buscando a quien devorar; al cual resistid firmes en la fe» (1 Pedro 5.8-9, RVR1977). Mencioné este versículo anteriormente. El mismo no solo describe el comportamiento del diablo, sino también nos ofrece el antídoto contra la debilidad.

Dele otro vistazo.

Pedro mencionó cuatro cosas necesarias para ahuyentar al león rugiente. En primer lugar, una mujer fuerte es consciente del peligro («sobrios»). Ser sobrio quiere decir tener una actitud seria y sensata hacia los intrusos. Significa tener dominio propio, ser perspicaz y no dejarse engañar. Una mujer fuerte sabe que tiene un enemigo astuto que está siempre al acecho, siempre queriendo robar, matar y destruir. Otra traducción de 1 Pedro 5.8 dice: «Sean prudentes» (DHH). Ella considera la amenaza con prudencia.

En segundo lugar, una mujer fuerte permanece alerta con respecto a las maneras en que los intrusos podrían estar actuando («velad»). Velar significa vigilar y estar alerta y atento. Espiritualmente, la mujer fuerte no se queda dormida.

Ella es como un atalaya en una torre cuidando la ciudad, vigilando al enemigo. Vela por su propio corazón y su casa. Está en constante búsqueda de intrusos. No permite que se acerquen sigilosamente y la sorprendan desprevenida.

En tercer lugar, una mujer fuerte hace retroceder activamente («resistid»). Sigue la enseñanza de Santiago 4.7: «Así que sométanse a Dios. Resistan al diablo, y él huirá de ustedes».

Una mujer fuerte no espera pasivamente a que el intruso actúe, sino que contraataca su avance de manera activa e intencional. Quizás coloque un filtro contra las obscenidades en la Internet. Tal vez consiga una aplicación para restringir el tiempo en las redes sociales.

Las mujeres fuertes no dejan que la vida les suceda. Son activas. Intencionales. Decisivas. Adoptan una postura y se fijan el objetivo de resistir a los intrusos. Detienen las influencias negativas y las pequeñas infiltraciones antes de que puedan ganar terreno.

Por último, ella permanece anclada en Jesús («firmes en la fe»). A fin de derrotar al intruso, nuestras convicciones y todas nuestras acciones deben estar aseguradas a un fundamento inamovible. Si Jesús no es el ancla que nos sostiene, no seremos capaces de evitar la desviación. Seremos como las olas del mar que son llevadas de un lado a otro por el viento (1.6). Cuando las olas de la opinión popular cambien, nuestros estándares también cambiarán. Las convicciones de una mujer fuerte están basadas en el estándar inmutable de la Palabra de Dios, no en lo que es políticamente correcto, ni en los sentimientos y la opinión popular.

Muchas de nosotras las mujeres de la actualidad creemos que somos fuertes, pero en realidad no lo somos.

Somos debiluchas.

Víctimas indefensas a la deriva.

No obstante, si hacemos lo que las Escrituras nos aconsejan, si permanecemos sobrias, alertas, activas y ancladas en Cristo, seremos lo suficientemente fuertes para resistir el poder de aquellos intrusos sigilosos.

HAY UN INTRUSO EN MI CASA

Hay algo más que quisiera que considere en 2 Timoteo 3.6, y es la frase «de casa en casa». Los falsos maestros se metían en las casas de las mujeres débiles. Sus actividades afectaban no solo a las mujeres, sino también a las personas que las rodeaban. ¡Los intrusos arruinaban a las familias enteras!

Tito, otro de los protegidos de Pablo, enfrentó en Creta la misma situación que Timoteo enfrentó en Éfeso. Los falsos maestros se estaban introduciendo en los hogares y destruyéndolos. «A esos hay que taparles la boca, ya que están arruinando familias enteras al enseñar lo que no se debe; y lo hacen para obtener ganancias mal habidas» (Tito 1.11).

Los intrusos son peligrosos porque apuntan a destruir a tantas personas como sea posible. Cuando Satanás fue tras Eva en el huerto, su plan era aprovechar su influencia para hacer caer también a Adán. Tenía en la mira a toda la casa; de hecho, a la humanidad entera.

Como mujer, tengo la responsabilidad especial de vigilar a los intrusos que intentan meterse en mi casa.

Sin embargo, ¿qué hay de los hombres? ¿Acaso los esposos y los padres no tienen también esa responsabilidad?

Sí, claro que sí. No obstante, por diseño, Dios ha creado a las mujeres para ser diferentes a los hombres. A la mayoría de las mujeres se les ha dado este barómetro interno increíble que les permite darse cuenta de cómo están todos. Cuando se trata de personas y relaciones, a menudo percibimos cosas que los hombres naturalmente no ven, indicios que ellos podrían pasar por alto. Generalmente, nosotras detectamos indicadores sutiles cuando algo no anda bien.

Mamá osa es la que percibe, la que vigila, la que husmea, la detective, la animadora, la que llora, la que lleva la carga, la que ora, la que se fija en las novias y novios y mejores amigos. Esa es la manera en la que fuimos diseñadas. Como formadoras y guardianas del hogar, no podemos darnos el lujo de ser indiferentes o carentes de atención en lo que respecta a este rol y permitir neciamente que ciertos intrusos se metan con nuestros seres amados. No puedo ni siquiera comenzar a contar las veces en que he intervenido para impedir que los intrusos se metieran con mis hijos, mi esposo, mi matrimonio y mi casa.

Por cierto, creo que Dios le da a *cada* mujer una casa —un círculo de personas— que cuidar. Salmos 113.9 dice: «A la mujer estéril le da un hogar y le concede la dicha de ser madre». Usted no tiene que tener un esposo e hijos para ser la madre de un hogar. Su familia puede ser su equipo de vóley, la clase de la escuela dominical, sus amigos, sus compañeros de trabajo, las mujeres en su grupo de recuperación o su hogar de ancianos. Puede ser sus sobrinos o sus vecinos.

Piense cuidadosamente en las personas que forman parte de su vida sobre las cuales tiene alguna influencia. Dios quiere que asuma la responsabilidad de mamá osa y comience a cuidar de su familia. Manténgase atenta a la aparición de intrusos en sus vidas. Sea una mujer fuerte. Haga lo que esté a su alcance para protegerlos, advertirles y persuadirlos del peligro.

La Biblia dice que una mujer fuerte «vigila los caminos de su familia» (Proverbios 31.27, RVR1977). «La mujer sabia edifica su casa; la necia, con sus manos la destruye» (14.1).

¿Cómo sucede esto?

Tanto en lo que concierne a edificar como a destruir, sucede un ladrillo a la vez.

POCO A POCO

¿Puede identificar a los intrusos que están invadiendo su vida? Espero que esté dispuesta a deshacerse de ellos y que actúe con la misma rapidez y determinación que lo haría si ellos fueran como un bicho negro que se mueve lentamente por el suelo de su cocina.

No sea una reina de los escorpiones espiritual. No permita que los intrusos se arrastren por encima de usted. Y no ignore los indicadores cuando los intrusos se están infiltrando y causando daño. No sea como yo cuando limpié la pila de aserrín que habían dejado las hormigas carpinteras sobre el alféizar de la ventana en nuestra cabaña.

Las mujeres débiles en Éfeso desestimaron y negaron el peligro de los intrusos. No tomaron en serio su amenaza.

Espero que usted no cometa el mismo error.

Le dije al principio que este libro no le añadiría tareas difíciles o pesadas a su lista de cosas por hacer. Atrapar a un intruso no es complicado; solo requiere un poco de atención constante. Necesitamos ser conscientes de que tenemos un enemigo mortal que *siempre* está tratando de invadirnos. A causa de esto, *siempre* debemos estar alerta y en búsqueda de intrusos.

Si usted quiere ser fuerte y no débil, atrapar a un intruso es una de las cosas más importantes que debemos hacer.

HÁBITO 2

Domine su mente

En su lucha contra el pecado, la
victoria o la derrota se obtendrán en
el campo de batalla de su mente.

«¡La fiesta acaba de comenzar!», gritó el convicto prófugo
Jan-Erik Olsson mientras acribillaba el techo del banco con una ronda
de balas.[1] El 23 de agosto de 1973, Olsson entró en *Kreditbanken,* uno de
los bancos más grandes de Estocolmo, Suecia. Al acercarse a la caja, sacó
una ametralladora de debajo de una chaqueta doblada que llevaba en su
mano. Sin que él lo supiera, una de las cajeras tuvo la claridad mental para
presionar una alarma silenciosa antes de lanzarse al suelo para cubrirse.

Cuando dos oficiales de policía llegaron a la escena, Olsson entró
en pánico. El atraco no estaba saliendo según lo planeado. Les disparó
a los oficiales y retrocedió hacia la bóveda, forzando a cuatro empleados
del banco —un hombre y tres mujeres— a entrar con él. Olsson ató
explosivos a sus pechos y amenazó con volarlos en pedazos si la policía
no cumplía con sus estipulaciones.

Su primera petición fue la liberación de su compañero de celda, Clark Olafsson, un criminal conocido que cumplía una condena por robo a mano armada. Olsson también exigió una suma de dinero sustancial y un coche para la huida. En las siguientes horas, la policía liberó al compañero de celda, consiguió el dinero y el vehículo. La policía insistía en que el dúo tomara el dinero y dejaran en libertad a los rehenes. Sin embargo, el hombre armado se negó. A fin de garantizar su seguridad, no saldrían del banco sin al menos un rehén a cuestas.

Durante los cinco días siguientes, los criminales permanecieron refugiados dentro de la estrecha bóveda del banco en un enfrentamiento con la policía. Los francotiradores permanecían en sus puestos en los techos de los edificios adyacentes. Docenas de equipos de noticias acampaban por los alrededores. No obstante, mientras que el mundo se preocupaba por que los rehenes fueran maltratados y matados, algo bastante extraño sucedía dentro de la bóveda. Los rehenes estaban formando un fuerte vínculo emocional con sus captores.

Los dispositivos de audición de la policía indicaban que el ánimo dentro de la bóveda era sorprendentemente bueno. Los criminales contaban historias de sus pasados y los rehenes reían a carcajadas. Cuando permitieron que el comisario de la policía entrara a verificar la condición de los rehenes, estos mostraron una actitud hostil hacia el comisario, pero relajada hacia los atracadores, con los cuales hacían bromas e interactuaban llamándose por su nombre de pila.

A medida que el drama se desarrollaba, los rehenes demostraban cada vez más empatía con sus captores y se volvían menos cooperativos con los intentos de la policía para rescatarlos.

Una rehén llamó por teléfono al primer ministro y le suplicó que permitiera que los atracadores la llevaran con ellos en el vehículo que tenían preparado para escapar, ya que confiaba plenamente en que los captores la iban a mantener a salvo. Uno o dos días después, a dos de los rehenes se les presentó una oportunidad de oro para escapar. Los atracadores les habían permitido salir de la bóveda a fin de ir al baño. Estos divisaron escondidos a algunos policías que estaban agachados, pero en lugar de correr por su libertad, escogieron regresar con sus captores.

Al sexto día, la policía consideró que no tenían más remedio que bombear gas lacrimógeno en la bóveda. Los criminales se rindieron casi de inmediato. En la puerta de la bóveda, los rehenes se besaron, abrazaron y estrecharon sus manos con los convictos antes de que la policía los arrestara.

Incluso después de haber sido amenazados, abusados y de temer por sus vidas durante casi seis días, los rehenes liberados continuaron manifestando una actitud de lealtad sorprendente hacia los captores. En las entrevistas con los medios, era evidente que apoyaban a sus captores y desconfiaban de las fuerzas del orden público que habían acudido a su rescate.

Los cuatro rehenes se rehusaron a testificar en el procedimiento judicial. No solo eso, trabajaron con el objetivo de recaudar dinero para la defensa legal de los convictos, y posteriormente los visitaban en la cárcel. De acuerdo con algunos informes, una rehén hasta se comprometió con uno de los convictos.

Este vínculo aparentemente irracional por parte de los rehenes con sus secuestradores desconcertó tanto a la policía como al público en general. Sin embargo, los psicólogos lo atribuyen a un síndrome cognitivo relacionado con el lavado de cerebro. El fenómeno de las víctimas que se identifican y simpatizan con sus captores, mostrándoles compasión, lealtad y afecto, más tarde llegó a ser conocido como el síndrome de Estocolmo, llamado así por la ciudad en la que tuvo lugar este robo de banco infame.[2]

Dadas las condiciones adecuadas, los captores pueden ejercer una influencia sorprendente sobre sus víctimas y obtener de ellas una lealtad total. Las víctimas terminan apoyando, queriendo y defendiendo a sus abusadores y controladores, y son renuentes a participar en comportamientos que puedan ayudar a su separación o liberación. Además, creen que su lealtad es totalmente voluntaria y por lo general niegan que fueron en realidad mantenido cautivos en contra de su voluntad.

No pueden pensar con claridad, porque poco a poco los captores han lavado sus cerebros.

EL SÍNDROME DE ESTOCOLMO
ALCANZA A ÉFESO

Las mujeres en la iglesia de Timoteo sufrían de una especie de síndrome de Estocolmo espiritual. Los falsos maestros las habían capturado. La traducción de su Biblia quizás hable de «ganarse la confianza», «llevar cautivas» o «cautivar». La palabra griega es un término militar que indica que estas mujeres fueron capturadas como prisioneras de guerra. Sin embargo, eso no es todo. La razón por la que algunas traducciones usan el término *cautivar* es porque esta palabra incluye un elemento de dominación psicológica. Significa ejercer influencia o control sobre la mente. Estas mujeres no solo habían sido capturadas, sino también cautivadas. Cautivar quiere decir atraer y mantener la atención o el interés. Una persona que es cautivada resulta embelesada, encantada, hechizada, fascinada, maravillada, extasiada, complacida, deslumbrada, hipnotizada, seducida, engañada.

Las mujeres débiles en la iglesia de Timoteo fueron seducidas por ideas que no se alineaban con la verdad. Los falsos maestros las habían encantado y engañado para que pensaran y actuaran de la manera equivocada. Resultaron deslumbradas con las nuevas ideas y eran ajenas al hecho de que habían sido secuestradas. Se les había lavado el cerebro para que aceptaran su cautiverio.

Los intrusos habían invadido sus mentes.

Estas mujeres eran víctimas, desde luego. No obstante, Pablo afirmó que eran partícipes de sus propias prisiones.

Pablo presentó el mismo concepto en el capítulo anterior cuando argumentó que la gente debe escapar «de la trampa en que el diablo los tiene cautivos, sumisos a su voluntad» (2 Timoteo 2.26). La imagen aquí no es de un prisionero que se resiste al cautiverio, sino de un tipo de rehén con síndrome de Estocolmo, el cual acepta su cautividad, se vuelve solidario con los planes del captor y comienza a cooperar para que logre su objetivo.

Es como la historia de Patty Hearst, una heredera de diecinueve años que fue secuestrada a mano armada en 1974 por el Ejército Simbiótico de Liberación (SLA, por sus siglas en inglés). La organización terrorista urbana la secuestró para conseguir una recompensa considerable de parte de su familia adinerada. En un extraño giro de los acontecimientos, Hearst se unió a su causa.

Dos meses después de haber sido secuestrada, una cámara de seguridad del banco la grabó empuñando un rifle semiautomático durante un atraco. Durante los siguientes diecisiete meses, Hearst participó de manera activa en las actividades criminales dirigidas por el SLA en California. Incluso hasta llegó a extorsionar a su propio padre por una suma estimada de dos millones de dólares.[3] En el momento de su arresto, era una fugitiva buscada por cometer delitos graves.

Lo que le ocurrió a Hearst es semejante a lo que les sucedió a las mujeres de Éfeso y lo que nos sucede a nosotras a nivel espiritual cuando caemos en la trampa del diablo. Él nos cautiva —encanta, deslumbra, hipnotiza, seduce, fascina, hechiza— y nos convence de hacer lo que él quiere que hagamos.

¿Cómo consigue que cooperemos?

Atacando nuestras mentes.

Logra que *pensemos* de la manera equivocada. Poco a poco se va metiendo en nuestros pensamientos y nos cautiva para que hagamos su voluntad.

¿EN QUÉ ESTABA PENSANDO?

Aunque Satanás nos atrape mentalmente y nos aprisione, la Biblia dice que es posible ser libres: «De modo que se despierten y escapen de la trampa en que el diablo los tiene cautivos, sumisos a su voluntad» (2 Timoteo 2.26).

De acuerdo con este versículo, lo que debemos hacer para escapar de la trampa del diablo es despertarnos y comenzar a pensar de la manera correcta, como Dios piensa. La palabra griega traducida como «despierten» es *ananepho*. Esta significa regresar al estado mental adecuado o al buen sentido, volver a pensar correctamente o ya no tener pensamientos incorrectos.[4]

Ananepho implica un cambio en nuestra manera de pensar, pasar de pensamientos pecaminosos, absurdos, destructivos, irracionales y malos a pensamientos justos, racionales, sobrios, sensatos, sabios, saludables y correctos.

Alguna vez se vio tentada a hacer algo malo y luego preguntarse: *¿Por qué hice eso? ¿En qué estaba pensando? ¿Perdí la cabeza?*

Es muy probable que *no* haya estado pensando correctamente y que *no* se encontrara en un estado mental adecuado. ¿Por qué? Porque el pecado nos vuelve estúpidas. Nos hace tener pensamientos tontos y realizar cosas necias.

A lo largo de los años, he escuchado muchas historias desgarradoras de mujeres atrapadas en fracasos morales, amoríos, adicciones, traiciones, engaños, autolesiones y toda clase de otros pecados. Y a menudo, cuando terminan de contarme sus relatos, agachan sus cabezas avergonzadas y con sus ojos llenos de lágrimas se reprochan: «¿En qué estaba pensando?».

Carla se me acercó en una conferencia de mujeres y me preguntó si podía orar para que el Señor abriera un camino a fin de que ella, su hijo y el padre de su hijo estuvieran unidos como familia. Esto sonaba como un pedido de oración noble, hasta que obtuve los detalles.

Carla había estado casada por quince años. Durante catorce años de esos quince, había mantenido una relación amorosa con el único hermano de su esposo. El hombre a quien su hijo de doce años llamaba *tío* era, de hecho, el padre del niño. Su esposo y el resto de su muy unida familia italiana no tenían noción de este romance prolongado. Carla quería divorciarse de su esposo y casarse con su hermano. Como si esto fuera poco, esperaba que su hijo, sus familiares políticos y el resto de la familia estuvieran de acuerdo.

«Entonces, ¿puedes orar para que Dios prepare el camino a fin de casarme con mi verdadero amor?», inquirió después de contarme los sórdidos detalles.

«Humm... no. No puedo orar por eso».

Quería golpear mi frente con la palma de mi mano y exclamar con fuerza: «¿Dormiste con el hermano de tu esposo? ¿Te has vuelto loca? ¿En qué estabas pensando?».

¿En qué estaba Carla pensando? Probablemente, haya pensado:

- *Es el hermano de mi esposo, es bueno que me sienta cercana a él.*
- *¿Qué hay de malo en coquetear?*
- *Solo es un beso. No pasa nada.*
- *¿Cómo puede algo estar mal cuando se siente tan bien?*
- *No puedo evitar estar enamorada de mi cuñado.*
- *Es la culpa de mi esposo. Él me condujo a esto.*
- *Supongo que me casé con el hermano equivocado.*
- *Es mejor que mi esposo no sepa que él no es el padre de mi hijo.*
- *Dios quiere que sea feliz, y no seré feliz hasta estar casada con mi amante.*
- *Mi hijo y yo merecemos estar juntos como una familia con su verdadero padre.*

El retorcido predicamento en el que Carla se encontraba no sucedió de la noche a la mañana. Ocurrió progresivamente. Asimismo, cada pequeña concesión en su comportamiento estaba precedida por un pensamiento impío en su mente.

Alguien una vez dijo que cada pecado que cometemos, lo cometemos dos veces: una vez en nuestros pensamientos y otra vez cuando actuamos en conformidad con esos pensamientos.

Carla no estaba pensando con claridad. Si hubiera «despertado» antes y comenzado a pensar de la manera correcta, probablemente se habría vuelto a encaminar. Sin embargo, con cada pensamiento y racionalización erróneos, los cuales se vieron reflejados en su comportamiento, se encontró cada vez más atrapada y fue cada vez más difícil discernir una salida.

Carla me pidió que orara porque se dio cuenta de que estaba metida en un terrible problema. No obstante, yo podía ver que todavía no había entrado en razón. Aún pensaba del modo incorrecto. Era evidente que Carla no veía el adulterio, la mentira y el engaño de la manera en que Dios los veía. Todavía no pensaba como el Señor quería que pensara. Satanás, el intruso, aún tenía el control de su mente.

Contrariamente a lo que ella creía, la mayor necesidad de Carla no era buscar la forma de divorciarse de su esposo, casarse con su amante, y de alguna forma lograr que su hijo, su familia política y los demás familiares estuvieran de acuerdo. Lo que ella necesitaba era ser renovada en el espíritu de su mente.

Necesitaba librarse de la trampa de Satanás.

Necesitaba entrar en razón. Tener pensamientos de bien y no de mal.

La buena noticia para Carla —y para nosotras— es que el evangelio de Jesucristo nos da el poder para experimentar exactamente eso.

UN CAMPO DE BATALLA
DESDE EL INICIO

Nuestras mentes han sido un campo de batalla desde el inicio de los tiempos. Nuestra progenitora, Eva, fue cautivada por las mentiras de Satanás, y la tendencia a creer en estas mentiras ha afectado a las mujeres desde entonces.

El problema con Eva no fue uno de desobediencia voluntaria. Ella no desafió de manera obstinada a Dios. ¡Amaba a Dios! Satanás ni siquiera habría sugerido que lo traicionara. No. Él sabía que un enfoque directo no funcionaría. Así que usó una estrategia mucho más sutil. Se arrastró sigilosamente y de forma insidiosa le presentó un nuevo modo de pensar. Satanás sabía exactamente qué decir para llevar los pensamientos de Eva en la dirección que él quería que fueran (Génesis 3.1-6).

Él le sugirió que Dios le estaba negando algo, que sus caminos eran demasiado restrictivos. Le sugirió que ella debía enfocarse en sus propios intereses e insinuó que no sufriría ninguna consecuencia negativa al hacerlo. Por el contrario, experimentaría beneficios increíbles.

Ah, él no se apareció y le dijo directamente estas cosas. Solo se las insinuó. Tergiversó la verdad casi imperceptiblemente e implantó con astucia distorsiones e interrogantes en su mente. Sabía que si podía conseguir que pensara de la forma incorrecta, lograría que sintiera y actuara de igual manera.

Una vez que Eva comenzó a pensar en estas falsas ideas, las mismas infectaron sus pensamientos. No pasó mucho tiempo antes de que el problema se agravara:

Comenzó a dudar de las intenciones de Dios.

Comenzó a dudar de la bondad de Dios.

Comenzó a dudar de la sabiduría de Dios.

Comenzó a pensar que ella sabía más.

Comenzó a pensar en su propio derecho a elegir.

Comenzó a sentirse menospreciada, resentida y con autoridad.

Comió del fruto prohibido.

Satanás sabía que si podía derribar la primera pieza del dominó, los *pensamientos* de Eva, entonces las piezas de sus *sentimientos* y *acciones* también caerían.

La Escritura nos dice que la táctica clave del diablo es derrotar nuestros pensamientos. «El dios de este mundo [Satanás] ha cegado la mente de estos incrédulos, para que no vean la luz del glorioso evangelio de Cristo, el cual es la imagen de Dios» (2 Corintios 4.4). Y así como el diablo persigue las mentes de los incrédulos para que no comprendan el evangelio, también busca implacablemente confundir las mentes de aquellas de nosotras que confiamos en Jesús, a fin de evitar que pensemos de la manera en que Dios desea que lo hagamos.

Satanás es el maestro de la manipulación. Es un estafador falso, de doble cara, engañoso, traicionero, astuto, que «se disfraza de ángel de luz» y constantemente trata de vendernos gato por liebre (11.14).

Es como un estafador de bienes raíces con la apariencia de una estrella del cine que negocia en la zona pantanosa de Florida.

O como el carismático George C. Parker, el estafador famoso que dos veces por semana durante treinta años convenció a la gente de comprar el puente de Brooklyn.

O como un ingenioso delincuente cibernético que extorsiona a las personas con sus conspiraciones de fraude electrónico.

Reiteradas veces la Escritura nos enseña que los caminos de Dios son para nuestro bien y nuestra protección y que la obediencia trae bendición y libertad. No obstante, el diablo juega con nuestras mentes, así como lo hizo con Eva. Nos presenta la idea de que los caminos de Dios son irracionales e injustos, y que si le obedecemos seremos miserables y dejaremos pasar nuestra oportunidad. Satanás constantemente trata de engañarnos y derrotarnos al llevar nuestros pensamientos lejos de la verdad.

Él juega con mi mente.

Juega con la de usted.

A Pablo le preocupaba que esto pudiera sucederle también a sus amigos. «Pero me temo que, así como la serpiente con su astucia engañó a Eva, los pensamientos de ustedes sean desviados de un compromiso puro y sincero con Cristo» (2 Corintios 11.3).

Todas nosotras somos vulnerables a que el intruso se entrometa en nuestras mentes. Satanás sabe cómo aventajarnos. Superarnos. Sobrevivir. Sin embargo, la Escritura nos da la sabiduría para discernir sus tácticas y maquinaciones, a fin de que él «no se aproveche de nosotros» (2.11). Aunque nuestro enemigo sea astuto e implacable, podemos —con la ayuda de Dios— ganar la batalla de nuestras mentes.

LA MANERA EN QUE USTED PIENSA CONSTITUYE SU MANERA DE CAMINAR

¿Cuántos pensamientos diría que pasan por su mente cada día? ¿Tal vez mil? ¿Cinco mil? ¿Diez mil?

Según un estudio realizado por investigadores del Laboratorio de Neuroimagen de la Universidad del Sur de California, una persona promedio tiene cerca de 48,6 pensamientos por minuto. Esto suma un total sorprendente de setenta mil pensamientos por día.[5] Algunos de estos pensamientos son conscientes e intencionales, pero muchos llegan sin invitación y pasan por nuestras mentes a la velocidad de la luz.

Tal interacción mental comienza cuando nos despertamos y continúa a lo largo de todo el día. Se mantiene en nuestro inconsciente cuando nos duchamos, nos vestimos, comemos, hablamos, leemos las noticias, revisamos las publicaciones de nuestras redes sociales, trabajamos, caminamos, conducimos, o incluso cuando hacemos el amor. Continúa cuando estamos a solas y cuando estamos acompañadas. Es como una mosca que constantemente revolotea de un lugar a otro, un zumbido de fondo que resulta extremadamente difícil de eliminar.

Los investigadores revelan que de todos los pensamientos que pasan por la mente de una persona promedio cada día, cerca del noventa y cinco por ciento son los mismos pensamientos repetitivos que la persona tuvo el día anterior, y cerca del ochenta por ciento son negativos por naturaleza.[6] ¡Eso es mucha interacción mental negativa! En el fondo, las personas se condenan más a sí mismas y son mucho más inseguras, pesimistas y temerosas de lo que nos hacen creer sus alegres actualizaciones en las redes sociales.

Por lo general, los pensamientos negativos se incluyen dentro de una de las siguientes categorías:

- remordimiento, culpa y vergüenza
- falta de amor, aprobación o autoestima
- inferioridad, inseguridad y falta de habilidad
- falta de control o deseo de control
- ansiedad, preocupación y temor

Y es la *naturaleza repetitiva* de esta interacción mental constante y negativa la que causa el mayor daño tanto a nosotras mismas como a los demás.

El proceso es similar a lo que sucedió cierto año en el patio de mi casa. El mismo colinda con el patio de una casa del vecindario adyacente. Un muro de contención y una cerca de seis pies de alto (dos metros) separan las dos propiedades. Esta gran barrera hacía difícil que mis hijos jugaran con su amigo Jesse, que vivía al otro lado de la cerca.

Para llegar a su casa, tenían que salir caminando de nuestra calle, darle la vuelta a la esquina y atravesar su vecindario. A pesar de que nuestros patios están uno pegado al otro, les llevaba más de diez minutos llegar hasta allí. Para evitarnos la caminata, solía pararme de puntillas sobre una silla de jardín y levantaba a mis niños por encima de la cerca. Cuando me caí y me torcí gravemente un tobillo mientras trataba de hacer esto, mi esposo y yo decidimos que necesitábamos una solución alternativa. Así que construimos una pequeña puerta en la parte trasera de la cerca. Los niños estaban emocionados. Aquel verano jugaron con Jesse casi todos los días.

No fue sino hasta el otoño, cuando comenzó el período escolar, que noté un problema. Se había formado un sendero que se extendía desde la puerta trasera en diagonal a lo largo de todo el jardín, en el cual el césped estaba completamente pisoteado. Durante las semanas siguientes, el sendero se hizo cada vez más ancho, y el césped del sendero desapareció por completo, dejando un camino de tierra que se convertía en barro cuando llovía.

Una mañana, mientras me encontraba sentada a la mesa de mi cocina en camisón, vi a un par de adolescentes desconocidos cruzando a hurtadillas por mi patio. Ahí fue cuando caí en la cuenta. Los niños del vecindario de Jesse estaban usando mi patio a modo de atajo para llegar a la escuela. Mi jardín se estaba arruinando. Cada vez que pasaban caminando por ese sendero, se volvía más marcado y perceptible y menos favorable para que el césped creciera. Tuve que cerrar con llave esa puerta para detener el flujo de tráfico constante. Aun así, tardó más de un año que el sendero desapareciera y el césped volviera a crecer.

Lo mismo sucede con un pensamiento negativo repetitivo. Va trazando un camino en nuestras mentes. A medida que se vuelve cada vez más profundo y pronunciado, ese pensamiento negativo recurrente se convierte en una forma de pensar poco saludable. Se convierte en la manera en que habitualmente pensamos. Se vuelve parte de nuestro sistema de creencias, parte de cómo vemos al mundo e interactuamos con él.

Parte de quienes somos.

Bethany, una niña de diez años, lleva a su casa un boletín de calificaciones de la escuela. Es una alumna excelente. El boletín está lleno de calificaciones de A y B, incluso hay una que otra A-plus. La única asignatura en la cual obtuvo una calificación inferior a B fue EF (educación física), en la cual obtuvo una C-plus y una observación: «Necesita mejorar». Bethany no es muy atlética, a diferencia de su hermana menor, Baily, que vive usando ropa deportiva y zapatillas y es la estrella de los equipos de fútbol americano y voleibol.

Cuando el papá de Bethany revisó el boletín de calificaciones, sus ojos se detuvieron en la C-plus. Riéndose, despeinó su cabello y le dijo en broma: «Supongo que tendremos que pedirle a tu hermana que te ayude a practicar con la pelota».

El corazón de Bethany se estremeció. Un pensamiento oscuro cruzó por su mente joven: *No soy lo suficientemente buena. Soy un fracaso. Mi papá ama más a mi hermana que a mí.* Ella se concentra en ese pensamiento. Lo reproduce en su mente una y otra vez. *No soy lo suficientemente buena. Soy un fracaso. Mi papá ama más a mi hermana que a mí.*

Para cuando cumple diecisiete años, ese pensamiento se ha convertido en una fortaleza en su vida. Bethany lucha con su peso. Empieza a buscar afirmación positiva de parte de los chicos. En la universidad, pierde su virginidad con el primer intruso que sabe cómo aprovecharse de sus inseguridades. Los pensamientos de culpa y vergüenza se suman a sus conversaciones internas: *No soy lo suficientemente buena. Soy un fracaso. He decepcionado a Dios. Soy un producto dañado. Nadie me amará.*

Las inseguridades de Bethany la acompañan hasta su matrimonio. Su esposo rápidamente se cansa de sus intentos molestos y persistentes de controlarlo. Él se vuelve distante. Ella se refugia en la comida, las novelas románticas eróticas y las copas de vino tinto a modo de consuelo. Está llena de sentimientos de desprecio y compasión hacia sí misma. En el trabajo y las relaciones, adopta una mentalidad de víctima. Sus conversaciones internas se tornan profecías autocumplidas.

No soy lo suficientemente buena. Soy un fracaso. Nadie me ama. Todos están en mi contra. Las cosas nunca me salen como quiero.

Satanás usa las circunstancias y los patrones de pensamientos erróneos para construir fortalezas en nuestra vida. Él es extremadamente paciente. Sabe que si logra desviar nuestros pensamientos, con el tiempo conseguirá desviar nuestras vidas.

Bethany se encuentra en un punto crítico. Sus pensamientos la han conducido a un lugar donde es emocionalmente frágil y muy susceptible al pecado. Ya carga con un resentimiento profundo hacia su padre, su hermana y su esposo. Se ha vuelto gruñona, insolente e irritable. Si se le presentan las circunstancias adecuadas, es muy probable que caiga en una aventura, el abuso del alcohol o las drogas, o que quede atrapada en la pornografía u otros comportamientos autodestructivos.

Sin embargo, su miseria también le presenta una oportunidad para evaluarse a sí misma y cambiar. Aunque implicaría cierto esfuerzo, podría aprovechar la oportunidad para cerrarle la puerta a los pensamientos destructivos que han trazado un sendero horrible a lo largo del patio de su mente.

QHJ

Los psicólogos afirman que los pensamientos negativos son un problema común que puede ser contrarrestado con varias técnicas positivas y de autoafirmación. Ellos alentarían a las personas como Bethany a cultivar el hábito de contrarrestar los pensamientos negativos con pensamientos positivos. Y eso podría ayudar un poco, a corto plazo.

Sin embargo, la Escritura ofrece un análisis del problema y una solución diferentes. Nos enseña que sin Jesús estamos condenadas a patrones de pensamientos nocivos. Hay una futilidad de pensamiento que existe en las vidas de quienes no lo conocen. Pablo se refirió a la misma como «ignorancia» y manifestó que los que están en este estado «tienen oscurecido el entendimiento» (Efesios 4.17-18).

Según Pablo, no necesitamos tener más pensamientos positivos, sino una manera de pensar completamente diferente. Necesitamos pensar como Jesús piensa. Necesitamos la mente de Cristo (1 Corintios 2.16).

¿Alguna vez ha visto un brazalete o pulsera con las letras *QHJ* (WWJD, por sus siglas en inglés)? Estas son siglas que significan «¿Qué haría Jesús?».

Tal pregunta se remonta a cientos de años. Inicialmente, fue planteada por Thomas à Kempis en el siglo quince en su libro *Imitación de Cristo*. En 1891, Charles Spurgeon, un evangelista reconocido de Londres, hizo la misma pregunta varias veces en un sermón. Unos años más tarde, Charles M. Sheldon escribió un libro titulado *En sus pasos: ¿Qué haría Jesús?* Esta novela vendió treinta millones de copias en todo el mundo, convirtiéndose en una de las cincuenta novelas más vendidas de todos los tiempos.

A principio de la década de los noventa, el bisnieto de Sheldon, Garrett W. Sheldon, y Deborah Morris publicaron una narración contemporánea de la novela clásica *¿Qué haría Jesús?* Esto puso en marcha un movimiento popular entre los jóvenes cristianos, los cuales usaban brazaletes con las iniciales QHJ (WWJD) como un recordatorio para hacerse esta pregunta vital de manera constante.[7]

Todas nuestras acciones se originan en nuestros pensamientos. Si no tenemos los pensamientos correctos, no actuaremos de la manera correcta. Por lo tanto, se puede decir que una pregunta aún más importante que «¿Qué *haría* Jesús?» es «¿Qué *pensaría* Jesús?» (QPJ). Quizás deberíamos comenzar una nueva moda y usar brazaletes con las siglas QPJ para recordarnos a nosotras mismas cuán esencial es corroborar que nuestros pensamientos estén alineados con los de Cristo. Según la Biblia, existen solo dos direcciones en las que nuestros pensamientos pueden dirigirse: podemos tener pensamientos *carnales* o *espirituales*.

La mente carnal es no espiritual, mundana, según la carne, meramente humana. ¿Recuerda el síndrome de Estocolmo? Como una rehén enamorada de su captor, esta clase de mentalidad sigue a ciegas el curso de este mundo, el cual es controlado por Satanás, el convicto que captura a su rehén (Efesios 2.2).

La mente carnal realmente no está interesada en lo que Jesús piensa. No se someterá (y en esencia es incapaz de hacerlo) a la verdad de Dios (Romanos 8.7). El pensamiento carnal representa la manera común y popular de pensar. Depende de la sabiduría humana. Es la clase de mentalidad que a menudo nos causa problemas. La mentalidad carnal me hace enfocarme en mí misma: en mis habilidades, mi mérito, mi valor, mi capacidad. Dejo a Dios fuera de la escena.

El segundo tipo de mente es la espiritual, la cual se centra en los deseos del Espíritu de Dios (v. 5). Los pensamientos espirituales son de otro mundo, sobrenaturales, divinos en su origen. Se enfocan en Cristo Jesús: en su habilidad, su mérito, su valor, su capacidad. A la mente espiritual también se la conoce como «la mente de Cristo» (1 Corintios 2.16).

Es la mente que recibimos cuando aceptamos a Jesús por medio de la fe y el Espíritu Santo viene a morar en nuestros corazones. Es la manera de pensar que se pregunta QPJ.

Entonces, ¿qué dicen estos dos tipos de mentalidades acerca de cómo manejar todos mis pensamientos negativos?

¿CÓMO MANEJAR LOS PENSAMIENTOS RELACIONADOS CON EL REMORDIMIENTO, LA CULPA Y LA VERGÜENZA?

La mentalidad popular me dice que debo reconocer que todos tienen defectos y que tengo que perdonarme a mí misma y a los demás. La mente como la de Cristo me recuerda que si me arrepiento y acepto la gracia abundante de Dios, mis pecados serán borrados y experimentaré tiempos de descanso en la presencia del Señor (Hechos 3.19-20). Puedo vivir confiada de que ninguna condenación hay para mí, porque estoy unida a Cristo Jesús (Romanos 8.1). Además, así como el Señor me perdonó, ahora tengo el poder para perdonar a otros (Colosenses 3.13).

¿CÓMO MANEJAR LOS PENSAMIENTOS RELACIONADOS CON LA FALTA DE AMOR, APROBACIÓN O AUTOESTIMA?

La mentalidad popular dice que debo apreciarme más, dejar de compararme con otros, dejar de buscar la aprobación de los demás y cultivar una mayor autoestima. La mente como la de Cristo me recuerda que Dios me ha escogido, que soy una hija santa y amada del Creador del universo, que me ha bendecido en las regiones celestiales con toda bendición espiritual en Cristo (2 Corintios 6.18; Efesios 1.3-4; Colosenses 3.12).

¿CÓMO MANEJAR LOS PENSAMIENTOS RELACIONADOS CON LA INFERIORIDAD, LA INSEGURIDAD Y LA FALTA DE HABILIDAD?

La mentalidad popular dice que con valor y determinación puedo reunir la fuerza suficiente para hacer todo lo que me proponga. La mente como la de Cristo dice que puedo acceder a «la supereminente grandeza de su poder [de Dios] para con nosotros los que creemos, conforme a la eficacia de su fuerza» (Efesios 1.19, RVR1977). «Todo lo puedo en Cristo que me fortalece» (Filipenses 4.13).

¿CÓMO MANEJAR LOS PENSAMIENTOS RELACIONADOS CON LA FALTA DE CONTROL O EL DESEO DE CONTROL?

La mentalidad popular dice que debo reconocer que solo puedo controlar lo que puedo controlar y dar pequeños pasos positivos para recuperar mi vida. La mente como la de Cristo dice que puedo confiar en que Dios tiene el control. «El Señor hace todo lo que quiere en los cielos y en la tierra, en los mares y en todos sus abismos» (Salmos 135.6). Todas las cosas me ayudarán a bien, porque amo a Dios y he sido llamada de acuerdo con su propósito (Romanos 8.28). Estoy convencida de que aquel que comenzó la buena obra en mí será fiel en completarla hasta el día de Cristo Jesús (Filipenses 1.6).

¿CÓMO MANEJAR LOS PENSAMIENTOS RELACIONADOS CON LA ANSIEDAD, LA PREOCUPACIÓN Y EL TEMOR?

La mentalidad popular dice que respire profundo, enfrente mis temores, me relaje y me convenza. La mente de Cristo dice: «No se inquieten por nada; más bien, en toda ocasión, con oración y ruego, presenten sus peticiones a Dios y denle gracias. Y la paz de Dios, que sobrepasa todo entendimiento, cuidará sus corazones y sus pensamientos en Cristo Jesús» (Filipenses 4.6-7). Puedo vencer el temor porque Cristo ha vencido al mundo (1 Juan 4.4; 5.4).

¿Puede ver la diferencia entre los dos tipos de mentalidades?

La mentalidad popular es *androcéntrica*: se basa en mi propia sabiduría y fuerza humanas. La mente como la de Cristo es *cristocéntrica*: se apoya en la sabiduría y la fuerza divinas de Cristo Jesús.

Las Escrituras nos dicen que la primera es guiada por el espíritu de mentira y la última por el Espíritu de verdad (Juan 14.17; Juan 8.44).

Su manera de pensar marca una diferencia profunda en su manera de vivir. Mientras más transforme sus pensamientos para bien, su vida también cambiará para bien. Sin embargo, todo comienza con abrazar la mente de Cristo (Filipenses 2.5).

LA VERDADERA *fortaleza*

DE ORUGA A MARIPOSA

Me crié enfrente de un barranco boscoso llamado Mill Creek Ravine. Durante los calurosos y lánguidos días de verano, mi mamá y mi papá solían llevarnos al barranco para dar una caminata de domingo por la tarde. Cada vez que divisábamos una planta de algodoncillos, examinábamos las hojas en búsqueda de orugas y de las crisálidas verde jade que las convertían en mariposas monarcas. (Hecho curioso: si se trata de un capullo rizado probablemente pertenezca a una polilla y no a una mariposa).

Me fascinaba que una oruga se pudiera transformar en una mariposa de una belleza exquisita. Una vez, pude captar el momento exacto en que una mariposa monarca luchaba por emerger de su crisálida brillante. Me daban ganas de abrirle el capullo para facilitarle la salida. Sin embargo, mi papá me advirtió que esto la perjudicaría en lugar de ayudarla. Si yo la liberaba, lastimaría a la mariposa de por vida.

Es este esfuerzo por tratar de salir de la crisálida lo que bombea sangre a las nuevas alas diminutas, arrugadas y húmedas de la mariposa. La tarea difícil de liberarse es lo que le proporciona un buen estado físico y fortalece y alarga sus alas a fin de que pueda volar.

Cuando usted pone su fe en Jesús, el Señor la transforma en una nueva creación (2 Corintios 5.17). Él remplaza su mente vana y carnal por la mente de Cristo (Efesios 4.17-24). Usted es sometida a una metamorfosis total. Es como si se hubiese transformado de oruga en mariposa. Solía tener la mente de una oruga, pero ahora tiene la mente de una mariposa. Su mente carnal ha sido remplazada por la mente de Cristo.

La transformación es completa.

Asunto cerrado.

No obstante, eso no significa que su vieja manera de pensar haya desaparecido. Es como si todavía estuviera atrapada en la crisálida. Dios le dio alas, pero depende de usted luchar para salir de su viejo y restrictivo modo de existencia de oruga.

En un sentido, la metamorfosis de una oruga a una mariposa está completa cuando la oruga muere en su capullo verde y se desintegra en una especie de sopa, y luego la naturaleza rediseña esta baba en una mariposa. Sin embargo, en otro sentido, la metamorfosis no está completa hasta que la mariposa rompa la crisálida, comience a comportarse como una mariposa y deje atrás por completo todos los restos de su vida de oruga.

El proceso de la metamorfosis de la mariposa puede ayudarle a comprender la diferencia entre el acto de *regeneración* de Dios, en el que la transforma en una nueva creación, y el proceso de *santificación*, en el que debe cooperar con el Espíritu Santo y hacer el esfuerzo diario por conocer su nueva identidad y vivir conforme a ella.

Ese capullo viejo y duro con el que está revestida cumple un propósito útil. Mientras presiona para salir, sus alas se fortalecerán y madurarán. Un día saldrá de la crisálida, extenderá sus alas y volará.

El problema con las mujeres de voluntad débil de Éfeso, y el problema con muchas de nosotras, es que no pensamos de la manera correcta. Somos mariposas monarcas que todavía pensamos y actuamos como orugas. No nos esforzamos por fortalecer nuestras alas y dejar atrás nuestra vieja naturaleza. ¡Algunas de nosotras ni siquiera somos conscientes de que tenemos alas! Estamos cómodas durmiendo en nuestro viejo y duro capullo de oruga. No estamos extendiendo nuestras alas ni volando hacia la luz del sol.

Los pensamientos de oruga nos mantienen detenidas.

CLAVES PARA DOMINAR SU MENTE

¿Cómo usted puede dominar su mente a fin de que sus pensamientos estén alineados con los de Dios y no con los de este mundo? ¿Cómo puede liberarse de su vieja manera de pensar? Tengo algunas sugerencias que podrían ayudar.

1. PÍDALE A DIOS QUE RENUEVE EL ESPÍRITU DE SU MENTE.

Pablo dijo: «No se amolden al mundo actual, sino sean transformados mediante la renovación de su mente» (Romanos 12.2). La palabra *transformados* en este verso es el término griego *metamorphoo*, del cual se deriva la palabra *metamorfosis*.

¿No le resulta interesante que la Biblia use aquí el tipo de lenguaje empleado con las mariposas?

Hablando de manera figurada, usted puede ser transformada de una mariposa bebé inmadura y débil en un espécimen real, hermoso y maduro que vuela por todas partes y está a la altura de la reputación de las monarcas como la reina de las mariposas.

¿Cómo?

Mediante la renovación de su mente.

Meditemos en esto por un momento. Esta es una verdad profunda: *su fortaleza aumentará mediante la renovación de su mente*.

Tener los pensamientos correctos incrementará su fuerza. Producirá que la sangre bombee a través de sus pequeñas alas. Esto es algo que no logrará con los pensamientos de una oruga. Necesita pensar como una mariposa para crecer lo suficientemente fuerte a fin de liberarse de ese viejo capullo resistente que la mantiene retenida.

Hay otra palabra hacia la cual quisiera dirigir su atención: *renovación*. Renovar significa ser restaurado a su primer estado; volverse nuevo o como si fuera nuevo otra vez. Ser renovadas en nuestras mentes significa que nuestros pensamientos estén alineados con los de Dios.

Una vez... Y otra vez... Y otra vez.

La naturaleza repetitiva y continua de la renovación es evidente en el verbo que Pablo usó. Para el beneficio de aquellas que son inexpertas en lingüística, usó el presente del imperativo pasivo: *sean* renovados, *sean* transformados. El tiempo presente refleja una acción en curso. El aspecto pasivo significa que somos el objeto de la acción en lugar de la causa de la acción. En otras palabras, la renovación constante de nuestras mentes no es algo que hagamos, sino más bien algo que es hecho en nosotras. El Espíritu Santo es aquel que hace el trabajo pesado. El modo imperativo denota principalmente un mandato, como *¡Vaya!* o *¡Deténgase!*

Ahora bien, quizás resulte algo confuso para usted. ¿Esto implica una acción que recibimos y una acción que debemos realizar? Sí, ambas cosas. Sin embargo, no es tan complicado como puede parecer a primera vista.

La palabra *renovación* en Romanos 12.2 también se usa en Tito 3.5, donde Pablo escribió: «[Dios] nos salvó, no por nuestras propias obras de justicia, sino por su misericordia. Nos salvó mediante el lavamiento de la regeneración y de la renovación por el Espíritu Santo».

Una renovación continua es lo que se requiere para que nuestras mentes sean transformadas, y esto es a través de la obra del Espíritu Santo. Somos totalmente dependientes de él para que esto suceda. Él nos renueva a causa de la sublime gracia de Dios, «no por obras, para que nadie se jacte» (Efesios 2.9).

No obstante, hay algo vital que necesitamos hacer: ¡necesitamos *pedirle*! «Si a alguno de ustedes le falta sabiduría, pídasela a Dios, y él se la dará, pues Dios da a todos generosamente sin menospreciar a nadie» (Santiago 1.5).

No pierda la batalla de su mente porque es demasiado autosuficiente para pedir ayuda.

No permita que se diga de usted: «No tenéis lo que deseáis, porque no pedís» (4.2, RVR1977). Jesús prometió: «Pidan, y se les dará; busquen, y encontrarán; llamen, y se les abrirá» (Mateo 7.7).

¡Por lo tanto, pida! Pídale ayuda a Dios y pídasela muchas veces. Pídasela a diario, e incluso cientos de veces al día. Pedirle al Señor que le ayude a pensar correctamente es la clave principal y más importante para dominar su mente.

2. EXAMINE SUS PENSAMIENTOS.

La segunda clave para dominar su mente es crear el hábito de examinar sus pensamientos. «En efecto, ¿quién conoce los pensamientos del ser humano sino su propio espíritu que está en él?» (1 Corintios 2.11). Nadie excepto usted puede conocer con certeza qué está pensando. A lo sumo, los demás solo pueden hacer conjeturas con respecto a sus intenciones y procesos mentales. No obstante, con el flujo constante de pensamientos que pasan por nuestra mente, es fácil dejar de prestarles atención.

David, el salmista, tenía el hábito de pedirle al Señor que lo ayudara con el proceso de introspección. «Escudríñame, oh Jehová, y pruébame; examina mis íntimos pensamientos y mi corazón» (Salmos 26.2, RVR1977). «Escudríñame, oh Dios [...] Pruébame y conoce mis pensamientos»

(139:23, RVR1977). David quería asegurarse de que estuviera pensando de la manera correcta. Quería que sus pensamientos estuvieran alineados con los de Dios. Así que regularmente examinaba sus pensamientos para asegurarse de que estuviera pensando de la forma correcta.

Ser incapaces de alinear nuestros pensamientos con los de Dios constituye el origen de la mayoría de las dificultades con las que nos encontramos en la vida. Si queremos cambiar nuestro modo de actuar, debemos cambiar nuestro modo de pensar. Para llegar a la raíz del problema, no debemos comenzar con la acción, sino con el pensamiento que condujo a esa acción (Marcos 7.21-23).

Detrás de cada pecado que cometemos se oculta una mentira en la que creemos. Muchas de nosotras están creyendo mentiras. Mentiras acerca de Dios, tales como: «Los caminos de Dios son demasiado restrictivos». Mentiras sobre una misma, como por ejemplo: «No debería vivir con deseos sin cumplir». Mentiras con respecto al pecado, como: «Realmente no es tan malo como parece». Mentiras en cuanto a las circunstancias, tales como: «Las circunstancias difíciles son las responsables de mi mala actitud». Mentiras sobre nuestras prioridades, sexualidad, matrimonio, hijos, quiénes somos y cómo tenemos que comportarnos. Mentiras. Mentiras. Mentiras. Satanás es el padre de las mentiras. Su objetivo es lograr que pensemos, sintamos y actuemos de la manera incorrecta.

Como mencioné anteriormente, los *pensamientos* son la primera pieza del dominó en caer.

A veces nos enfocamos demasiado en tratar de cambiar o detener nuestros comportamientos despreciables cuando lo que necesitamos hacer es retroceder y descubrir qué clase de pensamiento incorrecto produjo ese determinado comportamiento en primer lugar. Es mucho más fácil arreglar el *qué* si comprendemos el *porqué*.

¿Por qué le faltó el respeto a su madre?
«Porque hizo un comentario cortante y sarcástico».

No. Lo que ocurrió es que la situación reveló su modo de pensar incorrecto. Cree que tiene el derecho a tomar represalias por las heridas del pasado y devolverlas ojo por ojo.

¿Por qué dijo cosas malas sobre su amiga a sus espaldas?

«Porque eran ciertas».

No. Lo que sucedió es que la situación reveló su manera de pensar incorrecta. Usted cree que haciendo que ella se vea mal va a lograr que usted se vea bien.

¿Por qué fue tan indulgente con usted misma ayer por la noche?

«Porque tuve una semana muy dura y simplemente necesitaba relajarme».

No. Lo que sucedió es que la situación reveló su manera de pensar incorrecta. Usted cree que la vida debería ser fácil y que la autocomplacencia es su derecho.

La razón por la que no puede controlar sus acciones es que no está luchando para controlar sus pensamientos. Lo más probable es que ni siquiera se haya tomado el tiempo para identificar si sus pensamientos están fuera de lugar. Resulta difícil corregir los pensamientos incorrectos si no le está prestando atención al parloteo que ocurre dentro de su cabeza.

La solución es hacer lo que hizo David. Tener el hábito de examinar sus pensamientos. Esto es especialmente importante cuando nota que se está comportando de manera extraña. Ese es el momento de preguntarse: *¿En qué estaba pensando?*, y pedirle al Señor que la ayude a resolverlo. Cuando es capaz de rastrear su comportamiento hasta el pensamiento incorrecto que lo provocó, entonces tendrá muchas más posibilidades de arrancar ese pecado de raíz. ¡Y cuanto antes mejor! Mientras más se demore en ocuparse del patrón de pensamiento incorrecto, más se afirmará el sendero a lo largo del patio de su mente.

Examine sus pensamientos constantemente.

Conforme avanza su día, establezca el hábito de controlarse cuidadosamente: ¿en qué estoy pensando? ¿Qué pensaría Jesús? ¿Están mis pensamientos alineados con los de él?

3. PREPÁRESE PARA LA ACCIÓN.

No es posible saber si nuestros pensamientos están alineados con los del Señor si desconocemos su manera de pensar. Pablo les dijo a sus amigos que no vivieran más «con pensamientos frívolos como los paganos» a causa de su «ignorancia» (Efesios 4.17-18). Pedro tuvo el mismo sentir y les pidió a los creyentes que se dispusieran a actuar. También les dijo: «No se amolden a los malos deseos que tenían antes, cuando vivían en la ignorancia» (1 Pedro 1.13-14).

Estos versículos indican que es posible que quienes conocemos a Jesús y hemos recibido la mente de Cristo caminemos en ignorancia, tal como lo hacíamos antes de conocerlo. ¿La solución? Preparar nuestras mentes para actuar al equiparlas con la verdad.

La mujer fuerte prepara su mente. Busca vencer su ignorancia. Lee y estudia con regularidad las Escrituras a fin de entrenar su mente para pensar como Jesús piensa. Aquí es donde entra en juego la disciplina de leer la Biblia. Como dijo una vez R. C. Sproul: «Dios nos da la revelación de las Sagradas Escrituras para que nuestras mentes sean transformadas a fin de que comencemos a pensar como Jesús. De esto se trata la santificación y el crecimiento espiritual. Si solo las tiene en su mente y no las tiene en su corazón, entonces no las tiene. Sin embargo, no puede tenerlas en su corazón sin primero haberlas tenido en su mente. Queremos tener una mente llena de la Palabra de Dios».[8]

¿Sabe cómo el FBI entrena a los agentes del servicio secreto para identificar el dinero falso? Los hace pasar incontables horas manejando, examinando y estudiando de manera intensiva el dinero verdadero. Los agentes están tan familiarizados con los billetes verdaderos que cuando se presenta uno falso, sus imperfecciones son para ellos evidentes. De inmediato, pueden darse cuenta de que hay algo que está mal en la textura, la sensación y el aspecto.

El Señor quiere que sigamos el mismo tipo de técnica de entrenamiento. Él desea que nos empapemos con la verdad de su Palabra y nos familiaricemos de tal manera con ella que podamos discernir inmediatamente que algo está mal cuando nos encontremos frente a una idea o pensamiento falso.

Me encontraba en la preparatoria a finales de la década de los setenta, durante el auge de la segunda ola del feminismo. Recuerdo haberme preguntado qué pensaba mi mentora espiritual, Diane, sobre todas estas ideas nuevas. Diane, que tenía alrededor de veinticinco años, era la patrocinadora del club cristiano que yo ayudaba a liderar. Ella era una luchadora, extremadamente talentosa, capaz, elocuente e inteligente. Yo esperaba que apoyara con entusiasmo un movimiento que luchaba por la igualdad de las mujeres.

Cuando le pedí su opinión, Diane se detuvo pensativamente y luego dijo algo así: «Bueno... no puedo decir que sé mucho al respecto, pero por lo que escuché, me da la sensación de que hay algo que *no está bien*. Si bien simpatizo con algunas de las preocupaciones, el reclamo por los derechos personales y la incitación a la ira simplemente no terminan de convencerme. Eso no se corresponde con el carácter de Jesús».

Diane se resistió de inmediato a aceptar las ideas que atraían a muchas otras mujeres. Gracias a que se había preparado para la acción, se encontraba en una buena posición a fin de evaluar si estos conceptos se alineaban o no con la Palabra de Dios.

El problema con la mentira es que por lo general contiene una cuota de verdad para hacerla más convincente. Es un poco *confusa*. De lo contrario no caeríamos en la trampa.

Me temo que hoy muchas mujeres cristianas son cautivadas por las ideas populares que están llenas de engaño y en consonancia con la sabiduría humana (Colosenses 2.8), tal como lo fueron las mujeres débiles en los tiempos de Pablo. La razón por la que estamos siendo engañadas es porque pasamos mucho más tiempo escuchando esas ideas del que pasamos en la Palabra de Dios.

Si no nos esforzamos por volvernos íntimamente familiar con la verdad de Dios, nos mantendremos ignorantes, débiles y vulnerables al engaño.

4. DEFIENDA Y PROTEJA SU MENTE.

Si queremos dominar nuestra mente, no solo debemos llenarla con la verdad, sino también defenderla y protegerla de las mentiras. Necesitamos guardarla.

Para *ponernos* la armadura de la luz, debemos *dejar a un lado* las obras de la oscuridad (Romanos 13.12). Para *vestirnos* de la nueva naturaleza, debemos *despojarnos* de la vieja naturaleza (Colosenses 3.9-10). Para *vestirnos* de la verdad, debemos *desechar* la mentira (Efesios 4.22-25). Es cierto, la verdad nos hará libres. Sin embargo, nos resultará difícil discernir qué es lo verdadero si pasamos todo nuestro tiempo expuestas a la basura y las mentiras.

Basura que entra, basura que sale.

La Palabra de Dios nos enseña que las relaciones sexuales extramatrimoniales constituyen una violación vergonzosa del verdadero significado del pacto de fidelidad. No obstante, los programas de televisión glorifican el sexo fuera del matrimonio y nos dicen que es nuestro boleto a la felicidad y la satisfacción. Permítame preguntarle algo: ¿con cuál de estos dos mensajes está llenando su mente? ¿Le está dando más acceso a la verdad o a la mentira?

La Escritura nos advierte: «¡Tengan cuidado! No dejen que su corazón se *entorpezca*» (Lucas 21.34, NTV). «Manténganse alerta, no sea que, arrastrados por el error de esos libertinos, pierdan la estabilidad y caigan» (2 Pedro 3.17).

¿Nos estamos exponiendo a cosas que entorpecerán nuestra mente? Verá, nuestra mente está siempre moviéndose en una de estas dos direcciones. O está siendo *transformada* para pensar como Jesús o *conformada* para pensar como el mundo (Romanos 12.2). Es como la diferencia entre que la empujen por una pendiente resbaladiza cubierta de nieve, o que la suban por la colina.

Este invierno pasado mi nuera tejana, Amanda, recibió su primera clase de esquí en las montañas Rocosas canadienses, donde fue expuesta a una de las leyes elementales de la naturaleza. Cuando uno está en una montaña nevada, el desplazamiento en dirección descendiente es prácticamente inevitable. La gravedad se asegura de eso. Ya sea que estén parados sobre los esquís, cayendo cabeza abajo o deslizándose sobre su espalda, de una forma u otra los esquiadores finalmente terminan a los pies de la colina.

Amanda también descubrió que no resulta tan fácil *subir* una pendiente resbaladiza en esquís. De hecho, sin ayuda es casi imposible. Para llegar al punto de partida del recorrido en la cima, tuvo que subirse a la alfombra mágica, la cinta transportadora en la pista para principiantes. Y más avanzado el día, a medida que su habilidad mejoraba, usó la barra en forma de T, los telesillas y la góndola.

Al igual que el impulso que adquiere un esquiador bajando la pendiente de una montaña, la fuerza para conformarse es excepcionalmente fuerte. *Conformarse* a este mundo no requiere de ningún esfuerzo. Es un deslizamiento cuesta abajo que solo sucede con naturalidad.

Sin embargo, si quiere ser *transformada* y subir, requerirá algo de esfuerzo e intencionalidad. Necesitará sujetar sus palos de esquís contra el suelo, resistir la fuerza descendiente de la gravedad y asirse de algo que sea lo suficientemente fuerte para llevarla en la dirección opuesta.

A menudo, descubro que mis pensamientos se deslizan en la dirección contraria. Por supuesto, no intencionalmente, pero se deslizan de todos modos. De manera habitual esto sucede cuando sin darme cuenta me expongo a ideas tentadoras disfrazadas de entretenimiento. Como ha observado el pastor Tim Challies: «Por lo general, nos conformamos a este mundo por negligencia, por no considerar la atracción del mundo y no protegernos contra sus intrusos».[9]

Lamentablemente, muchas mujeres cristianas desconocen la fuerza poderosa de la conformidad. Ellas de manera constante se exponen a literatura erótica, telenovelas dramáticas de género sexual y toda clase de basura mundana, sin saber que sus mentes están yendo lentamente cuesta abajo. Escucho toda clase de justificaciones.

Excusas tales como: «Es solo entretenimiento». «No es gran cosa». «No me va a afectar». «Soy lo suficientemente fuerte». «Ignoro las partes malas». «No puedo vivir en una burbuja». O el razonamiento que me pone los ojos en blanco y supera a todos los demás: «Necesito exponerme a esto para poder relacionarme con mis amigas inconversas». (Humm. ¿Quiere comprar un puente? Oí que hay uno a la venta en Brooklyn).

Nuestros corazones pueden ser muy engañosos. Por favor, no piense que me excluyo de este discurso motivacional. Lamentablemente, también he usado estas justificaciones.

Pablo aconsejó a sus amigos: «Quiero que seáis sabios para el bien, e ingenuos para el mal» (Romanos 16.19). Ser ingenuo significa no estar contaminado, ser sin doblez, inofensivo, no perjudicial. El término griego usado aquí significa puro, sin ninguna sustancia agregada que corrompa la mezcla.[10]

Así que la pregunta es: ¿esa imagen, película, programa de televisión, revista, sitio web, libro, canción, artículo, idea o pensamiento añade sutilmente alguna sustancia que corrompa mi mente? ¿Contamina esto mi manera de pensar? ¿Daña mi imaginación? ¿Me visita en mis sueños? ¿Afecta mi pureza? ¿Desvía mi atención? ¿Se va incorporando a mis pensamientos negativos?

Ser sin mancha no significa ser ignorantes. Pablo ni por un momento sugirió que los cristianos escondan sus cabezas en la arena y permanezcan ajenos a las ideas en materia cultural y a las maneras en que el diablo busca engañar a las personas. No obstante, sí sugiere que la inexperiencia y la falta de exposición al mal son algo bueno, ¡algo realmente bueno!

Hay una gran sabiduría en ser inocente e ingenua. «Hermanos, no seáis niños en el modo de pensar, sino sed niños en la malicia, pero maduros en el modo de pensar» (1 Corintios 14.20, RVR1977). Por un lado, Pablo exhorta a los creyentes a ser maduros y adultos en el modo de pensar. Por otro lado, los exhorta a ser inmaduros y como niños cuando se trata del mal.

Ambas ideas no son incompatibles. Dicho de otro modo, Pablo estaba indicando que la gente que se expone al mal de forma voluntaria es muy inmadura. Las mujeres espiritualmente fuertes no hacen eso. Ellas guardan sus mentes, preservan su inocencia y crean el hábito de protegerse a sí mismas de la exposición al pecado.

5. LLEVE CAUTIVO TODO PENSAMIENTO A LA OBEDIENCIA A CRISTO.

Empecé este capítulo describiendo el síndrome de Estocolmo, un trastorno psicológico en el cual una rehén se siente cautivada por el secuestrador abusivo y controlador. Las mujeres cristianas de voluntad débil de Éfeso sufrían de un tipo de síndrome de Estocolmo espiritual. Habían sido cautivadas por ideas falsas. Si estas mujeres hubiesen sido espiritualmente fuertes, habrían tenido el control de sus mentes. En lugar de haber sido cautivadas por las ideas falsas, las habrían llevado cautivas.

Una mujer débil es llevada cautiva por las mentiras, pero una mujer fuerte lleva las mentiras cautivas para que se sometan a la verdad. Afortunadamente, Dios nos ha equipado para esta batalla. «Porque las armas de nuestra milicia no son carnales, sino poderosas en Dios para la destrucción de fortalezas, derribando argumentos y toda altivez que se levanta contra el conocimiento de Dios, y llevando cautivo todo pensamiento a la obediencia a Cristo» (2 Corintios 10:4-5, RVR1960).

Estos versículos usan imágenes militares para describir el enfrentamiento entre el modo de pensar de Dios y el modo de pensar del mundo. Ambos están en bandos opuestos. Luchan ferozmente el uno contra el otro. Este versículo nos informa que la batalla espiritual es de naturaleza ideológica. Filosofías, argumentos, ideas y opiniones mundanos se oponen y luchan agresivamente contra el conocimiento de Dios.

Es en el campo de batalla de las ideas donde se gana o se pierde la victoria por los corazones y las mentes. Las malas ideas cautivan las mentes y mantienen a las personas llenas de ataduras. Por lo tanto, debemos rastrear estas ideas y llevarlas cautivas. Todo pensamiento que se levante en rebelión contra Dios debe convertirse en prisionero de guerra y llevado a someterse a la autoridad de Dios y al señorío de Jesucristo.

Este pasaje principalmente hace referencia a la batalla externa en la que contraatacamos las falsas ideas de otros. Sin embargo, es innegable que también combatimos estas ideas internamente. Peleamos una batalla en nuestras mentes de manera constante. Si no luchamos para llevar cautivas las mentiras, corremos el riesgo de ser cautivadas por las mismas. Podemos pasivamente dejar que nos tomen de rehenes o podemos activamente luchar para que los rehenes sean las mentiras.

Llevar cautivos los pensamientos significa tener el control sobre lo que piensa. Cuando usted note un pensamiento rebelde, no lo deje correr libremente. Haga algo al respecto. Lleve cautivo ese pensamiento y encadénelo a la verdad. Si en su mente hay pensamientos de preocupación, por ejemplo, puede meditar en un versículo que hable sobre la fidelidad de Dios. Puede orar o escuchar música de adoración. En lugar de permitir pasivamente que ese pensamiento la controle, luche de manera activa para tomar el control sobre el mismo.

La batalla de su mente probablemente sea la batalla más desafiante de su vida. Y no porque llevar cautivo un pensamiento a la obediencia de Cristo sea difícil. No es tan difícil derribar un pensamiento falso con la verdad. Sin embargo, cuando usted considera el gran número de pensamientos que pasan por nuestra mente, la tarea se vuelve abrumadora. En un solo día es posible que necesite llevar cautivos a cientos de pensamientos rebeldes a Cristo. Si quiere cerrarles la puerta a esos senderos desagradables de su mente, tendrá que realizar muchos pequeños ajustes en su manera de pensar.

Tendrá que llevar a los pensamientos cautivos a lo largo del día. Día tras día.

El hecho que hace que esta batalla sea tan desafiante es que nunca termina. No obstante, del mismo modo en que muchas huellas crean un nuevo sendero en un campo, estos pequeños pasos, llevados a cabo constantemente a lo largo del tiempo, producirán un cambio radical en su vida. Además, el poder divino de Dios le da todo lo que necesita para no desviarse.

Se *volverá* cada vez más fuerte si tiene el hábito de dominar su mente.

HÁBITO 3

Deshágase de la carga

Los pecados y cuestiones sin resolver
la agobiarán y perjudicarán su
habilidad de navegar por la vida.

Sobrecargar un buque es una de las cosas más peligrosas
que una compañía naviera puede hacer. Esta es la razón por la cual los
laterales de los barcos están marcados con una línea de carga, la cual desaparece debajo del agua si el barco está sobrecargado. Las autoridades de
inspección no permitirán que un barco zarpe si su línea de carga indica
que está llevando demasiado cargamento. Sin embargo, aun así las compañías buscan la manera de violar las normas y se arriesgan a sobrecargar
los barcos.

La línea de carga del transbordador *Sewol* de Corea del Sur mostraba
que el cargamento del buque estaba en regla cuando zarpó con 476 pasajeros, la mayoría de los cuales eran estudiantes de la escuela secundaria.

Los que iban a bordo desconocían que la compañía había sobrecargado el buque con más de tres veces la carga máxima permitida. Para

enmascarar el peso del cargamento ilegal y llevar la línea de carga del barco al nivel correcto, la tripulación se quedó con solo 580 de las 2.040 toneladas recomendadas del agua de lastre del último compartimento del transbordador. El agua de lastre es importante para contrarrestar el peso del cargamento, los vehículos y los pasajeros arriba del barco.

El 16 de abril de 2014, el infortunado transbordador partió con destino a la isla turística, seriamente sobrecargado.

Todo iba bien hasta que llegaron a la parte más desafiante del viaje, una vía fluvial con corrientes traicioneras. Los tripulantes tenían que tener mucho cuidado y dirigir manualmente la nave a través de este peligroso canal. Desafortunadamente, cuando el timonel giró el timón de manera brusca para ajustar el curso, muchos de los contenedores de la carga pesada de pronto se desplazaron en su interior, causando que el barco recibiera mayor peso de un lado. El agua fluyó por la puerta de embarque de carga.

No pasó mucho tiempo antes de que el transbordador se hundiera. Más de 300 de las 476 personas a bordo murieron. La mayoría de las víctimas eran estudiantes.

El capitán y tres miembros de la tripulación fueron acusados de homicidio. Docenas de funcionarios de la compañía del transbordador, inspectores de seguridad y oficiales guardacostas fueron encarcelados y condenados por varios cargos penales relacionados con el naufragio. El incidente condujo a la persecución y muerte del multimillonario que era propietario de la naviera. El hecho desencadenó protestas contra el gobierno y violentos enfrentamientos con la policía, los cuales dejaron docenas de heridos. La tragedia contribuyó a la destitución del presidente del país. Fue uno de los episodios más traumáticos de la historia reciente de Corea del Sur.[1]

Todas estas consecuencias trágicas pudieron haberse evitado si la tripulación no hubiera sobrecargado el barco.

EQUIPAJE NO AUTORIZADO

Al igual que el *Sewol*, las mujeres débiles de Éfeso estaban sobrecargadas de equipaje no autorizado. Estaban cargadas de pecados. La palabra griega para *cargadas* significa llevar un montón o una pila de algo. El verbo era usado en la literatura hebrea para describir la acción de cargar un carro por las nubes al apilar encima cada vez más cosas. Sugiere una acumulación que es pesada, engorrosa y difícil de manejar.

La imagen que me viene a la mente es todos los vehículos sobrecargados que vi en una visita a Tailandia. Nunca había visto bicicletas, motocicletas y camionetas con cargas apiladas tan alevosamente altas. Haga una búsqueda en la Internet sobre imágenes de «vehículos sobrecargados en Tailandia» para que vea de lo que estoy hablando. Se sorprenderá. ¡Hay una foto de una pequeña camioneta que estaba tan sobrecargada que se partió a la mitad! Ver estos vehículos sobrecargados en las rutas de Chiang Mai y Bangkok fue fascinante, pero a su vez atemorizante, porque resultaba evidente que estos vehículos no eran estables y podían chocar en cualquier momento.

De manera muy similar, las mujeres débiles de Éfeso estaban cargadas de montones de pecados que las volvían espiritualmente inestables y susceptibles a sufrir una tragedia.

Existen cargas que se supone que debemos llevar y cargas que no debemos llevar. El Señor nos da la fortaleza para enfrentar las dificultades, tribulaciones y aflicciones de la vida. Tenemos que soportar estos tipos de cargas. Él nos promete que las mismas nunca pesarán más de lo que somos capaces de soportar. No nos hundirán por debajo de la línea de carga.

Sin embargo, *no* fuimos destinadas a llevar las cargas de los pecados sin confesar, la culpa y la vergüenza. Estos tipos de cargas no autorizadas nos agobiarán y nos será difícil navegar los mares de la vida a salvo. Si estamos cargadas de pecados, seremos mucho más propensas a volcarnos y hundirnos.

Por esta razón, una mujer fuerte tiene el hábito de despojarse del pecado, la culpa y la vergüenza.

ERRAR EL BLANCO

En el 2017, en la entrega de los premios CMA, la cantante de música *country* Carrie Underwood cantó un viejo himno con el estribillo:

«¡Cuán tiernamente nos está llamando! ¡Oh pecadores, venid!».[2] La cantó en conmemoración a los colegas de la industria de la música *country* y las víctimas del tiroteo masivo en el Harvest Festival en Las Vegas. Si bien el homenaje fue hermoso y conmovedor, muchos usaron las redes sociales para criticar a Underwood por haberse referido a las víctimas como «pecadores».

El concepto del pecado no es popular en estos días.

La mayoría de las personas creen que deben ser libres para vivir como quieren sin que nadie les diga qué hacer. Creen que mientras no hagan daño, tienen el derecho de decidir por sí mismas lo que es aceptable basándose en sus propias opiniones. Piensan que los errores sociales modernos, tales como herir los sentimientos de las personas al etiquetar su comportamiento como «pecaminoso», son el único pecado verdadero que hay.

Esta mentalidad resulta evidente en la definición principal de *pecado* del Urban Dictionary [Diccionario Urbano], el cual define el pecado de esta manera: «Pecar significa hacer daño. Pecaminoso significa dañino. Sin pecado significa inofensivo. ¿Es pecado un pensamiento, palabra o acción en particular? Si es dañino, es pecaminoso. Si es inofensivo, está libre de pecado».[3] En otras palabras, si se siente herido u ofendido —lastimado— por lo que digo o hago, entonces he pecado contra usted.

Si bien el concepto de «daño» puede llegar a reflejar la definición popular de pecado, y aunque el pecado sea indudablemente dañino, esto no se alinea con lo que la Biblia dice acerca del pecado.

¿Qué es exactamente el pecado?

La Escritura nos enseña que el pecado es cualquier acción, sentimiento o pensamiento que vaya en contra de las normas de Dios. No tiene nada que ver con no cumplir con sus normas o que usted no cumpla con las mías.

Billy Graham explicó que el pecado es «cualquier pensamiento o acción que no cumpla con la voluntad de Dios. Dios es perfecto, y todo lo que hagamos que no alcance su perfección es pecado».[4] Pecar significa que hemos hecho algo malo. O bien hicimos algo que Dios dice que no debemos hacer, o no hicimos algo que deberíamos haber hecho (Juan 14.23; Santiago 4.17).

Pecamos cuando dejamos de amar a Dios, cuando dejamos de estimarlo, confiar en él, buscarlo y obedecerlo con todo nuestro corazón.[5] El pecado abarca más que mandamientos como «No matarás», «No robarás» y «No cometerás adulterio». La mayoría de las personas reconocen que estas acciones califican como pecado. Sin embargo, Jesús enseñó que las actitudes ocultas, tales como el desprecio, la codicia y la dureza de corazón también son pecados, incluso si estas actitudes no resultan en acciones pecaminosas.

Toda respuesta ante las circunstancias que no esté llena de fe es pecado. Por lo tanto, la ansiedad, la preocupación y el temor también son pecados. Y luego están los pecados de negligencia: no hacer buenas obras, no usar nuestros talentos o ignorar al herido.

El Nuevo Testamento enumera muchos pecados, tales como:

celos	lujuria
riñas	jactancia
rivalidades	arrogancia
disputas	insolencia
resentimiento	egocentrismo
amargura	materialismo
falta de perdón	autopromoción
malicia	desprecio
cinismo	fornicación
envidia	inmoralidad sexual
avaricia	impureza sexual
codicia	sensualidad
desagradecimiento	actos homosexuales
traición	adulterio
embriaguez	idolatría
orgías	artes de magia
estafa	ocultismo
engaño	abuso
mentira	calumnia
hipocresía	difamación

arrebatos de ira	impulsividad
chismes	falta de disciplina
alboroto	desenfreno
insultos	prepotencia
bromas groseras	vanidad
irreverencia	glotonería
blasfemia	cobardía
obstinación	impiedad

Esta no es una lista políticamente correcta. Definitivamente, no es la lista que la mayoría de las personas elaborarían si se les pidiera que catalogaran cuáles actitudes y comportamientos califican como pecado. Sin embargo, le guste o no, la Biblia les llama *pecado* a estas actitudes y comportamientos. Y Dios es quien define qué es el pecado. No yo, ni usted, ni Hollywood, ni los medios de comunicación ni el Diccionario Urbano.

Cuando observo la lista de pecados anteriormente mencionada, creo que usted estará de acuerdo con que pecar es algo que *todos* hacemos todos los días.

Romanos 3.23 señala: «Todos han pecado y están privados de la gloria de Dios». Todos erramos el blanco. *No obstante* (y esta es la parte extraordinaria), hemos sido «justificados gratuitamente por su gracia, mediante la redención que es en Cristo Jesús» (v. 24). Cristo expía nuestros fracasos para dar en el blanco. A causa de su sacrificio, Dios gratuita y generosamente perdona nuestro pecado.

La letra del himno «Cuán tiernamente Jesús hoy nos llama» que cantó Underwood hace alusión a esto:

> Su tierno amor Cristo ha prometido
> Te ama a ti y a mí
> Perdonará al que en él ha creído
> nos llama a ti y a mí
>
> Venid, venid a mí

> Si estáis cansados venid
> ¡Cuán tiernamente nos está llamando!
> ¡Oh, pecadores, venid!⁶

El pecado nos cansa. Nos pesa. Nos carga con un bagaje emocional y espiritual. Sin embargo, el Señor nos invita a despojarnos de las cargas y regresar a casa. Así como el padre en la parábola del hijo pródigo perdona y recibe gozosamente a su hijo, también nuestro Padre celestial perdona y recibe a todo aquel que regresa a él con fe y arrepentimiento.

El pecado, la culpa y la vergüenza constituyen un peso que no necesitamos soportar. Él quiere que seamos libres de la pesada carga. Cuando recibimos el perdón de Cristo, él nos otorga el poder para lidiar con el pecado. Podemos continuamente librarnos de esta carga opresiva.

No sabemos qué clases de pecados estaban oprimiendo a las mujeres en la iglesia de Éfeso. Quizás fueron descubiertas en pecados de comparación y envidia, o en chismes y habladurías. Quizás eran críticas y distantes con respecto a sus esposos. Quizás estaban teniendo fantasías lujuriosas con estrellas de teatro atractivas, gladiadores musculosos o apuestos mercaderes viajantes que coqueteaban con ellas en el mercado. Podrían haber sido adictas a las compras, presas del materialismo. O tal vez hayan caído en el resentimiento y la falta de perdón hacia las personas que las hirieron, y pecaban en respuesta a los pecados cometidos contra ellas mismas. Quizás la amargura era el pecado que las oprimía.

Independientemente de las cuestiones específicas, sí sabemos esto: la frase «cargadas de pecados» indica que estas mujeres estaban agobiadas por los pecados que se habían amontonado y acumulado con el tiempo. Aunque asistían a la iglesia y profesaban tener fe en Jesús, no se deshacían de sus cargas. No estaban despojándose «de todo peso y del pecado que nos asedia» (Hebreos 12.1, RVR1977). El pecado las estaba agobiando, haciendo tropezar y volviéndolas débiles.

Entonces, ¿cómo evitamos que eso nos ocurra? ¿Cómo nos libramos de nuestras cargas?

La Biblia nos enseña que nos libramos del cargamento no autorizado al confesar habitualmente nuestros pecados con fervor.

TIEMPO DE CONFESAR

La confesión es un hábito importante. Como se nos recuerda en 1 Juan: «Si afirmamos que no tenemos pecado, nos engañamos a nosotros mismos y no tenemos la verdad. Si confesamos nuestros pecados, Dios, que es fiel y justo, nos los perdonará y nos limpiará de toda maldad» (1.8-9). Todas tenemos pecados que confesar, cada una de nosotras. Note que el apóstol Juan no se excluyó a sí mismo, sino que dijo «confesamos». Y no estaba solo hablando de pecados pasados, sino presentes y también en curso.

Sus palabras literalmente significan: «Si persistimos en confesar nuestros pecados» o «Si tenemos la costumbre de confesar nuestros pecados». Juan escribe la palabra *pecados* en plural para indicar que son muchos. Él presentó la vida cristiana auténtica que implica un reconocimiento honesto, franco y permanente de las maneras en que fallamos en lo que respecta a vivir conforme a los estándares de Dios.[7]

La palabra *confesar* es una traducción del término griego *homologeo*, de *homos*, «igual» y *lego*, «hablar». Confesar significa hablar lo mismo que otra persona o estar de acuerdo con ella.[8] La confesión de los pecados significa que estamos de acuerdo con Dios; decimos las mismas cosas sobre nuestro pecado que Dios y lo vemos de la misma manera que él lo ve.

La confesión de nuestros pecados es primeramente ante Dios. No obstante, la palabra *confesar* también contiene un elemento de reconocimiento *sincero* o testimonio *sincero*. Hay una dimensión social y pública implícita. El reconocimiento de los pecados no es solo un asunto privado entre Dios y yo. También se trata de ser honesto y transparente con los demás, en especial con nuestros hermanos en la fe.

La Escritura dice que la confesión sincera es una manera altamente efectiva de abordar el pecado. «Por eso, confiésense unos a otros sus pecados, y oren unos por otros, para que sean sanados. La oración del justo es poderosa y eficaz» (Santiago 5.16). Este versículo está abogando por una autenticidad cultural. El pueblo de Dios tiene que ser honesto y transparente, y estar dispuesto a ayudarse y apoyarse unos a otros en nuestra batalla contra el pecado.

Este versículo no dice que necesitamos confesarnos con un pastor o un sacerdote. No dice que necesitamos confesarnos públicamente enfrente de toda la congregación. Tampoco dice que debemos contarles a todos acerca de cada pecado que cometemos. Simplemente, nos enseña que confesarles nuestros pecados a mentores o amigos cristianos de confianza y pedirles que oren por nosotras es una manera muy efectiva de obtener la victoria.

En un entorno cristiano saludable, está bien ser imperfecta. Podemos contarles a las personas sobre nuestro pecado. No necesitamos encubrirlo u ocultarlo o pretender que no sucede nada. Podemos ser sinceras acerca de nuestras luchas. Aunque esto pueda atemorizarnos, es importante hacerlo. «Quien encubre su pecado jamás prospera; quien lo confiesa y lo deja halla perdón» (Proverbios 28.13). Si usted quiere librarse del pecado, la culpa y la vergüenza que la están oprimiendo, la confesión puede ser de gran ayuda.

Conocí a una joven de veintisiete años llamada Mindy en una conferencia en la costa este. Ella trabajaba a tiempo completo con una organización paraeclesial en el ministerio universitario. Nueve años antes, en su primer año de universidad, Mindy había salido a un bar con Ethan, un chico que era un cliente frecuente de la cafetería donde ella trabajaba. Sabía que su papá, el pastor de una iglesia en un pequeño pueblo, no lo aprobaría. De hecho, tampoco su mamá. Sus padres constantemente ensalzaban los peligros de las jóvenes que salían solas con muchachos y frecuentaban bares. Mindy hizo a un lado sus advertencias paranoicas. Era una mujer fuerte; firme en su fe, valiente e inteligente. Nada malo podría sucederle.

Ethan era amable y encantador. Su buena apariencia y sus ojos marrones profundos hacían palpitar el corazón de Mindy. La primera vez que la invitó a salir, ella lo rechazó, pero su persistencia divertida terminó convenciéndola. *¿Qué tiene de malo?*, razonó. Quizás hasta tenga la oportunidad de hablarle de Jesús.

Ethan fue muy educado y respetuoso en el bar aquella noche. Un perfecto caballero. Así que, después de unas horas, Mindy bajó la guardia. Nunca lo notó cuando él colocó una droga de club en su bebida.

A la mañana siguiente, Mindy se despertó desnuda en una cama, sintiéndose terriblemente nauseabunda, desorientaba y toda adolorida. Eso, y la sangre en las sábanas, indicaban el horror que podría haber ocurrido. ¿O era la sangre del raspón en su pierna? No estaba segura. Su cabeza latía con fuerza. Confundida, traumatizada y avergonzada sobrevivió los días siguientes con una sensación extraña en la boca del estómago.

¿Qué sucedió? ¿Por qué no podía recordar nada? ¿Bebió demasiado? ¿Fue violada? ¿Había sido su culpa? ¿Cómo podría contarle a alguien? ¿Cómo podría enfrentar a sus padres? Para colmo, Ethan pasó por la cafetería algunas veces después de esto, enseñando su sonrisa deslumbrante y actuando como si nada hubiera pasado.

La situación de Mindy empeoró algunas semanas más tarde cuando descubrió que estaba embarazada. ¡Embarazada! Permaneció sentada estupefacta. No podía respirar. La prueba de embarazo confirmó su peor pesadilla. Ni siquiera podía recordar haber dormido con Ethan aquella terrible noche. Su intención era permanecer virgen hasta casarse.

¿Cómo pudo suceder esto? ¿Cómo podría contarles a sus padres? ¿Cómo podría enfrentar las miradas y las murmuraciones en la iglesia? ¿Cómo podría explicarles esto a las chicas que discipulaba en su pequeño grupo de estudio bíblico? ¿Cómo podría abandonar la universidad y tener un bebé? ¡Eso arruinaría su vida!

El doctor del centro médico de la universidad le presentó las opciones. Desesperada y aterrada, Mindy se aferró a la esperanza de mantener todo en secreto y retroceder el tiempo unos pocos meses hasta como era su vida antes de conocer a Ethan.

Sin decirle a nadie se realizó un aborto.

Mindy agachaba la cabeza en señal de vergüenza mientras terminaba de contarme su historia. Me explicó que al final les contó a sus padres y a algunas amigas cercanas acerca de la violación y había asistido a terapia para superar el trauma. Sentía que se había encargado del bagaje emocional producido por el abuso: vergüenza, ira, resentimiento y amargura. Sin embargo, aún no le había dicho a nadie sobre el aborto. Nadie lo sabía. Fui la primera persona a la que le reveló este oscuro secreto.

«¡Acabé con una vida!», sollozó. «No tenía el control sobre el pecado que Ethan cometió en mi contra... pero fue mi decisión abortar a mi bebé. ¡*Mi* decisión!». En agonía, me contaba que le había pedido perdón a Dios cada día durante nueve años desde el aborto, pero no estaba segura de que él hubiera perdonado su pecado, ni de poder perdonarse a sí misma. Mi corazón se estremeció. Podía ver que la carga de la culpa y la vergüenza la torturaban.

«¿Por qué no le confiesas tu pecado al Señor otra vez ahora mismo, en voz alta, de modo que pueda ser tu testigo?», sugerí. Sollozando y casi sin poder hablar, lo hizo. Yo intercedía en voz baja mientras ella le abría su corazón al Señor. Cuando terminó, gentilmente levanté su mentón para mirarla directo a los ojos y proclamé: «¡Mindy, has sido perdonada!».

Pude oír que algo se quebró en el mundo espiritual. Mindy suspiró.

Coloqué mis manos sobre ella y comencé a librar una batalla por su mente. Declaré la verdad de la Palabra de Dios a su espíritu. La verdad sobre el poder del sacrificio de Cristo. La abundancia de su perdón. Su justicia dada a nosotros gratuitamente. La cancelación de la deuda.

Declaré en oración escrituras como Efesios 1.7: «En él tenemos la redención mediante su sangre, el perdón de nuestros pecados, conforme a las riquezas de la gracia».

Isaías 1.18: «Aunque vuestros pecados sean como la grana, como la nieve serán emblanquecidos; aunque sean rojos como el carmesí, vendrán a ser como blanca lana» (RVR1977).

Salmos 103.12: «Tan lejos de nosotros echó nuestras transgresiones como lejos del oriente está el occidente».

Afirmé su identidad en Cristo Jesús, le aseguré que ella es una escogida de Dios, santa y amada (Colosenses 3.12), hija del Dios Todopoderoso (2 Corintios 6.18), una nueva creación (5.17), creada en justicia y santidad (Efesios 4.24). Perdonada, sin mancha (Romanos 8.1; Efesios 1.4), portadora de las riquezas de su gracia (1.6-8). Confirmada, ungida y sellada por Dios (2 Corintios 1.21-22). Participante de la naturaleza divina (2 Pedro 1.4). Arraigada en Cristo (Colosenses 2.7).

Oramos hasta las primeras horas de la madrugada.

Al día siguiente, una joven radiante me sorprendió afuera del salón de conferencias. «No tengo palabras para expresar lo que Dios hizo en mi corazón anoche», comenzó diciendo. Me llevó un instante darme cuenta de que era Mindy quien me estaba hablando. ¡Lucía tan diferente! Estaba tan radiante que sus rasgos habían cambiado drásticamente.

«¡Me siento tan liviana y libre y feliz!», dijo. «Sé, sin lugar a duda, que Dios me ha perdonado. ¡Gracias por orar por mí! Esta mañana fue la primera vez en nueve años que me levanto de la cama con una sonrisa en mi rostro. ¡Dios es *tan* bueno!».

Ciertamente. Mis ojos se llenaron de lágrimas. Sin embargo, no los de Mindy. Riéndose, me dio un fuerte abrazo y se fue dando saltos por el vestíbulo.

Mindy había confesado el pecado de abortar a su bebé más de mil veces antes de conocernos. Cada noche, durante casi nueve años, le rogó a Dios en privado por su perdón. Creo que él la perdonó la primera vez que se lo pidió, y podría asegurarse que incluso *antes* de que se lo pidiera. No obstante, a fin de experimentar toda la fuerza del perdón y ser librada del pecado, la culpa y la vergüenza del aborto, necesitaba confesarlo *abiertamente*. Necesitaba exponer su pecado a la luz. Para ser verdaderamente libre tenía que contarle a alguien, recibir oración y escuchar de forma audible la declaración «¡Eres perdonada!» de parte de otra persona creyente que actuara como «embajadora» (representante) de Cristo, el único que tiene el poder para perdonar los pecados.

«Si confesamos nuestros pecados, Dios, que es fiel y justo, nos los perdonará y nos limpiará de toda maldad» (1 Juan 1.9). Qué promesa tan maravillosa. Y qué privilegio tan maravilloso.

Note que este versículo contiene una oración condicional. Dice que *si* confesamos (persistimos en confesar) nuestros pecados, Dios nos perdonará y nos limpiará. ¿Significa esto que si no confesamos cada uno de los pecados que cometemos todos los días, Dios no nos perdonará? ¿Nos recriminará esos pecados sin confesar? ¿Ser limpia de nuestras iniquidades depende de que me percate de cada uno de los pecados de mi vida?

Si significara eso, entonces todos estaríamos en grandes problemas. Por lo general, no somos ni siquiera conscientes de todas las maneras en que pecamos, mucho menos nos encargamos de confesarlos todos.

¿Puede tan siquiera recordar cuántas veces la semana pasada dijo algo que no fue beneficioso? ¿O cuántas veces tuvo un pensamiento crítico? ¿O el número de veces que amó más otras cosas que a Dios? Si este versículo significara que somos culpables y estamos obligadas legalmente a pagar por cada pecado hasta que lo confesamos, entonces no tendríamos esperanza, porque nunca podríamos ser capaces de confesar cada cosa que hagamos mal.

La Biblia nos dice que Jesús canceló «el documento de deuda en contra nuestra, que consistía en ordenanzas, y que nos era adverso, quitándolo de en medio y clavándolo en la cruz» (Colosenses 2.14, RVR1977). Por lo tanto, cuando confesamos nuestros pecados como creyentes, podemos estar confiadas de que Cristo ya ha pagado por nuestros pecados. ¡Consumado es! Él llevó en la cruz la culpa de cada una de nuestras ofensas. Esto significa que cada deuda ha sido verdadera y completamente cancelada. Su sacrificio cubre cada pecado pasado, presente y futuro.

Entonces, ¿por qué necesitamos confesar nuestros pecados de forma permanente?

Existe una muy buena razón.

Esto se debe a que la confesión hace que el perdón de la cruz sea real para nosotras. Cuando confesamos nuestros pecados, reconocemos y declaramos el poder de la obra de Cristo en nuestra vida. Declaramos la misericordia y el perdón maravilloso que recibimos en el momento en que somos salvas. El hábito de confesar nuestros pecados de manera constante y sincera tiene que ver simplemente con caminar en la luz. Admitimos que hemos fallado en lo que respecta a vivir conforme a los estándares de Dios a fin de que podamos obtener la victoria sobre el pecado y crecer en santidad.

La confesión se trata de *aplicar* el evangelio. No es algo que tenemos que hacer, sino más bien algo que tenemos la oportunidad de hacer. Vamos a poder desahogarnos. Sentir que la carga se levanta. Experimentar la limpieza de nuestros pecados. Vamos a sentir la fuerza del amor y el perdón de Dios y ponernos a cuenta con él. Vamos a declarar su poder y victoria. Es un privilegio y un gozo inaccesible para aquellos que no conocen a Jesús.

Cada vez que confesamos, declaramos y reafirmamos la verdad de lo que nuestro Salvador hizo por nosotras en la cruz. La gracia y el perdón que recibimos hacen que el gozo de nuestra salvación sea cada vez más precioso. Se nos recuerda una y otra vez la realidad y lo maravilloso de su obra.

CONFESIONES VERDADERAS Y FALSAS

¿La hirió alguien alguna vez y luego le dijo que lo sentía, pero tuvo el presentimiento de que realmente no era así? Tal vez lamentó que lo haya atrapado. O quizás lamentó las consecuencias que tuvo que enfrentar. O quizás lamentó que usted se sintiera de la forma en que lo hizo. No obstante, usted se quedó con la sospecha de que en el fondo no estaba en verdad arrepentido. Que realmente no creía que lo que hizo estaba mal o que haya sido tan perjudicial. Su confesión no se hallaba respaldada por una determinación de hacer las cosas de manera diferente. Dijo que lo lamentaba, pero no demostró un cambio de actitud.

La Escritura nos enseña que hay una manera correcta y una manera incorrecta de relacionarnos con Dios después de haber pecado. Una confesión verdadera implica más que reconocer verbalmente que hicimos algo malo. Como mencioné antes, la confesión significa estar de acuerdo con Dios; decimos sobre nuestro pecado lo mismo que Dios dice y lo vemos de la misma manera que él lo ve. Por lo tanto, la confesión que no está acompañada por un dolor y arrepentimiento genuinos no califica como una confesión verdadera.

Es una confesión falsa.

La Biblia provee ejemplos de personas cuyas confesiones fueron falsas y de personas cuyas confesiones fueron verdaderas. Existe una enorme diferencia entre alguien que simplemente dice que lo siente y alguien que en verdad está arrepentido. Vamos a ver cómo tres personas diferentes en la Biblia confesaron sus pecados. De estas tres, solo uno lo hizo de la manera correcta.

SAÚL, EL PRIMER REY DE ISRAEL

El rey Saúl, el primer rey de Israel, era alto, de buen parecer y habilidoso, pero era espiritualmente débil. Esto se debía a que nunca en verdad confesó ni se arrepintió de sus pecados. Sus confesiones eran falsas. Permítame brevemente resaltar tres escenas de su vida.

En primer lugar, está la escena de 1 Samuel 13.8-12 donde pretende ser un sacerdote. El profeta Samuel le dio a Saúl instrucciones explícitas de no comenzar la batalla contra los filisteos en Gilgal hasta que él llegara para ofrecer el holocausto. Saúl sabía que únicamente los sacerdotes podían ofrecer sacrificios (era una ley estricta), pero estaba en apuros por comenzar la batalla. Así que decidió no esperar a Samuel y se tomó la libertad de ofrecer el holocausto. Después de todo, era el rey. Más tarde, en lugar de expresar un arrepentimiento genuino, Saúl procedió a exponer excusas por sus acciones. Él confesó:

- «Lo siento, pero no podía seguir esperando. Los soldados se estaban inquietando».
- «Lo siento, pero estaba perdiendo la oportunidad de lograr una defensa exitosa».
- «Lo siento, pero no llegabas y no tuve otra opción».

Podemos ver otro ejemplo de Saúl haciendo una confesión falsa en la escena cuando perseguía a David. Saúl estaba celoso de David, así que se puso en marcha con un ejército de soldados hacia el monte donde David estaba escondido para buscarlo y matarlo. Una noche, David se dirigió al campamento de Saúl. Los hombres de David le instaban a matar a Saúl y quedarse con el trono, pero en cambio, solo tomó la lanza de Saúl y el jarro de agua para demostrar que le había perdonado la vida.

Al día siguiente, cuando se enfrentó a la evidencia, Saúl confesó: «He pecado; vuélvete, hijo mío David, que ningún mal te haré más, porque mi vida ha sido estimada preciosa hoy a tus ojos. He aquí yo he hecho neciamente, y he errado en gran manera» (1 Samuel 26.21, RVR1960). Saúl sintió remordimiento. Sintió pena y se disculpó. Dijo todas las cosas correctas, pero no cambió. No pasó mucho tiempo antes de que volviera a perseguir de nuevo a David.

En una tercera ocasión, encontramos la escena de 1 Samuel 15, donde Saúl desobedece las instrucciones de Dios sobre cómo debía proceder con los amalecitas, los archienemigos de los israelitas. Se suponía que debía destruirlo todo y no llevarse ningún botín: ni vacas, ni ovejas, ni tesoros, nada. Saúl obedeció parcialmente. Si bien destruyó todo lo que era vil y despreciable, dejó que sus hombres tomaran el mejor botín. Además, no mató al rey de los amalecitas (vv. 1-9).

Él y sus hombres probablemente planeaban montar un gran espectáculo para el pueblo. Tenían la intención de desfilar con el botín, ridiculizar al rey extranjero y alardear de su victoria ilustre. Cuando Samuel confrontó a Saúl por no obedecer la palabra de Dios, Saúl insistió en que, de hecho, sí había obedecido al Señor y sus intenciones eran honorables. Él supuso que a Dios no le molestaría una pequeña desviación del plan. Después de todo, sus hombres tomaron del botín ovejas y vacas para ofrecerlas en sacrificio al Señor (vv. 12-21). Pensaba que Dios estaría complacido. «Lo hago para Dios, ¿cuál es el problema, Samuel?».

Saúl no reconoció que había hecho algo malo. Por lo tanto, Samuel pronunció estas palabras inquietantes: «Y, como tú has rechazado la palabra del Señor, él te ha rechazado como rey» (v. 23).

Saúl decidió que necesitaba corregir las cosas, ¡y rápido! Entonces, confesó: «¡He pecado! [...] He quebrantado el mandato del Señor y tus instrucciones [...] Pero te ruego que perdones mi pecado, y que regreses conmigo para adorar al Señor (vv. 24-25).

Samuel vio que era una confesión falsa. Reiteró que Dios iba a desechar a Saúl como rey. Aterrorizado, Saúl rogó otra vez por perdón. «¡He pecado! [...] Pero te pido que por ahora me sigas reconociendo ante los ancianos de mi pueblo y ante todo Israel. Regresa conmigo para adorar al Señor tu Dios» (vv. 26-30).

¿Puede ver el problema con su confesión? Saúl estaba más preocupado por su reputación —por ser reconocido ante los ancianos— que por su pecado. En cada una de estas tres escenas hubo algo muy mal en la confesión aparentemente sincera de Saúl.

JUDAS, EL DISCÍPULO DE CRISTO

Consideremos a otro personaje reconocido y trágico de la Biblia, Judas. Después de traicionar a Jesús, Judas se dio cuenta de las consecuencias terribles de sus actos. «Entonces Judas, el que le había entregado, viendo que Jesús había sido condenado, sintió remordimiento y devolvió las treinta piezas de plata a los principales sacerdotes y a los ancianos, diciendo: He pecado, entregando sangre inocente [...] Entonces él arrojó las piezas de plata en el templo y se retiró; y fue y se ahorcó (Mateo 27.3-5, RVR1977).

Una vez más, observe atentamente las palabras de la confesión de Judas: «He pecado».

Judas confesó, pero trágicamente no hizo los cambios que Dios quería que hiciera. Se fue avergonzado. Su culpa fue tan grande que terminó ahorcándose. Él confesó su pecado, pero este reconocimiento de su maldad no condujo a la respuesta que Dios deseaba.

DAVID, EL MAESTRO DEL ARPA

Los pecados más evidentes e infames de David fueron su adulterio con Betsabé y el asesinato subsiguiente de su esposo, Urías, para encubrir el embarazo. Estos fueron pecados terribles, y desde una perspectiva humana parecen incluso peores que los pecados de Saúl. Sin embargo, hubo una diferencia importante entre las maneras en que estos hombres respondieron.

El profeta Natán le contó a David una historia convincente que lo llevó a darse cuenta de sus acciones. «Entonces David dijo a Natán: He pecado contra el SEÑOR. Y Natán dijo a David: El SEÑOR ha quitado tu pecado; no morirás» (2 Samuel 12.13, LBLA).

«He pecado». Estas son las mismas palabras de confesión que tanto Saúl como Judas usaron. Si bien estos tres hombres expresaron una sentida aflicción similar, los pecados de David fueron *quitados* y perdonados, no así los de Saúl y Judas. Estas historias demuestran que aunque las personas puedan reconocer sus malas acciones, sentirse apenadas, intentar cambiar y orar, eso no necesariamente significa que se hayan confesado de manera genuina y se hayan arrepentido de sus pecados.

David confesó: «He pecado», al igual que Saúl y Judas, pero él dijo algo más que es realmente significativo. No sé si lo ha notado. Él señaló: «He pecado contra el SEÑOR».

La expresión «contra el SEÑOR» es sumamente importante. David reconoció que al pecar había quebrantado la ley eterna y justa del Creador y lo había disgustado. En un ruego emocional, clamó a Dios y pidió perdón. Vemos este patrón de arrepentimiento más de una vez en la vida de David. Note cómo, de acuerdo a las palabras de esta confesión en Salmos 51, también reconoció que su pecado fue contra Dios: «Yo reconozco mis transgresiones; siempre tengo presente mi pecado. Contra ti [SEÑOR] he pecado, solo contra ti, y he hecho lo que es malo ante tus ojos» (vv. 3-4).

David reconoció la verdad más importante acerca del pecado: el mismo es primeramente una rebelión contra un Dios santo. Si bien reconocemos la naturaleza horizontal del pecado (de una persona a otra), la Biblia siempre presenta el pecado como una ofensa principalmente vertical (de una persona a Dios). Aunque David indudablemente había pecado contra Betsabé, Urías, sus familias, la propia familia de David, sus oficiales y otras tantas personas más, él no se enfocó en ellos cuando confesó su pecado.

Esto no quiere decir que David no se haya disculpado también con las personas a las que había herido. Sin embargo, resulta evidente que comprendió que el pecado es tan increíblemente atroz porque constituye una ofensa contra el Dios del universo.

«Contra ti he pecado, solo contra ti, y he hecho lo que es malo ante tus ojos».

PECAR CONTRA DIOS

Cuando hacemos algo malo, pecamos contra Dios. Esto es así incluso si no estamos tratando conscientemente de ofenderlo, y aun si, en el momento de nuestro pecado, Dios es el último en nuestras mentes.

Cuando la esposa de Potifar trató de seducir a José, él se negó y dijo: «¿Cómo podría yo cometer tal maldad y pecar así contra Dios?» (Génesis 39.9). José sabía que acostarse con la esposa de su amo sería pecar contra Dios. Él estaba más preocupado por ofender a Dios que por ofender a Potifar o a la esposa de este.

El hecho de que todos los pecados sean pecados contra Dios está bien documentado en la Biblia. Los celos son un pecado contra Dios (Números 16.8-11). La calumnia es un pecado contra Dios (21.7). No cumplir con lo que decimos es un pecado contra Dios (32.23). La codicia es un pecado contra Dios (Josué 7.20-21). La murmuración es un pecado contra Dios (Salmos 78.17-18). Oprimir al pobre es un pecado contra Dios (Proverbios 14.31). No orar por otros es un pecado contra Dios (1 Samuel 12.23).

El Señor le dijo a los israelitas: «Si alguien del pueblo —sea hombre o mujer— traiciona al SEÑOR al hacerle mal a otra persona, esta persona es culpable» (Números 5.6, NTV). Pablo les dijo a los creyentes que cuando pecaran contra otros creyentes, estaban pecando contra Cristo (1 Corintios 8.12, NTV). Una confesión legítima reconoce que el pecado ha sido en última instancia una ofensa contra Dios. Todo pecado es una ofensa cometida contra él.

ARREPENTIMIENTO VERDADERO

Sharla se horrorizó cuando descubrió pornografía en el celular de su prometido. Ella y Todd ya habían fijado una fecha para su boda. «No estoy dispuesta a casarme con un hombre que es adicto a la pornografía», me decía entre sollozos. «¿Qué debo hacer?». Todd estaba profundamente apenado y parecía arrepentido. Sin embargo, a Sharla le preocupaba que solo lamentara el hecho de haber sido atrapado y que su promesa de cambiar estuviera únicamente motivada por la amenaza de perderla. Ella decidió seguir comprometida, pero postergar la boda. De esa manera tendría tiempo para evaluar si el arrepentimiento de Todd era genuino.

«Sin embargo, ¿cómo me daré cuenta?», suplicó.

Le aconsejé que si Todd estaba realmente arrepentido, con el tiempo notaría un cambio en su carácter y su manera de pensar, no solo en su comportamiento. Se volvería más piadoso. Eso no quería decir que venciera por completo su tentación a mirar pornografía o que nunca más tropezara, pero su actitud hacia ese pecado cambiaría radicalmente. Ella notaría un crecimiento inconfundible.

Todd reunió a un pequeño grupo de amigos cristianos. Les confesó su pecado, se lo confesó a Dios delante de ellos, y estos impusieron sus manos sobre él y oraron por su victoria. Instaló un programa en su computadora y su teléfono que le impedía visitar sitios pornográficos, y al mismo tiempo le enviaba un informe a un compañero de rendición de cuentas. Dejó de usar ciertos tipos de redes sociales. Leía libros cristianos sobre cómo vencer la lujuria. Identificó lo que constituía una provocación para él e ideaba estrategias para lidiar con la tentación. Ayunaba y oraba. Le rogó a Dios que rompiera esa adicción. Procuraba discernir los pensamientos errados subyacentes a su comportamiento. Era sincero y transparente sobre sus luchas.

Después de medio año luego de haber postergado la boda, Sharla estaba lista para seguir adelante y casarse con Todd.

«Es un hombre transformado», me comunicó. «Veo un quebrantamiento, una humildad y una vulnerabilidad en él que no había antes. Y lo que más me reconforta es que sabe que no puede conquistar este pecado en sus fuerzas, sino con el poder de Cristo. Él depende de Jesús».

Su boda fue una celebración gozosa, no solo de su matrimonio, sino también del poder de Cristo para redimir. Y me complace comunicarles que después de siete años, Todd continúa ganando la batalla contra la lujuria y la pornografía.

Hubo una ocasión en que el apóstol Pablo confrontó a sus amigos con respecto al pecado, y la respuesta de ellos es otro gran ejemplo de un arrepentimiento genuino. En 2 Corintios, Pablo hace referencia a una carta anterior que había enviado a la iglesia de Corinto (2.3-9; 7.8-12), una carta emotiva que se había extraviado: «Les escribí con gran tristeza y angustia de corazón, y con muchas lágrimas» (2.4). Aparentemente, fue una carta difícil de escribir para Pablo. En ella, llevaba a sus amigos a dar cuenta de sus pecados.

Pablo sabía que estaba corriendo un riesgo, que la carta les causaría tristeza y que podría irritarlos u ofenderlos. No estamos seguros de qué pecado se trataba. Pudo haberse tratado de inmoralidad sexual en la iglesia o tal vez otra cosa. No obstante, Pablo se sintió inmensamente aliviado cuando Tito le trajo la noticia de que sus amigos habían respondido de manera positiva a su amonestación.

Estaban verdaderamente apenados, y su arrepentimiento había producido un cambio genuino.

Emocionado porque se habían arrepentido de corazón, Pablo escribió: «La tristeza que proviene de Dios produce el arrepentimiento que lleva a la salvación, de la cual no hay que arrepentirse, mientras que la tristeza del mundo produce la muerte» (7.10).

La tristeza es la angustia, la pena y el remordimiento que sentimos cuando hacemos algo malo. Es sentirse apenada. Según Pablo, nuestra tristeza puede pertenecer a una de dos categorías: la tristeza que proviene de Dios y la tristeza del mundo. Entonces, ¿cuál es la diferencia?

La tristeza que proviene de Dios está inherentemente enfocada en Dios. Lamentamos haber pecado contra Dios y quebrantado su ley que es santa, justa y buena (Romanos 7.12). Lamentamos haber dañado nuestra relación con él.

La tristeza del mundo se enfoca en una misma. Es causada por la pérdida o la negación de algo que una quiere para sí. Realmente no lamentamos haber violado las leyes de Dios, sino que lamentamos las repercusiones.

La tristeza del mundo resulta en confesiones falsas, tales como:

- «Lamento que me hayan atrapado».
- «Lamento la vergüenza que esto causará».
- «Lamento que voy a perder mi buena reputación».
- «Lamento la culpa y la vergüenza que siento».
- «Lamento que te sientas herido y ofendido».
- «Lamento que pienses que esto es gran cosa».
- «Lamento las consecuencias que voy a tener que enfrentar».
- «Lamento que esto haya causado tanto conflicto y disturbio».

- «Lamento que esto haya provocado que mi paz y felicidad disminuyan».

La confesión motivada por la tristeza del mundo depende del esfuerzo humano para lograr cambiar. La actitud es: «¡Yo me encargo! Lo haré mejor. Me esforzaré más. Voy a arreglarlo». Hay un elemento de autosuficiencia y orgullo al abordar el conflicto.

Además, si la persona culpable solo ve su pecado desde la perspectiva de cómo este impacta sobre ella y sus deseos, no logrará llegar a la raíz del mismo. No podrá tratar con el problema de fondo. Como resultado, no hará ningún progreso significativo en cuanto a cambiar sus actitudes y comportamientos. Su crecimiento espiritual quedará estancado. Y su confesión no la librará del peso del pecado.

Si se siente deprimida, desanimada y abatida después de confesar su pecado, entonces puede que esté nadando en las aguas peligrosas de la tristeza del mundo.

El arrepentimiento que esté motivado por la tristeza que proviene de Dios, por otra parte, permite que Dios se encargue del problema. Esta clase de tristeza es una emoción saludable. La acercará más a Dios y producirá un cambio positivo.

Es vivificante. Redentora.

La posiciona para experimentar crecimiento, victoria, libertad y gozo significativos.

Como señaló Pablo, la tristeza de este mundo solo produce muerte, pero la tristeza que proviene de Dios produce vida (2 Corintios 7.10).

LAS SIETE SEÑALES DE UN VERDADERO ARREPENTIMIENTO

¿Cómo sabemos que verdaderamente estamos arrepentidas (con la tristeza que proviene de Dios) y que no solo sentimos remordimiento de una manera egoísta? En 2 Corintios 7.11, Pablo identificó siete señales que observó en las vidas de sus amigos, las cuales indicaban que sus confesiones y arrepentimiento eran genuinos: «Fíjense lo que ha producido en ustedes esta tristeza que proviene de Dios: ¡qué empeño, qué afán por disculparse, qué indignación, qué temor, qué anhelo, qué preocupación, qué disposición para ver que se haga justicia! En todo han demostrado su inocencia en este asunto».

Podemos recurrir a estas señales para identificar si estamos realmente apenadas y arrepentidas de nuestro pecado. Si lo estamos, deberíamos ver más de las siguientes actitudes en nuestra vida:

1. CONSIDERAMOS EL PECADO CON MAYOR SERIEDAD («EMPEÑO»).

Los amigos de Pablo habían estado tolerando el pecado. Quizás no hayan sido conscientes de que el pecado en cuestión era una ofensa contra Dios. O tal vez hayan sido indiferentes, creyendo que el pecado no era algo realmente importante. La carta osada de Pablo los hizo despertar y darse cuenta de la gravedad del asunto.

El empeño es lo opuesto a la apatía. Cuando verdaderamente nos arrepentimos, experimentamos un cambio de actitud hacia ese pecado. Ya no lo veremos como algo justificable o aceptable, sino más bien tendremos el deseo de eliminarlo de nuestras vidas y alejarnos del mismo tanto como podamos. Ya no tendremos una actitud despreocupada hacia el pecado.

Consideraremos el pecado tan seriamente como Dios lo hace.

2. ESTAMOS IMPACIENTES POR CONFESAR NUESTRO PECADO («AFÁN POR DISCULPARSE»).

La palabra griega *apologia*, de la cual se deriva la palabra *apología*, se tradujo como «afán por disculparse».

Cuando estamos arrepentidas de verdad, tenemos ganas de disculparnos. No podemos esperar para correr a la cruz y confesarle nuestros pecados al Señor. También deseamos disculparnos con la persona contra la cual hemos pecado y confesarnos con amigos cristianos que pueden orar por nosotras y ayudarnos a vencer el pecado. Queremos dejarlo expuesto a la luz a fin de poder tratar con él y eliminarlo de nuestra vida.

Cada vez que veo a alguien que trata de mantener su pecado oculto o que cubre las partes que fueron expuestas involuntariamente, me da la impresión de que no está arrepentido. O por lo menos no arrepentido como Dios lo desea.

3. CRECE NUESTRO ODIO POR EL PECADO («INDIGNACIÓN»).

La indignación es un fuerte sentimiento de oposición y desagrado contra algo que creemos que está mal. Es una ira justa. Cuando comenzamos a ver nuestro pecado como Dios lo ve, nuestro amor por ese pecado disminuirá y crecerá nuestra indignación hacia el mismo.

En lugar de ser atraídas al pecado, sentiremos repulsión. Odiaremos la manera en que deshonra a Dios y destruye vidas. Odiaremos todo el horror y la maldad que el mismo contiene. Si verdaderamente estamos arrepentidas de nuestro pecado, aborreceremos el mal y nos aferraremos al bien (Romanos 12.9).

4. TEMEMOS A DIOS MÁS QUE A LAS CONSECUENCIAS («TEMOR»).

Cuando tememos a Dios, lo respetamos con admiración reverente. Mostramos un respeto absoluto por su santidad y su justicia. No damos su perdón y misericordia por sentados. Entendemos que la ira de Dios hacia el pecado debe cumplirse, que la pena es más horrible de lo que podamos imaginar y que la única manera en que hemos escapado del castigo fue aceptando la abundancia de la gracia y el don de la justicia que Dios nos ofrece por medio de la fe en Cristo Jesús.

Si nos arrepentimos de verdad, nuestro temor a Dios será mayor al temor a quedar expuestas. Vamos a temerle a él más que a lo que otros puedan llegar a pensar o a las consecuencias de confesar. Temer a Dios es una emoción positiva. Nos llena de plenitud y gozo.

Solo escuche esta promesa: «Teme al Señor y huye del mal. Esto infundirá salud a tu cuerpo y fortalecerá tu ser» (Proverbios 3.7-8).

5. DESEAMOS UNA RELACIÓN CERCANA («ANHELO»).

Si he pecado contra mi esposo, Brent —si le he dicho algo desagradable, he sido crítica o le he gritado— se crea una distancia palpable en nuestra relación, la cual obstaculiza nuestra conexión e intimidad. Sé que Brent va a perdonarme. Él lo ha hecho fielmente durante más de tres décadas. Sin embargo, la falta de conexión me carcome y perturba. Anhelo reconectarme. Deseo que la relación vuelva a su estado saludable.

Esta es la clase de sentimiento a la que Pablo se refería cuando dijo «qué anhelo». Es una poderosa motivación interior para estar en perfecta comunión con Dios. Si realmente estamos arrepentidas de nuestros pecados, experimentaremos este anhelo de una manera más profunda. Vamos a desear que todos los obstáculos sean removidos en nuestra relación con el Señor a fin de experimentar la intimidad con él.

6. CRECE NUESTRA PASIÓN POR CRISTO («FERVOR»).

Simón, el fariseo, mostró su desprecio hacia una mujer que interrumpió su comida e hizo una escena. «Ahora bien, vivía en aquel pueblo una mujer que tenía fama de pecadora. Cuando ella se enteró de que Jesús estaba comiendo en casa del fariseo, se presentó con un frasco de alabastro lleno de perfume. Llorando, se arrojó a los pies de Jesús, de manera que se los bañaba en lágrimas. Luego se los secó con los cabellos; también se los besaba y se los ungía con el perfume» (Lucas 7.37-38).

Simón despreció su muestra exagerada de afecto. Sin embargo, Jesús contrastó su fastuosa bienvenida con la bienvenida indiferente de Simón, y sarcásticamente señaló: «Pero a quien poco se le perdona, poco ama» (v. 47).

El problema de Simón era que no tenía idea de cuán pecador realmente era su corazón. No creía que tenía mucho que confesar. La mujer, en cambio, era consciente de sus pecados y sabía cuánto necesitaba del perdón. Ella amó mucho, porque *sabía* que se le había perdonado mucho.

Si confesamos nuestros pecados genuinamente de manera continua, seremos conscientes de que nos ha sido perdonado mucho, y responderemos con fervor y entusiasmo. Nuestra pasión por el evangelio crecerá. Nuestros corazones desbordarán de gozo, gratitud y un ferviente deseo por conocer a Cristo y darlo a conocer.

7. DESEAMOS ARREGLAR LAS COSAS («JUSTICIA»).

La palabra griega traducida como *justicia* significa hacer justicia al que ha sido agraviado. Se trata de un deseo de restituir.

La justicia describe la respuesta del rico recaudador de impuestos llamado Zaqueo, quien resolvió reparar el daño que sus hábitos codiciosos y deshonestos habían ocasionado. Él le dio la mitad de su fortuna a los pobres, y le devolvió a las personas que había defraudado cuatro veces la cantidad que les había estafado (Lucas 19.8). Jesús nunca le pidió que hiciera esto. No era una especie de castigo que debía pagar por sus pecados. Sin embargo, fue una respuesta adecuada al perdón que había recibido. Había estafado a la gente, así que creyó apropiado devolverles su dinero.

La restitución no siempre es posible, pero si verdaderamente estamos arrepentidas, haremos lo que esté a nuestro alcance para hacer justicia a quienes hemos agraviado.

Estas siete señales le demostraron a Pablo que sus amigos se arrepintieron de verdad. Él dijo que demostraron «su inocencia en este asunto». *Inocencia* significa pureza. No eran inocentes en el sentido de no haber cometido la ofensa, sino inocentes en el sentido de que el pecado había sido lavado. Ya no los oprimía.

Había sido desechado.

Se había ido para siempre.

CONQUISTE LAS MENTIRAS
CON LA VERDAD

La confesión conduce al crecimiento espiritual, la libertad y la victoria. Entonces, ¿por qué muchos creyentes se quedan paralizados por los sentimientos de culpa y vergüenza? Mindy llevó la pesada carga por casi una década. Conozco a mujeres que han pasado toda su vida agobiadas por este tipo de bagaje. No son capaces de librarse de los sentimientos de autocondenación y remordimiento. ¿Por qué?

Creo que existen cinco razones fundamentales. En primer lugar, quizás no le hayan confesado sus pecados a Dios de forma continua. En segundo lugar, quizás confiesen con la tristeza del mundo en lugar de la tristeza que proviene de Dios. En tercer lugar, quizás no hayan confesado sus pecados abiertamente ni otros creyentes hayan orado por ellas. En cuarto lugar, su lucha permanente con un pecado en particular puede hacerlas pensar que no se han arrepentido de verdad. (Hablaré más sobre este punto en un momento). En quinto lugar, y sin duda la razón más común, es que Dios tiene un archienemigo que hace todo lo posible para que no creamos ni caminemos en la verdad.

Satanás es un mentiroso. Y es un jugador sucio. Si no puede engañarla de una manera, la engañará de otra. Por una parte, tratará de hacerle creer que usted no es culpable de pecado y que no necesita ser perdonada. Por el otro, intentará hacerle creer que usted es irremediablemente culpable e imperdonable. Arrogancia o remordimiento... de cualquier manera, él gana.

Como mencioné anteriormente, Satanás acusa a los creyentes día y noche (Apocalipsis 12.10). Él quiere que creamos que nuestro pecado es mayor y más horrible que el de cualquier otra persona. Quiere que dudemos de que la obra de Cristo en la cruz ha cancelado nuestra deuda. Ese mentiroso desea que desconfiemos de que Dios puede perdonar nuestro pecado. Quiere que estemos convencidas de que todavía necesitamos cargar el peso del mismo. El diablo quiere destruir nuestro gozo y que dejemos de ser útiles para el reino. Y puede hacer esto al acusarnos falsamente y envolvernos en la culpa y la vergüenza.

La manera de combatir la culpa y la vergüenza es con la verdad de la Escritura.

La Biblia dice: «Dios nos dio vida en unión con Cristo, al perdonarnos todos los pecados y anular la deuda que teníamos pendiente por los requisitos de la ley. Él anuló esa deuda que nos era adversa, clavándola en la cruz» (Colosenses 2.13-14). Si usted es creyente, Dios ha perdonado su pecado. *Su deuda está cancelada.* Fue clavada en la cruz. Su culpa se ha ido. Dios la declara inocente. «Por lo tanto, ya no hay ninguna condenación para los que están unidos a Cristo Jesús» (Romanos 8.1).

Esa es la verdad.

Si usted insiste en que es culpable cuando Dios dice que es inocente, o si insiste en aferrarse a los sentimientos de culpa, entonces no está creyendo ni caminando en la verdad.

La culpa, por lo general, está vinculada a un suceso: «*Hice* algo malo». La vergüenza suele estar vinculada a la identidad: «*Soy* mala». La culpa es la herida. La vergüenza es la cicatriz. La vergüenza es la desgracia, la humillación y la degradación interiorizadas. Es la sensación de que somos miserables e indignas, sumada a una imperiosa necesidad de escondernos. Y, como vimos en el capítulo anterior, todo comienza con las mentiras que creemos.

Vemos que la vergüenza aparece por primera vez en la Biblia en Génesis 3.7, cuando Adán y Eva pecaron y luego trataron de cubrirse con hojas, porque sintieron vergüenza de su desnudez. Esto contrasta notablemente con la manera en que las cosas eran antes de que pecaran, cuando el hombre y la mujer andaban desnudos y ninguno de los dos sentía vergüenza (2.25).

La manera en que Dios se encargó de su pecado predijo poderosamente la obra de Cristo. «Dios el Señor hizo ropa de pieles para el hombre y su mujer, y los vistió» (3.21). El sacrificio se encargó de la culpa y las pieles con que fueron cubiertos se encargaron de su vergüenza.

Esta fue una señal que apuntó a la obra de Cristo. Él es el Cordero de Dios cuyo sacrificio expió nuestra culpa y cuya piel nos vistió con vestiduras de justicia. «Porque todos los que han sido bautizados en Cristo se han revestido de Cristo» (Gálatas 3.27).

La cruz es la respuesta al problema de nuestra culpa, así como al problema de nuestra vergüenza. La Escritura dice: «Todo aquel que cree en él, no será avergonzado» (Romanos 10.11, RVR1977). «Radiantes están los que a él acuden; jamás su rostro se cubre de vergüenza» (Salmos 34.5).

Para tratar nuestro pecado, necesitamos confesarlo abiertamente delante del Señor con una tristeza santa. Sin embargo, para abordar la culpa y la vergüenza, es importante practicar otro tipo de confesión: confesar la verdad.

¿Qué verdad? La verdad sobre el evangelio y la verdad sobre nuestra identidad en Cristo.

Cuando oré por Mindy, declaré versículos de la Escritura sobre su vida. Fue el poder de la verdad el que rompió las ataduras de la culpa y la vergüenza. Podemos contrarrestar la voz de la culpa con el evangelio de la verdad que afirma que por su gracia somos «justificados gratuitamente mediante la redención que Cristo Jesús efectuó» (Romanos 3.24), y que «si confesamos nuestros pecados, Dios, que es fiel y justo, nos los perdonará y nos limpiará de toda maldad» (1 Juan 1.9).

Podemos contrarrestar la voz de la vergüenza con el evangelio de la verdad que dice que somos nueva creación (2 Corintios 5.17), amigas de Dios (Juan 15.14), adoptadas por Dios (Efesios 1.5), santas (1.1), deleite de Dios (Sofonías 3.17), templo de Dios (1 Corintios 3.16), justas y santas (Efesios 4.24), ciudadanas del reino de Dios (Colosenses 1.13), coherederas juntamente con Cristo (Romanos 8.17), bendecidas con toda bendición espiritual (Efesios 1.3), portadoras de la gracia abundante de Dios (1.6-8), plenas (Colosenses 2.10), y que tenemos todo lo que necesitamos para vivir como Dios manda (2 Pedro 1.3).

Cuando Satanás tentó a Jesús con mentiras, Jesús se defendió citando la Escritura. Esa es la manera en que podemos contraatacar los esfuerzos de Satanás para mantenernos oprimidas con una culpa y una vergüenza falsas. Recuerde, los que acuden al Señor están radiantes y jamás su rostro se cubrirá de vergüenza (Salmos 34.5).

BUENO PARA EL ALMA

No se deje oprimir por el pecado. Le sugiero que aprenda a confesarlo de manera rápida y frecuente. Haga de ello un hábito. Como al limpiar el desorden de su casa, resulta más fácil mantener su casa limpia si lo hace regularmente en lugar de dejar que las cosas se acumulen. Esta mañana tuve que confesar los pecados de la envidia y el descontento. Y el pecado de la crítica por la tarde. Trato de confesar cada vez que noto actitudes, pensamientos o acciones pecaminosas que surgen en mi vida. Lo mejor es ser lo más específicas posible cuando confesamos. Identifique el pecado. ¿Fue egoísmo? ¿Malicia? ¿Obstinación? ¿Orgullo? ¿Falta de amor?

Además de confesar nuestros pecados de manera regular a lo largo del día, también es sabio apartar algún tiempo para examinar nuestro corazón. No tiene por qué llevarle mucho tiempo. Solo algunos minutos. Elimine toda distracción antes de comenzar. Apague su celular, televisor, computadora y radio. Luego, espere en el Señor en quietud. Pídale al Espíritu Santo que examine su corazón y la convenza de pecado.

«Examíname, oh Dios [...] Fíjate si voy por mal camino, y guíame por el camino eterno» (Salmos 139.23-24).

Es una buena idea tener una Biblia y un anotador a mano. Tal vez quiera leer un pasaje como Salmos 51 para ayudarla a concentrarse. Puede que al principio encuentre difícil el hábito de confesar, pero a medida que vaya ejercitando esos músculos espirituales, se fortalecerán y se volverá mucho más fácil.

También la animo a que confiese *abiertamente*.

No trate de luchar sola la batalla contra el pecado.

Sea honesta y transparente con otros sobre sus luchas. Pida oración. La oración de una amiga justa es poderosa y eficaz y la ayudará a obtener la victoria (Santiago 5.16). Asegúrese de que su confesión sea producida por una tristeza santa y no una tristeza mundana. Reconozca que su pecado es contra Dios y que no puede hacerle frente con sus propias fuerzas.

Examine su corazón. La tristeza que proviene de Dios produce frutos emocionales y espirituales saludables que la fortalecen en el Señor. La tristeza del mundo produce apatía o indiferencia, culpa y vergüenza, o el deseo de cubrir, ignorar, quitarle importancia, justificar y negar el pecado. La vuelve débil y vulnerable. Si su confesión es genuina, debería ver algunas señales positivas. Si se siente desanimada, deprimida y abatida tras haber confesado su pecado, entonces quizás esté ahogándose en la tristeza del mundo.

Asegúrese de animar su corazón con la verdad. Recuerde la obra terminada de Cristo en la cruz y su identidad y herencia en él.

Por último, quisiera animar a las que han estado luchando una batalla incesante y recurrente con un pecado particular. Quizás sea contra la pornografía, la lujuria, una adicción o un temperamento explosivo. Usted confiesa el pecado, pero luego vuelve a caer en él y necesita confesarlo otra vez. Parece que ha estado confesando el mismo pecado durante años. Se castiga a sí misma y se sumerge en la culpa y la vergüenza, porque parece que no puede progresar.

Creo que la victoria sobre el pecado a veces lleva tiempo, ya que Dios está interesado en el fruto que produce la lucha. Dios quiere enseñarle a luchar la batalla con persistencia y a depender de él.

Es cierto, el pecado en nuestras vidas es un problema, pero también lo es vivir sin haber aprendido a depender de Dios. Vencer al pecado suele ser un proceso. Especialmente cuando han pecado en contra de usted y necesita lidiar con el resentimiento, la amargura y la falta de perdón.

Así que siga intentándolo. Sea persistente.

Continúe confesando su pecado y procurando el verdadero arrepentimiento.

Un viejo proverbio escocés dice: «Confesarse es bueno para el alma». Si no ha estado confesando sus pecados a diario, es tiempo de que aligere su carga. Ya es hora de deshacerse del pecado, la culpa y la vergüenza. Despojarse de esta carga es un privilegio y un gozo. Cada vez que confiese, declarará y afirmará la verdad de lo que Jesús hizo por usted en la cruz. Se le recordará una vez más la maravilla de su gracia sublime. Su caminar con el Señor se volverá más cercano, y experimentará un crecimiento espiritual y una transformación positivos.

Al deshacerse de su bagaje, se volverá más fuerte.

¡Así que confiese! Tenga el hábito de hacerlo. Porque es verdad: ¡confesarse realmente es bueno para el alma!

HÁBITO 4

Controle sus emociones

Cuando las emociones están alineadas con
su mente y su voluntad, pueden usarse
como instrumentos que la ayudarán a
dirigirse en la dirección correcta.

¿Es usted una amante del chocolate? ¿Se le hace agua la
boca con el solo hecho de pensar en comerse un sabroso trozo de Godiva?

Tengo una debilidad por el chocolate, así que por lo general no mantengo ninguno en mi casa. Sin embargo, hago una excepción a esa regla en el mes de diciembre. Cada Navidad, Brent trae a casa una selección generosa de chocolates que recibe de sus pacientes y colegas en su clínica de medicina del deporte.

Uno de los médicos siempre le regala chocolates belgas del chocolatero mundialmente reconocido Bernard Callebaut. En esta selección encuentro praliné de avellana, caramelo de sal marina, ganache de almendras, trufas. Toda clase de delicados bocados que se derriten en su boca dentro de una corteza de chocolate y leche con la forma de un tronco de árbol que conforma el tradicional postre navideño. *¡Mmm, qué delicia!* Tengo antojo de chocolate solo de pensar en ello.

A Brent ni siquiera le gusta el chocolate (su perdición son las papas fritas), así que raramente prueba bocado del botín navideño. Y ese es el problema. Yo soy quien se lo come. Todo. Simplemente no puedo resistirme. Me digo a mí misma que solo comeré uno, pero termino comiendo tres, o seis. (Por favor, no me juzgue). Me prometo que he comido lo suficiente por el día, pero inevitablemente algunas horas más tarde los deliciosos bombones comienzan a llamarme de nuevo. Despiertan mi determinación, pero cedo ante el poderoso deseo de satisfacer mi apetito.

Para cuando llega enero, me siento frustrada con mi incapacidad de resistir la tentación, y me encargo del problema de un tirón al arrojar a la basura los chocolates que me quedan.

Supongo que también le ha sucedido. Está sentada en su escritorio o en el sofá, y de repente tiene un antojo de chocolate, o quizás de papas fritas, un refresco, helado, pastel, salsa o palomitas de maíz. Sabe que si no satisface esas ansias, no podrá pensar en ninguna otra cosa hasta que consiga lo que quiere. Y la comida no es lo único que anhelamos. Otros antojos pueden ser aún más poderosos y difíciles de resistir.

Como el deseo de afecto o gratificación sexual, por ejemplo.

O el anhelo de poder y prestigio.

O de venganza.

Las mujeres débiles de Éfeso tenían toda clase de antojos. Pablo dijo que se dejaban «llevar de toda clase de pasiones» (2 Timoteo 3.6). Otras traducciones dicen «concupiscencias» o «deseos». Una pasión es una emoción poderosa y cautivadora. Es el sentimiento que acompaña a un estado insatisfecho. Es un deseo, anhelo o impulso fuerte que nos lleva a una manera de proceder. Tiene un inconfundible efecto en nuestro comportamiento.

Una pasión impacta en lo que hacemos, lo que pensamos y a qué destinamos nuestros esfuerzos y energía.

Usted no tiene una verdadera pasión por el ejercicio, por ejemplo, si ni siquiera se molesta en calzarse sus zapatillas y empezar a sudar. Su comportamiento de mirar televisión cada noche durante horas enteras indica que le apasiona mucho más estar cómoda y entretenida.

La palabra griega para pasión o deseo, *epithymia*, puede usarse en un sentido tanto positivo como negativo. Por ejemplo, la pasión de Pablo por estar con Cristo era un deseo positivo (Filipenses 1.23), como también su deseo de ver a sus amigos (Romanos 1.11; Filipenses 1.8; 2 Timoteo 1.4) y su apoyo para que se mantuvieran firmes en la fe (Filipenses 4.1).

No obstante, el contexto de nuestro pasaje deja en claro que cuando Pablo se refirió a estas mujeres débiles, estaba utilizando la palabra en su sentido negativo más típico de pasiones mundanas, las cuales son por naturaleza ilícitas y conducen al pecado.

Las emociones de estas mujeres las estaban conduciendo en la dirección incorrecta.

El término *pasión*, usado en un contexto negativo, tiene una connotación sexual que implica lujuria y deseos sexuales prohibidos. Sin embargo, tiene también un significado mucho más amplio. Una pasión pecaminosa es cualquier deseo que va más allá de los límites establecidos por Dios.[1] Es cualquier deseo que desplaza nuestro amor a Dios y nuestro anhelo de él y perturba nuestra obediencia.

Pablo incluyó la frase «de toda clase» en 2 Timoteo 3.6 para asegurarse de que sus lectores entendieran que se refería al amplio sentido de la palabra *pasión*. Aunque es posible que algunas de las mujeres de Éfeso se hayan dejado llevar por los deseos sexuales, la mayoría probablemente se haya dejado llevar por impulsos que no eran sexuales en esencia. Muchas clases diferentes de deseos eran responsables por su condición de debilidad.

MUERTE POR EL DESEO

Imagino que los deseos de las mujeres de Éfeso serían muy similares a los nuestros. Probablemente deseaban afecto, atención y palabras afirmativas; importancia, seguridad y éxito; disfrute, diversión y confort.

Estos anhelos no son necesariamente malos. En el marco correcto, podrían considerarse deseos legítimos. Sin embargo, incluso un buen deseo puede conducirnos a pecar si tratamos de satisfacerlo de la manera incorrecta.

Por ejemplo, un deseo legítimo de seguridad puede fácilmente tornarse en una ambición destructiva por volverse rica. En lugar de confiar en que Dios suple nuestras necesidades, podemos volvernos insatisfechas, envidiosas y querer tener cada vez más dinero. Desde luego, esta era una tentación para las mujeres en la iglesia de Timoteo.

Como ya sabe, Éfeso era una ciudad rica. Las casas opulentas de dos plantas se elevaban sobre la ladera de la montaña a lo largo de la zona metropolitana, a plena vista de las mujeres que vivían en barrios menos pudientes. El gran mercado con columnas de mármol en el centro tenía una infinita variedad de mercaderías: lo último de la moda romana, joyas, accesorios y productos de belleza. El consumismo estaba fuera de control. Las oportunidades para entretenerse y dejarse consentir eran numerosas. Indudablemente, las mujeres sentían la presión por mantener su apariencia.

No es de extrañar que Pablo sintiera que tenía que advertirles: «Los que quieren enriquecerse caen en la tentación y se vuelven esclavos de sus muchos deseos. Estos afanes insensatos y dañinos hunden a la gente en la ruina y en la destrucción. Porque el amor al dinero es la raíz de toda clase de males. Por codiciarlo, algunos se han desviado de la fe y se han causado muchísimos sinsabores» (1 Timoteo 6.9-10).

El deseo de vivir de manera extravagante era una fuerte tentación en Éfeso. Algunas mujeres probablemente hayan cedido ante tal ambición y quedaron atrapadas en el materialismo. Como resultado, estaban plagadas de muchos afanes insensatos y dañinos.

Hoy en día, una mujer materialista podría tener el impulso de comprar unos zapatos de Jimmy Choo o un bolso de Louis Vuitton, a pesar de que están muy lejos de su presupuesto. O quizás luche con el deseo de mentirle a su esposo acerca de cuánto dinero realmente gastó. O con la necesidad de criticar los hábitos de consumo de su esposo y sus escasos ingresos. O con la compulsión de llegar al límite de las tarjetas de crédito, eludir impuestos, retener donaciones benéficas y contraer cada vez más deudas.

El materialismo conduce a toda clase de decisiones insensatas y problemas: «gente en la ruina y en la destrucción», «toda clase de males» y «muchísimos sinsabores».

Si una mujer experimenta algún tipo de problema en su vida, ese problema por lo general puede atribuirse a un deseo que insidiosamente la llevó por mal camino.

Pienso en Dora, una mujer de más de cincuenta años que se había divorciado múltiples veces (cinco y contando para la época en que nos conocimos) y lloraba sobre mi hombro: «Por favor, ore para que Dios me envíe otro esposo. ¡Necesito que alguien me ame!».

Y en Amy, la chica de dieciséis años loca por los hombres que anhelaba afirmación, pero que finalmente terminó con una enfermedad de transmisión sexual, embarazada y sola.

Pienso en Justine, una joven cuya necesidad de aceptación la condujo a la anorexia y al hábito de cortarse.

En Jenna, cuyo deseo de diversión la condujo a la drogadicción.

Y en Abby, cuya ambición por el éxito la impulsó a seducir y acostarse con quien fuera necesario para ser promovida.

En cada caso, el resultado de perseguir sus deseos no fue lo que habían imaginado. En lugar de traerles satisfacción, ir detrás de sus pasiones solo las condujo a una mayor sensación de insatisfacción.

El apóstol Santiago sostuvo que cada pasión humana está acompañada de una tentación de satisfacer ese deseo de la manera incorrecta. Él explicó: «Cada uno es tentado cuando sus propios malos deseos lo arrastran y seducen. Luego, cuando el deseo ha concebido, engendra el pecado; y el pecado, una vez que ha sido consumado, da a luz la muerte» (1.14-15).

Santiago usa aquí dos metáforas. La primera tiene que ver con la pesca. La carnada en la caña del pescador atrae y seduce al pez. Una vez que queda enganchado, el pez es arrastrado y paga con su vida.

En la segunda metáfora, Santiago describe el deseo como concibiendo y dando a luz al pecado. Él sugiere que la tentación no es pecaminosa en sí misma. Solo cuando el deseo *concibe*, es decir, cuando permitimos que produzca fruto, engendra el pecado. Es cuando cedemos ante los deseos pecaminosos que pecamos.

Este punto es muy importante. Los deseos emocionales fuertes no son pecados.

Estos anhelos son simplemente parte de lo que significa ser humanos. Todos los tenemos. Incluso el Señor experimentó fuertes deseos y tentaciones. Él se compadece de nuestras debilidades porque ha sido tentado de la misma manera que nosotros, aunque nunca pecó (Hebreos 4.15).

También es importante entender que nuestros anhelos no ocurren en ausencia de otras emociones. Los deseos están conectados con el resto de nuestros sentimientos.

Cuando puedo anticipar que mis deseos se van a cumplir, me siento feliz, emocionada o esperanzada. Cuando anticipo que mis deseos no se cumplirán, me siento desilusionada, desanimada o abatida. Si algo o alguien desvía o interfiere en la realización de lo que quiero, me siento perturbada, molesta, enojada o resentida. Si presiento que mis deseos nunca se van a cumplir, me siento melancólica, ansiosa, desesperanzada o deprimida.

Mis deseos son como un vacío doloroso que me siento obligada a llenar. Son como una picazón que necesito rascar. El cumplimiento de un deseo se siente gratificante. Vivir con un deseo sin cumplir resulta doloroso. Luchar contra un impulso de satisfacer un fuerte deseo puede sentirse como una agonía absoluta. Mientras más profundo sea el deseo, más fuertes serán las emociones que lo acompañan.

Jesús no era ajeno a todas estas emociones. Él sintió alegría cuando se cumplieron sus deseos (Lucas 10.21), y sintió dolor y angustia cuando tuvo que resistir la tentación. El escritor de Hebreos consideró que esto es una gran fuente de ánimo. «Por haber sufrido él mismo la tentación, puede socorrer a los que son tentados» (2.18).

Afortunadamente, no estamos solas para manejar nuestras emociones. El Señor quiere ayudarnos a gobernar estos sentimientos poderosos y a entender cómo usarlos para su propósito.

COLORES EMOCIONALES HERMOSOS

Las mujeres de Éfeso eran espiritualmente débiles, ya que se habían dejado llevar por sus deseos. Sus emociones las habían conducido por malos caminos. Esto no quiere decir que las emociones sean malas. Por el contrario, las emociones son regalos buenos y preciosos que nos fueron dados por el Dios que *siente* profundamente. Las mismas existen para la gloria de Dios y para nuestro bien.

Lamentablemente, pienso que algunas comunidades cristianas ven las emociones como un problema en lugar de celebrarlas como un don. Algunos enseñan que el intelecto es mejor que las emociones, porque es mucho más confiable. Se sugiere de manera sutil que debemos ver nuestros sentimientos con desconfianza y hacer nuestro mejor esfuerzo para reprimirlos. El mensaje es el siguiente: «Sus emociones están siempre causándole problemas. Así que niéguelas. Reprímalas. ¡Luche contra ellas!».

Desafortunadamente, esto puede dejarnos con la impresión de que uno de los mayores errores que podemos cometer en nuestra vida cristiana es ser *demasiado emocionales*. O concluir que para tener el carácter de Dios necesitamos encerrar nuestras emociones como a los animales en el zoológico. Sin embargo, la Biblia nos anima a que tengamos sentimientos profundos sobre lo que es justo y verdadero. Como señaló Randy Alcorn: «Las emociones son parte de nuestra humanidad creada por Dios, no un bagaje pecaminoso que debe destruirse».[2]

Nuestra alma está compuesta por nuestra mente, emociones y voluntad. Estas tres partes fueron diseñadas para trabajar en armonía la una con la otra. Cada parte aporta algo único:

- Nuestra mente se encarga de los pensamientos.
- Nuestras emociones se encargan de los sentimientos.
- Nuestra voluntad se encarga de las acciones.

La tarea de nuestras emociones es diferente a la de nuestra mente y voluntad, pero ciertamente no resulta menos importante. ¿Usted cree que Dios desea que tenga pensamientos agradables y haga cosas agradables,

pero que no sienta emociones agradables? ¡Por supuesto que no! Él quiere
que sea una persona *plena*, que ame con cada parte de su ser.

Cristo murió para redimir cada parte de usted, incluyendo sus emociones. No tendrá un equilibrio saludable si intenta que su intelecto y su
voluntad manejen su vida y deja sus emociones fuera de escena. Resulta
igualmente perjudicial permitir que sus emociones lleven las riendas y
dejar su mente y voluntad fuera de escena. O usar su mente y sus emociones, pero no involucrar a su voluntad.

El evangelio le regresa a nuestras almas el equilibrio perfecto, a
fin de que seamos perfectamente completas y plenas. Como Martyn
Lloyd-Jones señaló:

> La postura cristiana es de un triple compromiso [mente, corazón y
> voluntad]; se comprometen los tres elementos juntos, al mismo tiempo,
> y en todo tiempo. Un evangelio tan grandioso como este adopta todo
> nuestro ser [...] ¡Qué evangelio! ¡Qué mensaje tan glorioso! Puede satis-
> facer del todo la mente del hombre; puede conmover del todo su cora-
> zón [emociones], y puede conducir a una obediencia total en el campo
> de la voluntad. ¡Eso es el evangelio! Cristo murió para que pudiéramos
> llegar a ser hombres completos, y no solo para que se salvaran algunas
> partes de nosotros ni para que fuéramos cristianos incompletos; Cristo
> murió para que haya en nosotros una finalidad equilibrada.[3]

Jesús experimentó profundas emociones humanas. Debido a que no
había pecado en él, sus sentimientos eran ricos, vívidos y puros. Como
explicamos anteriormente, tuvo toda clase de sentimientos. A menudo
sentía simpatía, amabilidad, lástima. A veces se mostraba molesto, exas-
perado o indignado. Jesús también lloraba. En otras ocasiones se sentía
dolido. Preocupado. Afligido. O profundamente conmovido. Gimió en
agonía. Fue sorprendido y asombrado. Se gozó en gran manera. Amó
intensamente. Deseó con pasión.[4]

Nadie ha experimentado la profundidad de la emoción pura como
lo hizo Jesús.

Dios no quiere que usted reprima sus emociones. No. Él desea que pueda sentir la profundidad y la amplitud de la emoción pura y santa y experimentar un caleidoscopio de colores emocionales ricos, vívidos y brillantes, como lo hizo Jesús. Cristo murió por cada aspecto de su persona. No murió solo por su mente y su voluntad. También murió por sus emociones. Él quiere redimir sus emociones junto con el resto de su cuerpo, alma y espíritu.

Todos los que tuvieron un encuentro genuino con Jesús experimentaron un despertar en sus emociones. Sus vidas pasaron de las tinieblas a la luz, de lo monocromático al vívido tecnicolor. No permanecieron sin emociones. ¿Cómo podrían hacerlo?

Cuando Jesús sanó sus enfermedades y las libró de los demonios y perdonó sus pecados, las personas estallaron con alegre exuberancia. Lo adoraron con desenfreno. Le sirvieron con entusiasmo. Lo amaron profundamente. Se asombraron y maravillaron. Sintieron con pasión e intensidad. Experimentaron cómo se sentía estar verdaderamente vivos.

Jesús vino para que usted pueda tener una vida abundante, y sus emociones son una parte integral de esta.

Matthew Elliott, un experto en la visión bíblica de las emociones, lo dijo de este modo: «No podemos apagar nuestras emociones, así como tampoco un águila puede recortar sus propias alas. Y las emociones *son* nuestras alas. Son las que nos llevan a una vida cristiana en las alturas, a la vida abundante para la que hemos sido creados [...] Dios quiere que se remonte. Quiere un "ser" más lleno de vitalidad y espíritu de lo que usted puede llegar a imaginar».[5]

EMOCIONALMENTE DAÑADA

La triste realidad para muchas de nosotras es que nuestras emociones no nos remontan a una vida cristiana plena. De hecho, nos están hundiendo y nos hacen tropezar. Necesitamos que el Señor ponga en orden nuestras emociones, porque el pecado las ha distorsionado.

Solo imagine las emociones vibrantes que la primera mujer debió haber sentido antes de la caída, en un mundo no contaminado por el pecado. Ella no tenía emociones negativas: ninguna preocupación, ningún dolor, ningún desánimo, ninguna pasión impía. Todos sus sentimientos eran puros, íntegros, vivificantes. Experimentaba una felicidad plena, alegría, deleite, contentamiento, entusiasmo, inspiración, ilusión, confianza, asombro y amor. Eva tenía las clases de sentimientos que todas anhelamos tener, pero que nunca podemos alcanzar en este lado del paraíso.

Sin embargo, luego Satanás entró en escena con su persuasivo discurso, jugando suciamente con las emociones de Eva.

Satanás le sugirió que Dios la estaba dejando afuera y que debía enfocarse en sus propios intereses. Le insinuó que experimentaría beneficios increíbles si comía del fruto prohibido. Mientras ella escuchaba, comenzó a sentir nuevas emociones desconcertantes, como la confusión, la duda y una punzada de indignación. Estos nuevos sentimientos extraños estuvieron acompañados de un deseo creciente de disfrutar de lo prohibido. No pasó mucho tiempo antes de que cediera ante el fuerte impulso.

Un mar poderoso de emociones negativas debe haber inundado su alma cuando perdió su inocencia. Debió haber sido abrumador.

La vergüenza. El miedo. La culpa. El terrible sentimiento de pérdida y dolor. El escalofrío al sentir los negros y horribles tentáculos del maligno alrededor de su corazón.[6]

Por primera vez en su vida, se sintió avergonzada. Dañada. Insegura. Expuesta. Engañada. Herida.

El pecado desató un torrente de sentimientos negativos y destructivos en su corazón. Asimismo, puso su alma en un estado de conflicto perpetuo. Hizo añicos la armonía entre sus emociones, mente y voluntad.

A la luz del quebrantamiento de Eva, necesitamos recordar que Dios creó nuestras emociones para que trabajen en conjunto con nuestra mente y voluntad.

Las emociones le proporcionan a nuestra mente información y una perspectiva valiosa. Una sensación de indignación nos informa que pudo haber ocurrido una injusticia. Una sensación de tristeza nos informa de algún tipo de pérdida. Una sensación de temor nos informa de un posible peligro. Una sensación de empatía nos llama a una respuesta compasiva. Una sensación de duda nos dice que actuemos con cautela. La mente necesita del aporte emocional. De lo contrario, nuestros pensamientos se hunden en un frío racionalismo sin sentimientos. Sin el aporte emocional, podríamos pasar por alto información crucial, llegar a conclusiones incorrectas y tomar malas decisiones.

La manera en la que sentimos también impacta en nuestra determinación y fuerza de voluntad. Os Guinness observó que los sentimientos «son sumamente influyentes. Una vez persuadidos, se convierten en poderosos persuasores».[7] Mientras más ganas tengamos de hacer algo, nuestra motivación para actuar será más fuerte. La empatía nos mueve a abrazar y servir a quien esté sufriendo. La ira justa nos despierta a actuar en defensa de quien esté siendo maltratado. La tristeza nos mueve a buscar consuelo. El temor nos impulsa a buscar protección. La desesperación nos dispone a encontrar soluciones. Las emociones son un catalizador que nos ayuda a ponernos en movimiento. Usted sabe cuán difícil es hacer algo cuando no tiene ganas de hacerlo. Es mucho más fácil cuando sus emociones están comprometidas y alineadas con su voluntad.

Antes del pecado, existían una armonía y una unidad en nuestra alma. La mente, la voluntad y las emociones funcionaban juntas para un bien común. Sin embargo, el pecado hizo que todo esto cambiara. Ahora nuestras pasiones luchan en contra de nuestro bienestar. En lugar de funcionar en armonía con nuestra mente y voluntad, nuestras emociones batallan contra ellas.

Pedro dijo que las pasiones de la carne «combaten» contra nuestra alma (1 Pedro 2.11). Asimismo, Santiago preguntó: «¿De dónde surgen las guerras y los conflictos entre ustedes? ¿No es precisamente de las pasiones que luchan dentro de ustedes mismos?» (4.1). En lugar de estar de acuerdo con nuestra razón, nuestros sentimientos están ahora en conflicto con nuestra mente. Nuestras emociones luchan contra nosotras.

¿Alguna vez luchó contra sus emociones? ¿Alguna vez sintió como si estuvieran en guerra con lo que usted sabía que debía hacer? ¿O con lo que quería hacer? Creo que todas hemos experimentado esta batalla.

El pecado nos ha corrompido. Hay una desconexión en nuestra alma. Es por ello que es difícil lograr que nuestra mente, voluntad y emociones se muevan en la misma dirección.

Tendemos a ocuparnos del problema al manejar nuestras emociones en una de estas dos maneras igualmente destructivas: las *negamos* o nos *dejamos llevar* por *ellas*.

Ambos enfoques son perjudiciales. Ninguna de las dos respuestas les devuelve a nuestras emociones el equilibrio correcto.

Después de haber sido abusada de niña, Bonnie pasó las siguientes cuatro décadas tratando de reprimir sus emociones. Las mantuvo encerradas en una caja negra en su corazón, negándose a reconocerlas o considerarlas. Si bien las mantenía ocultas, los sentimientos de dolor, vergüenza y remordimiento nunca desaparecían por completo. Se enconaban en lo recóndito de su corazón, robándole su vitalidad y afectando su habilidad de interpretar el mundo e interactuar con este de manera apropiada.

A primera vista, Bonnie pretendía ser feliz y actuaba con total normalidad. Nadie habría imaginado que el temor, la ansiedad y la depresión amenazaban constantemente con estallar en su corazón.

Las emociones reprimidas distorsionaron el conocimiento y la percepción de sí misma y combatían contra su alma. Durante años luchó con un trastorno alimenticio encubierto y con una tendencia hacia el abuso de estupefacientes. Se encerró en el hábito de tratar de hacer felices a todos los demás, mientras negaba sus propios sentimientos.

Cuando atravesó por una crisis marital a sus cincuenta años, todas las emociones sin resolver llegaron a un punto crítico y simplemente fue más de lo que pudo soportar. Ya no podía seguir manteniendo todo oculto. Toda una vida de dolor y frustración se desató como un huracán. Eso la destruyó por completo. Su camino hacia la sanidad probablemente sea más largo y difícil de lo que habría sido si hubiera reconocido y lidiado con sus emociones mucho antes.

Negar sus emociones no es la manera correcta de lidiar con ellas.

La supresión emocional es esencialmente una evasión de las emociones, una estrategia de respuesta. Sin embargo, es importante comprender que los sentimientos sin reconocer no desaparecen sin más. Se enconan en su interior e impactan en su vida negativamente, de maneras que ni siquiera percibe. Cuando los sentimientos se niegan o reprimen, se paga un alto precio. La apatía, el aburrimiento y la falta de emoción hacia la vida pueden ser las consecuencias. Las personas que se sienten emocionalmente adormecidas pueden acudir a formas de estimulación más grandes y fuertes para sentirse felices y vivas.

Negar sus sentimientos interfiere en la manera en que interpreta el mundo e invalida su capacidad para tomar decisiones sabias y racionales. Puede volcarse a la comida, la televisión, el alcohol, las drogas, relaciones tóxicas o hábitos laborales compulsivos para ayudar a mantener reprimidos sus sentimientos. Las emociones sin resolver pueden también impactar en su salud física. Pueden debilitar todo su sistema inmunológico y ser un precursor de dolores crónicos y enfermedades terribles. Lamentablemente, muchas mujeres tratan de silenciar sus emociones y terminan con un desequilibrio en sus cuerpos y almas.

Cuando hacemos esto, perdemos una parte de nosotras mismas. Le impedimos a nuestra mente obtener una comprensión plena y completa de la situación. Y es mucho más difícil para nuestra voluntad guiarnos en la dirección correcta. Como escribieron Carolyn Mahaney y Nicole Whitacre: «Las emociones no fueron creadas para ser reprimidas o erradicadas, sino que fueron creadas para impulsarnos hacia Dios y su santidad».[8]

Algunas de nosotras ocultamos las emociones que no son felices, las mantenemos bien guardadas dentro de una caja oscura. Otras dejamos que nuestras emociones tomen el control. Estallamos y descomprimimos, o cedemos y disfrutamos. Nos enfocamos de forma indebida en seguir a nuestros corazones. Ponemos nuestros cerebros en *punto muerto* y dejamos que nuestras emociones nos lleven de un lado a otro.

Imagino que las mujeres de Éfeso habían estado haciendo cosas que sabían que estaban mal. Probablemente usaron sus sentimientos para racionalizar y justificar sus comportamientos. Habían sucumbido ante lo que yo llamo el síndrome «Sé que está mal, pero». Estoy segura de que está familiarizada con el mismo. Es una enfermedad popular. Definitivamente, la sufro de vez en cuando. Con este síndrome, una mujer sabe qué es lo correcto, pero deja que el remolque de sus emociones la lleve en la dirección opuesta. Por ejemplo, podría decir:

- «Sé que no debería salir con alguien inconverso, pero él es más agradable que los jóvenes de la iglesia».
- «Sé que no debería gritarle, pero me saca de quicio».
- «Sé que no debería vengarme, pero me faltó el respeto».
- «Sé que está mal que duerma con mi jefe, pero me hace sentir muy especial».
- «Sé que está mal ignorarla, pero me ofendió lo que hizo».
- «Sé que está mal beber demasiado, pero solo necesito relajarme».
- «Sé que está mal, pero se siente tan bien».

¿Alguna vez sufrió del síndrome «Sé que está mal, pero»? ¿La está afectando espiritualmente incluso ahora?

Las emociones son poderosas. La razón parece tener pocas posibilidades contra las fuerzas del temor, la ira, el odio, los celos o cualquiera sea la emoción que la motiva. Es mucho más fácil dejar que las emociones tomen las riendas que hacer el trabajo difícil pero necesario de alinear nuestras emociones con lo que sabemos que debemos hacer.

Ya sea que tienda a negar sus sentimientos o a depender de ellos, ambos enfoques no logran respetar el lugar ni la función correcta de sus emociones. Ninguno de los dos vuelve a alinear sus emociones con el resto de su ser. Martyn Lloyd-Jones dijo que la falta de equilibrio entre la mente, la voluntad y las emociones «es una de las grandes causas no solo de la infelicidad, sino del fracaso y del tropiezo en la vida cristiana».[9]

A menos que aprendamos a volver a equilibrar nuestra mente, voluntad y emociones bajo el señorío de Jesucristo, es prácticamente inevitable que nos dejemos «llevar de toda clase de pasiones».

Satanás quiere sacar provecho de sus emociones para mal. Sin embargo, usted puede tornar sus emociones para que le ayuden a bien. Ya sea que sus emociones sean positivas o negativas, usted puede usarlas como un instrumento que la ayude a impulsarse en la dirección correcta. Puede controlarlas con el fin de que sean usadas para los propósitos de Dios.

INSTRUMENTOS DE JUSTICIA

Entonces, ¿por dónde comenzamos? ¿Cómo podemos fortalecernos en esta área?

Cuando se trata de nuestras emociones, tendemos a comenzar por preguntarnos cómo nos sentimos, cómo queremos sentirnos o cómo otros esperan que nos sintamos. No obstante, si queremos que nuestras emociones vuelvan a equilibrarse, necesitamos comenzar con Dios como nuestro punto de referencia.

Las verdaderas emociones comienzan con Dios. Las emociones de Dios son nuestra brújula.

Cuando sabemos cómo se siente Dios con respecto a determinada situación y lo que él desea, sabremos cómo debemos sentirnos y qué debemos desear.

Necesitamos su ayuda para aprender qué emociones y deseos son santos, porque nuestras emociones pueden verse distorsionadas y manipuladas. Podemos sentirnos bien con respecto a algo que Dios dice que está mal. Podemos desear algo que Dios considera prohibido. Nuestras emociones fueron creadas para reflejar las emociones de *Dios* y manifestar *sus* sentimientos y *sus* deseos.

Le damos gloria a Dios cuando nuestros sentimientos y deseos se alinean con los de él, y cuando corremos en su búsqueda para que nos ayude cada vez que nos damos cuenta de que no es así. Nuestra naturaleza pecaminosa nos hace creer que las emociones se tratan solo de nosotras, pero en definitiva, nuestras emociones no existen para nuestro propio bien, sino para la gloria de Dios. La mayoría de las personas no logran comprender este punto crucial.

Dado que el pecado penetra en nuestras emociones, nos inclinamos a buscar las emociones para nuestro bien y no por causa de Dios. El pecado arruina el buen don de Dios al llevar nuestras emociones en la dirección incorrecta. En lugar de dirigir nuestro afecto hacia Dios, el pecado dirige nuestras emociones hacia nosotros [...] Nos volvemos, como dijo Martín Lutero, «encerrados» en nosotros mismos. «El pecado», él escribió, «inclina los mejores dones de Dios hacia sí mismo». Tomamos este gran regalo de las emociones y las distorsionamos. Buscamos las emociones para nuestra propia satisfacción egoísta.[10]

El pecado lleva nuestras emociones en la dirección equivocada. Nos convierte en «esclavos de todo género de pasiones y placeres» (Tito 3.3). Muchas de nosotras estamos viviendo como esclavas de los deseos poderosos y destructivos. Luchamos contra la autocomplacencia, los deseos, pasiones y toda clase de obsesiones y adicciones, ya se trate de alcohol, drogas, cafeína, cigarrillo, comida, autolesiones, dinero, compras, apuestas, juego, redes sociales, pornografía, sexo, romance, trabajo o hasta hacer ejercicios.

En un esfuerzo por satisfacer nuestros anhelos, dañamos nuestro bienestar personal, nuestras relaciones y nuestra vida espiritual.

Sin embargo, parece que no podemos resistirnos a esta necesidad imperiosa que nos impulsa a llenar el vacío.

El pecado despierta nuestros deseos de tal manera que nos corrompe (Efesios 4.22). Distorsiona nuestras emociones y las usa como instrumentos de injusticia (Romanos 6.12-13). Arruina el don de las emociones que Dios nos dio al conducirlas en la dirección equivocada.

Por suerte, Dios provee la solución. El apóstol Pablo explicó: «En otro tiempo también nosotros éramos necios y desobedientes. Estábamos descarriados y éramos esclavos de todo género de pasiones y placeres [...] Pero, cuando se manifestaron la bondad y el amor de Dios nuestro Salvador, él nos salvó, no por nuestras propias obras de justicia, sino por su misericordia. Nos salvó mediante el lavamiento de la regeneración y de la renovación por el Espíritu Santo, el cual fue derramado abundantemente sobre nosotros por medio de Jesucristo nuestro Salvador» (Tito 3.3-6).

Es cierto. En otro tiempo, también nosotras éramos necias, desobedientes, estábamos descarriadas y éramos esclavas de varios placeres y pasiones, pero cuando se manifestaron la bondad y el amor de Dios nuestro Salvador, él nos salvó.

¿Puede ver la importancia de esto?

Cuando Cristo salva nuestra alma, nos salva de ser esclavas de toda clase de pasiones y placeres. Él no solo salva nuestra mente y nuestra voluntad, sino que también salva nuestras emociones. Vuelve a alinear las partes, de modo que nuestras emociones puedan funcionar como debían hacerlo.

Las buenas nuevas del evangelio son que Cristo nos hace libres de las ataduras de las malas pasiones (Romanos 7.5-6). Ya no estamos a merced de nuestras emociones. Eso no significa que nunca más vayamos a sentir impulsos fuertes o emociones desagradables. Simplemente quiere decir que el Espíritu Santo nos da el poder que necesitamos para responder de la manera correcta. Ya no estamos condenadas a obedecer a las pasiones y los deseos humanos.

Pablo les dijo a sus amigos: «No permitan que el pecado controle la manera en que viven; no caigan ante los deseos pecaminosos. No dejen que ninguna parte de su cuerpo se convierta en un instrumento del mal para servir al pecado. En cambio, entréguense completamente a Dios, porque antes estaban muertos pero ahora tienen una vida nueva. Así que usen todo su cuerpo como un instrumento para hacer lo que es correcto para la gloria de Dios» (6.12-13, NTV).

«Todo su cuerpo» incluye sus emociones.

De acuerdo con la Biblia, sus emociones son como instrumentos. Puede permitir pasivamente que Satanás las use en contra de usted, o puede entregárselas a Dios como instrumentos de justicia. Puede permitir que sus emociones sean empleadas para el mal, o puede emplearlas para hacer lo que es correcto.

TOME EL CONTROL DE SUS EMOCIONES

La mujer fuerte controla sus emociones; la mujer débil es controlada por las mismas.

La Biblia no nos anima a que nos liberemos de todos los sentimientos desagradables; en cambio, nos muestra que Dios tiene un propósito para esos sentimientos. Ya sean buenos o malos, nuestros sentimientos pueden ser una valiosa fuente de información y motivación. Ellos desempeñan un papel fundamental cuando trabajan juntos con nuestra mente y voluntad para conducirnos hacia una vida de santidad. Las emociones presentan una oportunidad para alertar a la mente y comprometer la voluntad. Son esenciales en el proceso de tomar decisiones sabias y actuar de la manera correcta.

No podrá convertirse en una mujer fuerte si no toma el control de sus emociones.

Entonces, ¿cómo estimulamos nuestras emociones para hacer el bien sin permitir que nuestra naturaleza pecaminosa se aproveche de ellas?

Pablo nos dice que esto requiere algo de práctica. «En verdad, Dios ha manifestado a toda la humanidad su gracia [...] y nos enseña a rechazar la impiedad y las pasiones mundanas. Así podremos vivir en este mundo con justicia, piedad y dominio propio» (Tito 2.11-12).

Necesitamos ser enseñadas a fin de poder manejar nuestras emociones y deseos como Dios quiere. Esto no sucede porque sí. Si desea tener tal habilidad, tendrá que inscribirse como estudiante en el curso Emociones de Dios 101. Se trata de una práctica de por vida. Sin embargo, como alguien que ha estado en el programa durante décadas, puedo asegurarle que el Espíritu Santo es un mentor fiel. Él le ayudará a aprender cómo manejar sus emociones para la gloria de Dios.

He aquí algunas recomendaciones que la ayudarán a comenzar:

1. EXAMINE SUS EMOCIONES.

Una de las principales tendencias en el mundo empresarial en las últimas dos décadas es capacitar a los líderes para que aprendan a manejar sus emociones, tanto las propias como las de otras personas. En 1990, dos psicólogos de Yale acuñaron la expresión *inteligencia emocional* para describir la habilidad de una persona en lo que concierne a percibir, comprender y manejar las emociones y los sentimientos. La definieron como la «habilidad para comprender cómo se relacionan las emociones propias y las de los demás, distinguir las diferentes expresiones emocionales y etiquetarlas apropiadamente, y usar la información emocional para guiar el pensamiento y el comportamiento».[11]

De muchas maneras, esta visión de la industria empresarial se nutre de algunas verdades bíblicas fundamentales. Dios está interesado en ayudarla a percibir y manejar sus emociones y sentimientos, mucho más de lo que probablemente usted se dé cuenta. La información emocional puede ayudarla a comprender qué está sucediendo y así tomar decisiones acertadas. Por esa razón resulta importante ser emocionalmente inteligente.

Por desdicha, muchas de nosotras no somos ni siquiera emocionalmente conscientes. No nos conectamos con nuestros verdaderos sentimientos. Aparte de las tres amplias categorías de *feliz, triste* y *enojada*, no hemos desarrollado la autoconsciencia necesaria o el lenguaje para identificarlos. ¿Qué está sintiendo? ¿Enojo? ¿Fastidio? ¿Exacerbación? ¿Agitación? ¿Frustración? ¿Desprecio? ¿Disgusto? ¿Irritación? ¿Menosprecio? ¿Les está prestando atención a sus sentimientos? ¿Puede diferenciarlos? ¿Al menos los conoce?

El sabio rey Salomón dijo: «Los pensamientos humanos son aguas profundas; el que es inteligente los capta fácilmente» (Proverbios 20.5).

En otras palabras, es importante que examinemos y escudriñemos las emociones, las motivaciones y los deseos profundos de nuestros corazones. La mujer que es sabia extraerá esta información como un balde de agua de un pozo profundo. No siempre es fácil evaluar de manera clara y precisa nuestras propias emociones y motivaciones. Podemos con facilidad hacer una lectura errónea. Sin embargo, el Señor conoce nuestros verdaderos sentimientos. Él prueba y examina los corazones y los pensamientos del justo (Jeremías 20.12). Cuando usted permite que él la ayude en el proceso, consigue una mejor visión de sus emociones.

Mientras busca tener una mejor comprensión de sus emociones, preste atención a la interacción compleja entre sus emociones y su cuerpo. Las emociones, por lo general, se manifiestan físicamente:

- La tristeza hace que caigan lágrimas por sus mejillas.
- La sorpresa le quita el aliento.

- El enojo hace que su rostro se ponga colorado y su corazón palpite.
- El temor produce una sensación de dolor en su pecho.
- El nerviosismo le hace sentir un nudo en la boca del estómago.
- La preocupación produce una tensión en sus músculos.

No olvide considerar que el ejercicio, los hábitos alimenticios y la salud en general influyen en cómo nos sentimos. Y luego están nuestras hormonas (¡oh, esas hormonas!), las cuales nos pueden dificultar el manejo de nuestras emociones durante esos días de cada mes, o durante los grandes cambios hormonales que ocurren en la pubertad, la maternidad o la menopausia.

Cuando las emociones hablan, necesitamos escucharlas. Debemos prestarles mucha atención a lo que tienen que decirnos.

Eso no quiere decir que *obedezcamos* a nuestras emociones. No debemos poner nuestro cerebro en punto muerto y dejar que nuestras emociones nos dirijan. El corazón pierde su equilibrio cuando las emociones toman las riendas.

Escuchamos a nuestras emociones para obtener información valiosa. Las escuchamos para entender. Las escuchamos porque nuestros sentimientos no son triviales o inservibles. Nos dicen mucho acerca de nosotras. Por lo general, son un mejor indicador de lo que sucede en nuestros corazones que cualquier otra cosa. Por eso, debe descubrir primeramente sus emociones para poder entenderlas.

2. USE LAS EMOCIONES COMO UN INDICADOR MÁS QUE UNA GUÍA.

Una de las maneras en que podemos usar nuestras emociones para bien, una vez que hayamos aprendido a identificarlas, es determinar qué nos revelan acerca de cuán alineados están nuestros corazones con el del Señor. El problema con las mujeres de voluntad débil de Éfeso era que se *dejaron llevar* por sus pasiones. Ellas tenían el mal hábito de dejar que sus emociones guiaran sus comportamientos. Sin embargo, las emociones fueron creadas para funcionar como un indicador y no como una guía. Son como los indicadores del tablero de un coche, no su volante.

El tablero nos brinda información sobre cómo está funcionando el vehículo: qué sucede bajo el capó, los niveles de líquido, si las puertas quedaron abiertas o si los cinturones de seguridad están abrochados, la presión de las llantas, la temperatura del motor y las necesidades de mantenimiento. Del mismo modo, nuestras emociones proporcionan una información valiosa sobre nuestra condición espiritual. Suelen ser más fidedignas que nuestros pensamientos a la hora de decirnos qué valoramos, qué creemos y cuánto valoramos y creemos en esas cosas.

Le propongo un ejemplo para mostrarle lo que quiero decir. Supongamos que se le cae al piso una taza de uso diario y se rompe. Probablemente se sienta molesta. No obstante, si se le cayera y rompiera una taza irremplazable del juego que le dio su abuela, sus sentimientos serían mucho más fuertes. Sentirá más profundamente la pérdida, porque valora mucho más el objeto. O supongamos que un extraño de la calle le dice algo desagradable. Es probable que se sienta irritada y algo ofendida. Sin embargo, si su padre le dijera algo desagradable, sus emociones serían mucho más intensas. Se sentiría profundamente herida. Sus emociones serían más fuertes, porque valora mucho más la relación con su padre que con el extraño.

¿Puede ver cómo las emociones están conectadas con el valor que deposita en el objeto de la emoción?

Mateo 6.21 dice: «Porque donde esté tu tesoro, allí estará también tu corazón». Casi todos reconocen que hay algo que no está bien cuando las esposas aman más a sus perros que a sus maridos. O cuando los papás están más emocionados por sus partidos de golf que por pasar tiempo con sus hijos. O cuando un novio está más preocupado por su coche dañado que por su novia lastimada. En las relaciones, nuestras emociones hablan más fuerte que nuestras palabras.

Y las emociones también son un buen indicador del estado espiritual de una persona.

Si digo que amo la Biblia, pero nunca me siento con deseos de leerla, entonces realmente no la amo tanto como digo. Si el juego de campeonato me causa conmoción, pero nunca me siento conmovida en el momento de la adoración, mis emociones indican qué campeón ocupa un mayor lugar en mi corazón.

Y las emociones no solo nos demuestran qué cosas valoramos, también nos indican en qué creemos. Nuestros sentimientos dicen mucho sobre lo que sostenemos que es cierto. Supongamos que una colega pasa por al lado suyo sin notar su presencia ni saludarla. Si usted cree que la está menospreciando, se sentirá ofendida, pero si cree que está estresada a causa de un plazo de entrega apremiante, sentirá empatía. O digamos que la invitan a una fiesta. Si cree que la fiesta será divertida, se sentirá emocionada y expectante. No obstante, si cree que va a tener que soportar conversaciones aburridas y que sus parientes la interroguen incansablemente sobre su estado civil, quizás se sienta reacia a asistir. En ambos escenarios, sus sentimientos derivan de sus creencias subyacentes.

Sus emociones y deseos le indican lo que verdaderamente aprecia y cree. Como escribió Matthew Elliott: «La emoción no es un reflejo ilógico, poco fiable y caprichosa. Las emociones traspasan todas nuestras conversaciones, todos nuestros puntos de vista y nos llevan justo a la verdad de la cuestión».[12]

Por ejemplo, Vicky sabe que la Biblia enseña que la inmoralidad sexual y las impurezas no son propias del pueblo santo de Dios (Efesios 5.3). Sin embargo, la escena de sexo del programa de HBO de la semana pasada se ha quedado dando vueltas de manera tentadora en su mente. Tiene ganas de mirar el próximo episodio. No solo eso, está deseando al chico seductor en la iglesia y fantaseando sobre reproducir la escena en la cama con él. Sus fantasías emocionales la intrigan y la excitan.

¿Qué nos revelan las emociones y los deseos de Vicky sobre sus verdaderos valores y creencias?

Estos nos indican que su pasión por la gratificación sexual es mayor que su pasión por Dios. Ella obtiene más placer de su imaginación que de amar al Señor. Su deseo de Dios está varias muescas más abajo en la escala. Para colmo, no cree que llenar su mente con imágenes sexuales ilícitas, fantasear y desear a los muchachos sea tan malo como Dios dice que es. Vicky afirma que ama a Dios y cree en la Biblia, pero sus emociones indican la verdad sobre lo que realmente valora y cree.

El problema de Vicky es que ha permitido que sus emociones guíen su comportamiento. Recuerde, *las emociones fueron creadas para funcionar como indicadores, no como guías.* Si Vicky comprendiera esto y se tomara el tiempo para evaluar sus emociones, podría obtener información valiosa sobre la condición de su corazón. En lugar de permitir que sus emociones la lleven en la dirección equivocada, podría usar esta información para tomar decisiones correctivas y caminar en la dirección adecuada.

Como señaló el autor Jon Bloom: «Dios diseñó sus emociones para que sean indicadores, no guías. Ellas fueron creadas para brindarle información, no para darle órdenes. El patrón de sus emociones (¡no las inducidas por la cafeína o la privación del sueño!) le proporcionará una lectura acerca de dónde está puesta su esperanza, porque ellas están conectadas con lo que creemos y valoramos, y en qué medida. Por eso emociones como el deleite (Salmos 37.4), el afecto (Romanos 12.10), el temor (Lucas 12.5), la ira (Salmos 37.8), el gozo (Salmos 5.11), etc., son tan importantes en la Biblia. Las mismas revelan dónde está puesto su corazón, en qué confía y a qué le teme».[13]

Las emociones me dan la oportunidad de evaluar y comprender qué está sucediendo en mi corazón. ¿Qué está provocando esa emoción? ¿Estoy sintiendo lo que Dios quiere que sienta? ¿Valoro lo que Dios valora? ¿Creo en lo que él dice que es verdad? ¿Siento como Dios siente? ¿Deseo las cosas que él dice que son valiosas?

No solo debo tener los sentimientos correctos, sino además debo sentirlos con la intensidad adecuada. Quiero experimentar los sentimientos que Dios dice que debo tener con la intensidad que él dice que debo sentirlos. Por lo tanto, no debería meramente disgustarme el pecado, debería aborrecerlo. Si descubro que no es así, puedo usar esa oportunidad para correr hacia Dios y pedirle que me ayude a corregir mis valores, creencias y emociones.

3. ACONSÉJESE SABIAMENTE A SÍ MISMA.

Cuando entendemos que las emociones revelan nuestras creencias y valores, podemos llegar a la raíz de las emociones mal orientadas e identificar las creencias y valores que subyacen tras los sentimientos impíos. Si bien es verdad que no podemos cambiar nuestras emociones directamente, podemos comenzar por abordar toda creencia y valores defectuosos que alimentan de manera negativa nuestras emociones.

Así es. Necesitamos escuchar con atención a nuestras emociones. Sin embargo, el problema radica en que la mayoría de nosotras se detiene ahí. Dejamos que nuestras emociones sean las que hablen. Escuchamos, pero no les respondemos. No aconsejamos a nuestro corazón con la verdad. Martyn Lloyd-Jones preguntó: «¿Somos conscientes de que gran parte de nuestra infelicidad en esta vida se debe a que estamos escuchándonos a nosotros mismos, en vez de dialogar con nosotros mismos?».[14]

¿Recuerda cuando hablamos sobre cómo los pensamientos pueden perjudicarnos? Lo mismo puede suceder con nuestros sentimientos. Una de las mejores maneras de entrenar nuestras emociones es hablándoles palabras de verdad, tal como lo hacemos con nuestros pensamientos. El rey David también tenía el hábito de hacer esto. Los salmos proporcionan docenas de ejemplos en los que él se dice a sí mismo cómo debe sentirse y por qué debe sentirse de ese modo:

«Solo en Dios halla descanso mi alma; de él viene mi esperanza» (62.5).

«¡Ya puedes, alma mía, estar tranquila, que el Señor ha sido bueno contigo!» (116.7).

«¿Por qué te abates, oh alma mía, y te turbas dentro de mí? Espera en Dios; porque aún he de alabarle, Salvación mía y Dios mío» (42.5, RVR1977).

«Alaba, alma mía, al Señor, y no olvides ninguno de sus beneficios» (103.2).

David tenía el hábito de aconsejarse a sí mismo de manera devota, especialmente durante las noches en que permanecía despierto y sus emociones parecían abrumarlo. «Aun de noche me reprende mi conciencia» (16.7). Cada vez que sus emociones estaban fuera de control, David se decía a sí mismo unas palabras de ánimo para acordarse de Dios: quién es Dios, cómo es Dios, qué ha hecho Dios y qué ha prometido Dios hacer.

Sus emociones estaban enloquecidas. Se sentía abrumado por el desánimo y la derrota. No obstante, en lugar de dejar que sus emociones le hablaran, él las reprendía. «¿Por qué te abates, oh alma mía, y por qué te turbas dentro de mí?» (43.5, RVR1977).

David hizo una pausa y se dijo: «Espera un minuto, alma mía, estás perdiendo la perspectiva. Necesito recordarte cuál es la verdad».

Él se tomó a sí mismo de la mano, se dirigió a sí mismo, se cuestionó a sí mismo, se predicó a sí mismo y se exhortó a sí mismo. En lugar de escuchar a sus emociones de manera pasiva y permitir que estas lo hundieran, luchó contra aquello que sus emociones le decían y les habló con la verdad.

Judas sugirió una estrategia similar. Después de notar que muchas personas se dejaban llevar por las emociones negativas y la necesidad de seguir los deseos impíos, les dijo a sus amigos cómo evitar ser descarriados a causa de esto: «Ustedes, en cambio, queridos hermanos, manténganse en el amor de Dios, edificándose sobre la base de su santísima fe y orando en el Espíritu Santo, mientras esperan que nuestro Señor Jesucristo, en su misericordia, les conceda vida eterna» (Judas vv. 20-21).

En otras palabras, la manera de manejar las emociones negativas, destructivas e impías es desarrollándose a sí misma en la fe, pidiéndole ayuda al Señor y manteniéndose en el amor de Dios. El Señor le ha concedido su poder, su verdad y sus preciosas y grandes promesas, y eso es todo lo que necesita para manejar sus emociones y escapar de la fuerza poderosa de los deseos pecaminosos (2 Pedro 1.3-4).

Así que cuando sus emociones hablen, escuche.

Sin embargo, no permita que tengan la última palabra.

4. DETERMINE EN SU CORAZÓN HACER LO CORRECTO, AUN CUANDO NO TENGA DESEOS DE HACERLO.

Dios nos ha librado de ser esclavas de nuestras emociones. Nos ha dado el poder para pensar y elegir a fin de que podamos alinear cada parte de nuestra alma con lo que él quiere para nosotras.

Me fascina el hecho de que el Señor nos llama a dar cuenta no solo de nuestras acciones y actitudes que erran el blanco, sino también de las emociones incorrectas. Tendemos a pensar que las emociones están más allá de nuestro control. Creemos que no podemos evitar amar o dejar de amar, estar felices o tristes, sentirnos abrumadas por deseos poderosos, o experimentar o no una determinada emoción.

Sin embargo, ese no es el mensaje que nos da la Biblia.

La Escritura nos enseña que *podemos* cambiar nuestras emociones al involucrar nuestra mente y voluntad. Cuando *pensamos* y *elegimos* el camino correcto, nuestras emociones por lo general comienzan a *sentir* de la manera correcta.

Este es exactamente el modo en que la Biblia nos instruye a lidiar con las emociones descarriadas.

Vemos esto en la carta correctiva de Cristo a la iglesia en Éfeso (Apocalipsis 2.1-7). Resultaba evidente que las mujeres de Éfeso no estaban tan apasionadas por Jesús como lo estaban por otras cosas. Y aparentemente no eran las únicas en la iglesia que habían perdido su entusiasmo. En esta carta, Cristo acusa a toda la congregación de abandonar su primer amor.

En ese tiempo, los miembros de la congregación habían hecho muchas cosas bien. Habían rechazado el mal. Habían soportado sufrimientos sin perder la paciencia. Habían corregido las falsas doctrinas. Se habían esforzado en aras del evangelio. Sin embargo, sus emociones no estaban donde deberían haber estado. Cristo les dijo: «Has perseverado y sufrido por mi nombre, sin desanimarte. Sin embargo, tengo en tu contra que has abandonado tu primer amor. ¡Recuerda de dónde has caído! Arrepiéntete y vuelve a practicar las obras que hacías al principio» (vv. 3-5).

Note que Cristo los reprendió por no tener la emoción correcta o los sentimientos correctos. Su falta de pasión era un pecado.

No obstante, también les mostró la solución.

Tenían que volver a pensar en cómo eran las cosas cuando se enamoraron por primera vez y hacer de nuevo las obras que una persona enamorada hace. Para corregir sus emociones tenían que involucrar sus mentes («recuerda») y sus voluntades («vuelve a practicar las obras que hacías al principio»). Ellos tenían que tomar la decisión de comportarse como si amaran a Dios. En la medida que involucraran sus mentes y voluntades en obediencia a Dios, sus sentimientos les seguirían. El comportamiento como el de la luna de miel conduciría a un afecto como el de la luna de miel. Aunque no se sintieran enamorados, Jesús quería que los creyentes de Éfeso se comportaran de tal manera que inspiraran la emoción que querían cultivar. (Por cierto, este también es un gran consejo para toda mujer que se ha «desenamorado» de su esposo).

La Biblia nos instruye a que involucremos nuestras mentes y voluntades cuando tratemos con los impulsos y pasiones descarriadas. Necesitamos *pensar* de la manera correcta acerca de nuestras emociones y luego *hacer* lo correcto con ellas. Esto no significa que finjamos tener una emoción que no tenemos. Simplemente significa que debemos hacer algo para alinear nuestras emociones con lo que Dios quiere que sean.

La Biblia utiliza toda clase de palabras de acción con respecto a este tema (énfasis añadido):

> «*os abstengáis* de los deseos carnales» (1 Pedro 2.11, RVR1977)
> «*quitarse* el ropaje de la vieja naturaleza, la cual está corrompida por los deseos engañosos» (Efesios 4.22)
> «*hagan morir* [...] inmoralidad sexual, impureza, bajas pasiones, malos deseos y avaricia» (Colosenses 3.5)
> «*huye* de las malas pasiones de la juventud» (2 Timoteo 2.22)
> «*andad* en el Espíritu» (Gálatas 5.16, RVR1977)

Usted no siempre puede escoger sus sentimientos, pero sí puede escoger cómo responder ante ellos. Y cuando consistentemente responde de la manera que Dios quiere, sus sentimientos por lo general entrarán en razón.

EN BÚSQUEDA DE LA FELICIDAD

Todas nuestras pasiones surgen de un deseo profundo de ser felices. Eso fue lo que motivó el comportamiento de las mujeres de Éfeso, y también es la motivación de todas nuestras acciones. «Todos los hombres buscan ser felices», explicó el gran filósofo francés Blaise Pascal. «Esto no tiene excepción [...] Es el motivo de todas las acciones de todos los hombres, incluso de aquellos que van a perderse».[15]

Las mujeres de Éfeso pensaban que alcanzarían la felicidad cuando sus deseos fueran satisfechos. No obstante, irónicamente, esta búsqueda las apartó de lo único que les traería verdadera felicidad. ¿Le ha sucedido eso alguna vez? ¿Fue usted en búsqueda de lo que creyó que la haría feliz, solo para descubrir cuando lo obtuvo que no la hizo más dichosa y quizás hasta la haya hecho sentir menos satisfecha?

Dios promete cumplir los deseos de quienes lo honran (Salmos 145.19). Y la invita a buscar su felicidad en él. «Deléitate en el SEÑOR, y él te concederá los deseos de tu corazón» (37.4). David le dijo a Dios: «En tu presencia hay plenitud de gozo; delicias a tu diestra para siempre» (16.11, RVR1977).

La Escritura les promete bendiciones increíbles a quienes desean a Dios por encima de todas las cosas. En definitiva, la única manera de ser verdaderamente felices es responderle con un rotundo sí a Dios y un rotundo no a los placeres pecaminosos temporales. Obtenemos un gozo inefable cuando sacrificamos los placeres menores por otros mayores. Me encanta esta cita de C. S. Lewis: «Parece que Nuestro Señor no considera muy fuertes nuestros deseos, sino extraordinariamente débiles. Somos criaturas asustadizas que pierden el tiempo con la bebida, el sexo y la ambición cuando se nos está ofreciendo una alegría infinita, como un niño ignorante que quiere seguir jugando con el barro en los suburbios porque no se puede imaginar lo que significa el ofrecimiento de pasar unas vacaciones junto al mar. Nos quedamos contentos con demasiada facilidad».[16]

La mejor forma de controlar sus emociones es cultivando un deseo mayor. Y con eso quiero decir un deseo de cosas mayores. Usted podrá resistir con más éxito la atracción de la melodía de este mundo si escucha una canción más dulce.

La Odisea de Homero relata la historia de una isla habitada por sirenas hermosas, las cuales eran criaturas peligrosas que hacían que los marineros naufragaran contra los arrecifes atrayéndolos con su música encantadora.

Cuando Odiseo navegó cerca de la isla, les ordenó a sus hombres taparse los oídos con cera para que no pudieran oír los cantos seductores pero mortales. Odiseo era curioso y quería escuchar, pese a que sabía que esto lo dejaría incapaz de tener cualquier pensamiento racional. Así que les pidió a sus compañeros que lo ataran al mástil del navío. En el momento en que su nave se acercó a las sirenas, la melodía encantadora hizo que enloqueciera temporalmente. Él luchó con todas sus fuerzas a fin de liberarse de las cuerdas para poder responder al poderoso impulso. El deseo —y la agonía— eran insoportables.

Cuando Jasón supo que tenía que navegar más allá de la isla, implementó una estrategia diferente. Le pidió al reconocido músico Orfeo que los acompañara. La melodía de Orfeo era más dulce y más sublime que los cantos de las sirenas. Jasón y su tripulación no necesitaron tapar sus oídos con cera o ser atados y atormentados por los deseos sin satisfacer. Solo tenían que escuchar la melodía que provenía de la lira de Orfeo, la cual los salvó de escuchar el canto de las sirenas. Ellos remaron gozosamente por las inmediaciones de la isla y apenas notaron que las sirenas estaban allí.

Al igual que Odiseo que se ató a un mástil, muchos cristianos lidian con la atracción de los deseos mundanos atándose a seguir ciertas normas. Saben que el pecado es engañoso y que si caen en él terminarán naufragando en sus vidas. Sin embargo, todavía oyen el canto del pecado. Todavía sienten la atracción. Aunque saben que no pueden, aún tienen la necesidad de *ir allí,* y como resultado son miserables. La Biblia propone una estrategia diferente. Nos anima a que seamos cautivadas por algo mucho más sublime.

A medida que nuestro amor por Jesús crece, nuestra atracción por el mundo disminuye. Y nuestras emociones poco a poco se irán ordenando.

Las emociones son las partes más hermosas, tiernas y vibrantes de nuestra alma, pero también las más vulnerables y las más difíciles de manejar. Satanás tratará de aprovechar nuestras emociones para llevarnos a tomar malas decisiones y conducirnos por malos caminos. Podemos estar seguras de ello.

No obstante, también podemos estar seguras de que Jesús nos dará el poder para que usemos nuestras emociones de la manera correcta. No tenemos que ser esclavas de nuestras emociones. Podemos ofrecerle nuestros deseos y emociones a Dios para que los use como instrumentos de justicia. En lugar de que nuestras emociones operen en contra de nosotras, podemos hacer que obren a nuestro favor, para nuestro bien y para la gloria de Dios.

Una mujer fuerte crea el hábito de hacer que sus emociones trabajen en conjunto con su mente y voluntad para llevarla por el buen camino. En lugar de servir a sus emociones, sus emociones le sirven a ella.

HÁBITO 5

Pase del dicho al hecho

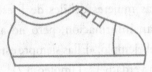

> Usted realmente no ha aprendido hasta que
> su conocimiento es puesto en práctica.

Just do it [Solo hazlo]. Probablemente haya escuchado
este eslogan de Nike. Es uno de los más famosos en la historia de la
publicidad.

La primera vez que el mundo escuchó esta frase fue en un comercial de
televisión en 1988, protagonizado por un histórico deportista de ochenta
años, Walt Stack. En el comercial, el octogenario se movía con pesadez sin
camisa por el Golden Gate Bridge. «Corro diecisiete millas todas las maña-
nas», le decía a la audiencia sin perder el ritmo. «La gente me pregunta qué
hago para que no me repiqueteen los dientes cuando hace frío», continuaba.
Un momento después, replicaba con ironía: «Los dejo en casa».

La escena luego pasa al mensaje en blanco y negro: *Just do it*.

El comercial era peculiar, simpático y motivador. Dejaba a los tele-
videntes pensando en que si un anciano de ochenta años podía hacerlo,
ellos también.

Este, junto con muchos otros comerciales de Nike subsiguientes, presentaba la historia de un héroe que trabajaba duro para vencer la adversidad y finalmente salía victorioso contra un enemigo intimidante. Sin embargo, este adversario no siempre era un enemigo literal, sino que por lo general se trataba del mismo héroe. Él debía vencer su propia indecisión, inactividad, temores y excusas para triunfar.

La idea resonaba profundamente en las personas. Las palabras *solo hazlo* son simples y verdaderas. Cualquier cosa que deba hacer, debe hacerla ahora mismo sin más excusas. Cuando hay algo que hacer, sea proactiva y solo hágalo.

El problema con las mujeres débiles de Éfeso es que no estaban haciendo nada. Recibían información, pero no aprendían. Hablaban mucho, pero no daban el ejemplo. «Ellas siempre están aprendiendo, pero nunca logran conocer la verdad» (2 Timoteo 3.7).

Sus conocimientos no transformaban sus corazones. No las impulsaban a crecer y progresar.

Sus vidas espirituales estaban estancadas.

Se encontraban en el mismo lugar en donde habían estado el año anterior, y el año anterior a ese, y el año anterior a ese. Los mismos problemas. Las mismas cuestiones. Daban vueltas sin llegar a ningún lado. ¿Alguna vez se sintió así?

Si usted vive en los estados del sur o cerca del ecuador, puede que no esté familiarizada con la expresión «patinar las ruedas». Vivo en una región de Canadá que está cubierta de nieve durante varios meses al año. Aquí, los autos comúnmente patinan las ruedas.

Esto sucede cuando se acumula nieve en la calle y su auto se queda atascado o cubierto de nieve, y las ruedas permanecen encajadas en un surco de hielo. Cuando presiona el acelerador, las ruedas giran furiosamente, pero su vehículo no se mueve. El velocímetro quizás indique que está conduciendo a cincuenta millas por hora, pero realmente no está yendo a ninguna parte.

Para solucionar el problema, debe quitar la nieve de alrededor de las ruedas, arrojar un poco de arena o gravilla a fin de lograr algo de tracción, y pedirle a algunos espectadores (preferentemente a algunos fortachones) que la ayuden a empujar su coche fuera del surco.

SIEMPRE APRENDIENDO, PERO NUNCA HACIENDO

Las mujeres de Éfeso estaban estancadas en un surco espiritual. Eran oidoras, pero no hacedoras. Consumían toda clase de información espiritual, pero no se molestaban en ponerla en práctica. Esto era así a pesar de que estas mujeres habrían tenido acceso a una menor cantidad de recursos cristianos de los que tenemos hoy.

En la actualidad, con la accesibilidad a los libros impresos y en línea y con el crecimiento de la Internet, tenemos acceso a una cantidad asombrosa de enseñanzas. Los traductores han publicado cerca de novecientas traducciones al inglés y paráfrasis de la Biblia desde que Tyndale imprimió el primer ejemplar en 1526.[1] Amazon actualmente tiene más de ochenta mil títulos de libros cristianos, y en iTunes se publican más de mil *podcasts* cristianos. Y luego tenemos a YouTube, GodTube, revistas en línea, redes sociales, blogs, páginas webs de iglesias, sermones, trasmisiones de conferencias y *webcasts*. Sin mencionar la radio y la televisión.

Nunca antes las personas han tenido acceso a tanta enseñanza cristiana.

Si bien la abundancia de recursos cristianos es sin duda algo positivo, también hay un lado negativo. Esta disponibilidad ha conducido al mismo problema de consumismo cristiano que era tan frecuente entre las mujeres en la iglesia de Timoteo.

Lamentablemente, nuestras iglesias están llenas de personas que han escuchado lo que la Biblia dice, pero no han aplicado esas enseñanzas a sus propias vidas.

No creo estar exagerando.

Las estadísticas revelan que hay muy poca diferencia entre el practicante promedio y el que no lo es cuando se trata de la mayoría de las creencias y conductas morales.[2]

Hace varios años me senté a la mesa con un pastor francés canadiense, el cual se lamentaba por lo que había observado en algunos jóvenes que regresaban a sus iglesias locales después de pasar cuatro años en la escuela bíblica. Con su marcado acento de Quebec, ademanes y expresiones faciales, decía lamentándose: «Los enviamos con corazones así [los brazos bien extendidos] y con mentes así [los dedos apretados], y regresan con sus mentes así [los brazos bien extendidos] y sus corazones así [los dedos apretados]».

Él no estaba en contra de las escuelas bíblicas. Era un gran promotor de la educación cristiana. Estoy segura de que estaría de acuerdo en que existe un valor enorme en obtener una educación teológica. El problema no radicaba en que estos jóvenes estudiaran la Biblia; el problema era que no permitían que la Palabra los cambiara. Recibían mucha información, pero experimentaban muy poca transformación.

Sus cerebros aumentaban mientras que sus corazones se encogían.

La situación no ha cambiado mucho.

Hace poco, una amiga me contó acerca de una joven que estaba extremadamente emocionada por ir a la escuela bíblica. Cuando llegó allí, quedó sorprendida y decepcionada al descubrir que la mayoría de los estudiantes se acostaban con cualquiera, contaban chistes sucios, miraban películas para adultos, andaban en chismes, traicionaban y aceptaban el punto de vista de la cultura sobre la fluidez de género y el matrimonio con personas del mismo sexo.

Esos jóvenes estudiaban teología y la Palabra de Dios. Conocían la jerga cristiana. Sabían la diferencia entre el arminianismo y el calvinismo. Podían darse cuenta de si alguien estaba a favor de tres, cuatro o cinco puntos. Podían debatir acerca del complementarismo versus el igualitarismo. Estaban bien instruidos en cristología, soteriología, eclesiología, escatología, hermenéutica y exégesis. Por supuesto, asistían a todas las mejores y más grandes conferencias cristianas y eran atraídos a los blogueros cristianos de alto perfil como hormigas a un pícnic.

Al igual que las mujeres de Éfeso, estaban «siempre aprendiendo». No obstante, de alguna manera todo ese aprendizaje no había transformado sus corazones ni cambiado sus actitudes y comportamientos. Eran oidores de la Palabra, pero no hacedores de la misma. Se estaban volviendo cada vez más religiosos, pero no más justos.

Si vamos a ser mujeres fuertes, necesitamos formar el hábito de poner en práctica lo que aprendemos.

Jesús dijo: «Bienaventurados más bien los que oyen la palabra de Dios, y la guardan» (Lucas 11.28, RVR1977). La verdadera obediencia requiere oír y hacer. Jesús condenó a los fariseos de su época que se presentaban a sí mismos como religiosos sabiondos mientras que sus corazones estaban alejados de él.

Los fariseos eran eruditos y educadores judíos. No eran sacerdotes levitas. Se asemejaban más a una sociedad teológica religiosa de maestros y profesores de la ley. Su interés principal era enseñarles a las personas comunes cómo aplicar la Torá, los profetas y las tradiciones orales judías a sus vidas diarias.

Los fariseos eran reconocidos por su conocimiento religioso. Estaban comprometidos con el estudio, el aprendizaje y la enseñanza de las Escrituras, y participaban en debates académicos. Sin embargo, muchos de ellos poseían tanta información y estaban tan obsesionados con discutir los puntos más sutiles de la ley que terminaban yendo en contra de las mismas cosas que Dios quería que hicieran. Este problema se extendió de tal manera que algunos escritores de los Evangelios usaban los términos *fariseos* e *hipócritas* —farsantes religiosos— casi de manera intercambiable. El gran conocimiento de los fariseos no siempre se traducía en las acciones o actitudes correctas.

¿Cómo podemos evitar el problema de estar siempre aprendiendo pero nunca haciendo que tenían los fariseos, las mujeres débiles de Éfeso y tantas personas en la iglesia hoy en día? ¿Cómo podemos dejar de girar nuestras ruedas y salir de nuestro surco espiritual? Un buen lugar para comenzar es examinando nuestras vidas en caso de que también seamos hipócritas.

SEÑALES PARA DETERMINAR SI ES UNA FARSANTE RELIGIOSA

Jesús dijo: «No todo el que me dice: Señor, Señor, entrará en el reino de los cielos, sino el que hace la voluntad de mi Padre que está en los cielos. Muchos me dirán en aquel día: Señor, Señor, ¿no profetizamos en tu nombre, y en tu nombre echamos fuera demonios, y en tu nombre hicimos muchos milagros? Y entonces les diré claramente: Nunca os conocí; apartaos de mí, hacedores de iniquidad» (Mateo 7.21-23, RVR1977).

Resulta aleccionador pensar en que podemos participar en toda clase de actividades religiosas, escuchar a toda clase de maestros religiosos y obtener toda clase de conocimientos teológicos, pero en realidad no tener una relación genuina con Jesús.

¿Se está engañando a sí misma? ¿Está en peligro de convertirse en una hipócrita como los fariseos y esas mujeres débiles de Éfeso? He aquí siete señales que le ayudarán a determinar su condición:

1. SU IMAGEN PÚBLICA ES DIFERENTE A SU IMAGEN PRIVADA.

El término *hipócrita* deriva de la palabra griega para referirse a un actor en una obra de teatro. En las comedias y tragedias griegas antiguas, los actores usaban máscaras para representar al personaje que estaban interpretando. Ocultar su verdadero ser detrás de una máscara es lo que hacen los hipócritas.

Una mujer hipócrita finge. Pretende ser muy buena o religiosa cuando sabe que no lo es. Existe una contradicción entre quién realmente es en su interior y quién demuestra ser. Sabe que hay pecado en su corazón, pero no hace nada al respecto. Para encubrirlo, aparenta ser justa. Es falsa, así como los maestros de la ley y los fariseos en el tiempo de Jesús. «¡Ay de ustedes, maestros de la ley y fariseos, hipócritas!, que son como sepulcros blanqueados. Por fuera lucen hermosos, pero por dentro están llenos de huesos de muertos y de podredumbre. Así también ustedes, por fuera dan la impresión de ser justos, pero por dentro están llenos de hipocresía y de maldad» (Mateo 23.27-28).

En cierta ocasión, una mujer me escribió acerca de un amorío emocional que estaba teniendo con su pastor desde hacía dos años. Cada semana asistía a la iglesia y pretendía ser buena, pero durante el sermón fantaseaba sobre estar con él. Después de la reunión, ella y el pastor intercambiaban miradas y coqueteaban sutilmente. Sus manos tardaban en separarse cuando se saludaban.

No se habían dejado llevar por su creciente atracción sexual... todavía no. Sin embargo, habían comenzado a intercambiar mensajes de texto muy personales e insinuantes. Era evidente que si no hacían algo para detenerlo, su amorío emocional pronto daría paso a una relación física.

Para sus amigas de la iglesia, esta mujer parecía muy justa. No obstante, en casa le estaba negando el amor a su esposo y se volvía cada vez más crítica, prejuiciosa, argumentativa, mezquina y desafiante. Existía una contradicción entre quién pretendía ser y quién realmente era.

Aunque la mujer hipócrita es por lo general una excelente farsante, en algún punto su duplicidad quedará expuesta. Ella no será capaz de fingir para siempre. Jesús advirtió: «Cuídense de la levadura de los fariseos, o sea, de la hipocresía. No hay nada encubierto que no llegue a revelarse, ni nada escondido que no llegue a conocerse. Así que todo lo que ustedes han dicho en la oscuridad se dará a conocer a plena luz, y lo que han susurrado a puerta cerrada se proclamará desde las azoteas» (Lucas 12.1-3).

Si usted es hipócrita:

- tratará de mantener sus pecados ocultos,
- se pondrá una máscara para que otros no puedan ver sus luchas,
- estará temerosa de que la gente descubra que no es quien pretende ser,
- tendrá miedo de ser auténtica y dejar que la gente vea cómo es en realidad, y
- se sentirá ansiosa y estresada al intentar mantener la farsa.

¿Está usando una máscara? ¿Está encubriendo su verdadera personalidad? ¿Tiene miedo de que la descubran? ¿Cómo se sentiría si lo que ha hecho en la oscuridad se diera a conocer a plena luz? ¿Si lo que ha susurrado en privado se hiciera público, y sus pensamientos secretos se proclamaran a los cuatro vientos?

Una mujer débil usa máscaras. Una mujer fuerte es auténtica con respecto a sus luchas y no trata de esconderse. Es genuina en cuanto a su condición espiritual y busca en verdad su crecimiento.

Lamentablemente, hoy en día existe una clase de autenticidad improductiva en muchos blogs cristianos y publicaciones en las redes sociales. Estos son creados por personas que se muestran valientes —orgullosas, incluso— para hablar abiertamente de sus pecados y fracasos. Usan sus debilidades como una insignia de honor en sus mangas. Comparten constantemente sus luchas, pero no hacen ningún progreso para ganar la batalla. Ni ellas ni sus lectores responden a las normas de santidad de Dios. Su autenticidad es engañosa, porque no tienen el deseo ni la intención de cambiar. Su transparencia es solo una fachada para convencer a sus seguidores de que son muy espirituales. La mujer que es sincera con respecto a su pecado con el propósito de parecer espiritual es tan hipócrita como la que lo oculta con el mismo fin. Ambas usan máscaras y pretenden ser mujeres que no son.

2. CONSIDERA A DIOS COMO UNA MÁQUINA EXPENDEDORA.

Una segunda señal de que usted puede ser una farsante religiosa es si se muestra autocomplaciente. La mujer hipócrita ama mucho más al placer que a Dios (2 Timoteo 3.4-5). Quiere que Dios haga cosas por ella, pero ella no quiere hacer cosas por él. No quiere cambiar su comportamiento ni sus deseos pecaminosos.

Por lo tanto, trata a Dios como una máquina expendedora.

Pone sus monedas de oración y servicio religioso en la ranura y espera que Dios dispense lo que ella quiere, cómo lo quiere y cuándo lo quiere.

Según la Escritura, este tipo de perspectiva autocomplaciente similar a una máquina expendedora es común entre las personas de doble ánimo. Jesús les llamó la atención a los maestros de la ley y los fariseos por actuar religiosamente mientras que sus corazones se encontraban «llenos de robo y de desenfreno» (Mateo 23.25). Estos hipócritas pretendían estar interesados en lo que podían dar, pero en realidad les interesaba más lo que podían recibir.

La mujer que trata a Dios como una máquina expendedora espera que él haga lo que ella quiere, pero no tiene ninguna intención de hacer lo que él desea. Le pide constantemente cosas al Señor, pero son las cosas equivocadas. Solo quiere que él satisfaga sus pasiones pecaminosas. De acuerdo con Santiago 1.7, «quien es así no piense que va a recibir cosa alguna del Señor». Y no porque Dios no quiera dárselo, sino porque la persona no quiere recibir lo que él le quiere dar.

Le dije a la mujer que me escribió que debería confesarles el amorío emocional a su esposo y a una amiga de confianza. Debería arrepentirse, cortar todo contacto con el pastor y buscar una iglesia diferente. Por el tono de su correo electrónico, no creo que vaya a hacerlo. No parece estar arrepentida de su pecado. Solo lamenta que Dios la mantenga alejada del hombre con el que quiere estar. Ora para que la situación se resuelva, pero no quiere que sea resuelta según la voluntad de Dios.

Desea que las cosas sean a su manera.

Y quiere que Dios la apoye y la bendiga mientras se precipita hacia una aventura.

¿Trata usted a Dios como una máquina expendedora? ¿Le pide cosas para satisfacer sus propias pasiones pecaminosas? ¿Se molesta con él cuando no le da lo que quiere? ¿Le pide que haga su voluntad cuando usted no está dispuesta a hacer la voluntad de Dios?

La mujer débil se preocupa por lo que desea que Dios haga por ella. La mujer fuerte, en cambio, se enfoca en lo que Dios desea que ella haga por él.

3. SE PREOCUPA DEMASIADO POR LO QUE OTROS PIENSAN.

Una tercera señal de la hipocresía es enfocarse en los factores externos. La mujer hipócrita está muy preocupada por las apariencias, cómo se ve para otros y lo que la gente piensa de ella. Quiere integrarse desesperadamente. Así que actúa como un camaleón. Cambia de color dependiendo del entorno en el que se encuentra.

Cuando está alrededor de personas espirituales, actúa muy espiritual. Hace sus deberes del estudio bíblico, colabora en las actividades de la iglesia, realiza buenas obras para el Señor y se contenta cuando las personas notan y elogian su conocimiento y su comportamiento virtuoso. Sin embargo, no está tan deseosa o interesada en agradar al Señor en privado, cuando pasa inadvertida. No sirve al Señor ni hace buenas obras si sus amigas cristianas no lo notan, aprecian ni afirman sus esfuerzos. Además, rápidamente deja su fachada religiosa cuando se reúne con otros grupos de amigas.

Los maestros de la ley y los fariseos hacían todas sus obras «para ser vistos por los hombres» (Mateo 23.5-7, RVR 1977). Estos líderes religiosos querían atraer la atención de la gente a su «bondad» para ser alabados (6.2). No obstante, eran como camaleones; sus vidas públicas eran diferentes a sus vidas privadas (Lucas 13.15). Operaban según un conjunto de normas distintas. Sus conductas cambiaban dependiendo del entorno en donde se encontraban y de las personas con quienes se juntaban.

El amigo de mi hijo, Nate, dijo acerca de una chica que conocemos: «La Krista que vemos en una fiesta no es la misma Krista de la iglesia. Ella es tan espiritual como las personas con quienes se junta».

Una mujer hipócrita es culpable por su conducta de camaleón. Al igual que Krista, es tan espiritual como la situación demande. Cuando está en la iglesia, actúa como una chica cristiana. Sin embargo, cuando está en una fiesta, actúa como una chica fiestera. Se comporta diferente según dónde y con quién esté.

¿Qué hay de usted? ¿Se enfoca en las apariencias? ¿Le preocupa lo que los demás piensen? ¿Cambia de color para camuflarse? ¿Actúa diferente con sus amigos de la iglesia que con sus amigos inconversos?

La mujer débil se preocupa por lo que piensen de ella otras personas. La mujer fuerte está mucho más interesada en lo que Dios piense de ella.

4. ES SELECTIVA ACERCA DE QUÉ PARTES DE LA BIBLIA OBEDECER.

En Mateo 23, vemos que los fariseos hacían algunas cosas bien, como dar el diezmo de la menta, el anís y el comino, pero habían «descuidado los asuntos más importantes de la ley, tales como la justicia, la misericordia y la fidelidad» (v. 23).

Las hipócritas son culpables de la obediencia parcial. Seleccionan y escogen qué partes de la Biblia están dispuestas a poner en práctica. Son hacedoras de la Palabra cuando les conviene, pero no obedecen cuando no les conviene. Rara vez están dispuestas a hacer algo difícil, incómodo o culturalmente poco popular.

En una ocasión, mi esposo y yo salimos de la ciudad por el fin de semana y dejamos a nuestros hijos adolescentes solos en casa. Le asigné a cada uno una tarea para que realizaran en nuestra ausencia. Mi hijo menor tenía que vaciar el lavavajillas. El del medio tenía que cortar el césped. Y le pedí a mi hijo mayor, Clark, que doblara la ropa que había acabado de sacar de la secadora y apilado sobre una mesa. «No quiero que la ropa quede arrugándose allí por días», le expliqué, «así que, por favor, hazlo lo más rápido posible».

Cuando regresamos a casa, mi hijo mayor, Clark, nos saludó. Sonriente, me contó que había aspirado la alfombra, quitado el polvo de los muebles y limpiado el piso de la cocina. (Me pregunté qué habría derramado). Estaba sorprendida y complacida por todas las cosas que había hecho. Sin embargo, luego vi la montaña de ropa arrugada todavía apilada sobre la mesa. Podía notar que había aspirado la alfombra alrededor de la mesa mientras que la ropa encima de la misma estaba intacta. Y ahora sería muy difícil quitar las arrugas. ¡Grrr!

Clark había hecho toda clase de tareas que no le había solicitado, pero no hizo la única cosa que le había pedido. Estaba molesta, por no decir más. Todas esas tareas adicionales se sintieron insignificantes a la luz de su fracaso en lo que concernía a llevar a cabo el único trabajo que le había asignado.

Clark se entristeció cuando se lo señalé. «Pero pasé la aspiradora y lustré y limpié. ¡Hice mucho más de lo que me pediste que hiciera! Hice mucho más de lo que mis hermanos hicieron».

«Sí. Pero ellos obedecieron, y tú no. Si hubieses sumado estos otros quehaceres a tu obediencia, los habría recibido como un gran regalo. Sin embargo, hiciste estos otros quehaceres para *evitar* hacer la tarea que no te gusta. Pensaste que podías eludir la tarea que te pedí al hacer todas estas otras cosas».

Posteriormente, me quedé impresionada con la lección espiritual ilustrada por el comportamiento de mi hijo. Me preguntaba si Dios se sentiría del mismo modo ante mi falta de obediencia como yo me sentí con la de

Clark. Estaba haciendo muchas cosas buenas para Dios. Sin embargo, dilataba y postergaba la única cosa difícil que el Señor me había pedido que hiciera. Sabía que él quería que me acercara y perdonara a alguien que me había herido, y que tratara de arreglar la relación difícil que teníamos. Esa era la pila de ropa que no quería doblar. Estudiar y escribir y viajar y hablar y servir eran actos de obediencia fáciles en comparación. Estaba ocupada haciendo todas estas cosas buenas, pero había una cosa que Dios quería que hiciera que yo estaba evitando hacer.

Como mencioné anteriormente, Jesús dijo: «Muchos me dirán en aquel día: Señor, Señor, ¿no profetizamos en tu nombre, y en tu nombre echamos fuera demonios, y en tu nombre hicimos muchos milagros? Y entonces les diré claramente: Nunca os conocí» (7.21-23, RVR1977). Esos fariseos estaban ocupados haciendo buenas obras para Dios. No obstante, la obediencia parcial realmente no es obediencia. Si no somos obedientes de todo corazón en las pequeñas cosas —en las cosas difíciles— entonces todo nuestro ajetreo religioso es en vano.

¿Cuál es su pila de ropa que no quiere doblar? ¿Qué cosas le está pidiendo el Señor que haga y usted está tratando de evitar? ¿Está siendo selectiva en su obediencia?

La mujer débil selecciona y elige las maneras en que está dispuesta a seguir al Señor. La mujer fuerte sigue a Cristo con todo su ser y está dispuesta a hacer las cosas difíciles.

5. JUSTIFICA SU DESOBEDIENCIA.

Los maestros de la ley y los fariseos eran expertos en justificar su pecado y excusar su falta de compromiso. Inventaban toda clase de tecnicismos y argumentos elaborados para justificar su desobediencia a Dios. Por ejemplo, sostenían que su compromiso con sus obras de caridad justificaba la falta de apoyo financiero a sus padres. «Dios sabe cuánto he dado. No esperará que también mantenga a mis padres».

Jesús los acusó de anular la Palabra de Dios con sus justificaciones ingeniosas (Mateo 15.3-6). Las personas falsas inventan toda clase de racionalizaciones con respecto a por qué su obediencia selectiva está justificada. He oído muchas justificaciones de mujeres a lo largo de los años:

«Todos lo hacen».

«No es tan malo como parece».

«Era pecado en esa cultura, pero no en la nuestra».

«Si la Biblia fuera escrita hoy, Dios diría algo diferente».

«Dios nos hizo con deseos sexuales que necesitamos satisfacer».

«He orado al respecto».

«Ese otro pecado es mucho peor que el mío».

«No está mal si no llegamos a hacer el amor».

«Dios quiere que sea feliz».

«No puedo evitar sentirme de este modo. Así es como Dios me hizo».

«¿Cómo puede estar mal cuando se siente tan bien?».

¿Ha usado en determinado momento algunas de estas excusas?

La mujer que me envió el correo justificaba su amorío emocional manifestando que tanto ella como el pastor tenían cónyuges emocionalmente abusivos y matrimonios infelices. En su mente, esto hacía que sus comportamientos fueran aceptables. Sus cónyuges los habían llevado a buscar consuelo en otra parte. Salomón dijo: «Así procede la adúltera: come, se limpia la boca, y afirma: "Nada malo he cometido"» (Proverbios 30.20).

Las hipócritas racionalizan el pecado. Y no estoy hablando solo del pecado de infidelidad emocional o física.

Quizás usted justifica hablarle mal a su esposo.

O darle la espalda a su pariente.

Tal vez justifica contar chismes sobre una colega a sus espaldas.

O evadir los impuestos.

Somos hipócritas cada vez que racionalizamos nuestro pecado, cuando inventamos excusas o culpamos a las circunstancias o a otras personas por nuestras actitudes y comportamientos pecaminosos.

Inventar excusas para justificar nuestra desobediencia es una de las señales más evidentes de que somos farsantes religiosas. Las personas hipócritas siempre encuentran la manera de justificar su desobediencia. Tienen muchísimas excusas para salirse con la suya.

Las mujeres débiles elaboran excusas para justificar por qué no pueden o no tienen que obedecer. Las mujeres fuertes no ponen excusas. Aceptan la Palabra de Dios tal cual es y la cumplen.

6. ES MUY CRÍTICA CON LOS DEMÁS.

Una mujer hipócrita no solo justifica su desobediencia, sino también es prejuiciosa y despectiva con los demás.

- Desprecia a las que no son tan santas como ella (Lucas 18.11-12).
- Nota la paja en el ojo ajeno, pero no la viga en su propio ojo. No cree que su pecado sea gran cosa y considera el pecado de todos los demás mucho más grave (Mateo 7.5).
- Tiene expectativas muy altas sobre lo que otras personas deberían hacer, pero no está dispuesta a aplicar el mismo criterio a su vida (23.4).
- Es muy crítica cuando los demás fracasan o la decepcionan. Cree con toda arrogancia que está más allá de tal debilidad (vv. 29-30).
- Es maliciosa con todo aquel que trate de enseñarla o corregirla (22.15-18).
- Se ofende con facilidad (15.10-12).

La mujer hipócrita señala los defectos de los demás. Anda contando chismes sobre los fracasos ajenos y calumnia a espaldas de otros. Es crítica, irrespetuosa y despreciativa. Todos son hipócritas excepto ella.

La mujer débil busca señales de hipocresía en las vidas de otras personas. La mujer fuerte busca señales de hipocresía en su propia vida.

7. NUNCA LOGRA PROGRESAR.

La última y fundamental señal para determinar si usted es una farsante religiosa es que no logra hacer ningún progreso espiritual significativo. Como las mujeres débiles de Éfeso, una farsante religiosa constantemente está aprendiendo, pero no progresa de un nivel de madurez al siguiente. No es transformada «con más y más gloria» (2 Corintios 3.18).

Su carácter no mejora. No progresa ni obtiene ninguna victoria sobre su enojo, impaciencia, ansiedad, duda, murmuración, negatividad, crítica, resentimiento o falta de dominio propio.

No crece en fortaleza.

Jesús advirtió que quienes oyen la Palabra, pero no la cumplen, no serán fortalecidos. Serán débiles y superficiales y tendrán problemas para soportar las tormentas de la vida:

> ¿Por qué me llamáis: Señor, Señor, y no hacéis lo que digo? Todo el que viene a mí, y oye mis palabras, y las pone en práctica, os voy a mostrar a quién es semejante: Es semejante a un hombre que, al construir una casa, excavó, ahondó y echó los cimientos sobre la roca; y cuando vino una inundación, el torrente embistió contra aquella casa, pero no tuvo fuerza suficiente para sacudirla, porque estaba fundada sobre la roca. Pero el que ha oído, y no pone en práctica, es semejante a un hombre que edificó una casa encima de la tierra, sin cimientos, contra la cual embistió el torrente, y al instante se derrumbó, y fue grande la ruina de aquella casa. (Lucas 6.46-49, RVR1977)

En los tiempos bíblicos no existían las excavadoras ni las niveladoras. Si usted quería excavar para levantar los cimientos, tenía que usar una pala. Había que realizar un esfuerzo sustancial, especialmente si tenía que excavar hasta una superficie rocosa. Tomaba días ahondar un pozo, porque el trabajo solo progresaba una palada a la vez.

El punto de esta analogía es que se requiere de una serie de pequeños pasos de obediencia constantes para edificar cimientos espirituales sólidos. Una mujer no se vuelve fuerte de la noche a la mañana. Es la regularidad con la que pone en práctica la Palabra de Dios todos los días a largo plazo la que fortalecerá su ser.

La mujer que no se esfuerza constantemente permanecerá espiritualmente débil. Su cimiento será tan superficial como la torre inclinada de Pisa, el accidente arquitectónico más famoso de la historia. Esta torre campanario de mármol blanco, cuya construcción se inició en 1173, tenía cimientos tan poco profundos que estaba condenada desde el inicio. Los constructores no se molestaron en excavar más profundo. Al principio, esta omisión negligente no parecía tener importancia. Sin embargo, cuando comenzaron a trabajar en el segundo nivel, la torre empezó a inclinarse. En un intento por compensar la inclinación, construyeron el piso superior con un lado más alto que el otro. La inclinación, además del peso irregular, creó aún más problemas. Varios constructores trataron de completar el proyecto cada vez más imperfecto, pero fracasaron.

La torre finalmente se terminó en 1399, más de doscientos años después de que comenzó su construcción. Sin embargo, a causa de toda la manipulación arquitectónica, quedó vergonzosamente torcida. Como si fuera poco, sus cimientos seguían hundiéndose. La inclinación continuaba empeorando. A lo largo de los siglos se realizaron numerosos intentos de corregir la torre, o al menos de evitar que se derrumbase. La mayoría de estos esfuerzos fracasaron, y algunos hasta empeoraron la inclinación.

A finales de la década de los noventa, Italia finalmente emprendió un proyecto masivo de ingeniería moderna para arreglar los cimientos. El proyecto costó más de cuarenta millones de dólares y se extendió por más de una década. Gracias a estos esfuerzos, impidieron un catastrófico colapso de la torre inclinada de Pisa.[3]

La mujer que no es hacedora de la Palabra tendrá un cimiento superficial. No será fuerte, sino más bien espiritualmente débil. Muchas mujeres cristianas no han hecho lo necesario para construir cimientos sólidos. Aprenden, pero no ponen en práctica la Escritura. Como resultado, experimentan muchas luchas. Y no importa cómo traten de resolver las cosas, sus vidas continúan inclinándose. A menos que realicen una restauración importante, correrán el riesgo de sufrir un colapso catastrófico.

¿Nota un progreso significativo en su vida espiritual? Cuando mira hacia atrás, ¿puede ver cómo ha crecido? ¿Se está volviendo más amable, más paciente, menos crítica, menos estresada, más disciplinada, más alegre y más amorosa? ¿O su carácter se está inclinando hacia el lado opuesto de esas actitudes honestas? ¿Acaso la inclinación es tan pronunciada que está a punto de un colapso espiritual?

La mujer débil aprende mucho, pero progresa poco. La mujer fuerte excava hondo, pone en práctica lo que aprende y experimenta un crecimiento espiritual significativo.

LA HIPOCRESÍA Y EL AUTOENGAÑO

¿Es usted una farsante religiosa? Si es honesta, creo que podrá identificar algunas, si no todas, de estas siete señales en su personalidad. Por lo menos espero que así sea. Ciertamente, las he visto en mi vida en diferentes momentos.

Estudié las marcas de la hipocresía algunos años atrás cuando escribí *Chicas sabias en un mundo salvaje*, un libro que contrasta el prototipo de la mujer salvaje y la mujer sabia del libro de Proverbios.[4] Sin embargo, cuando revisé el tema, me convencí una vez más.

Soy *yo* la hipócrita.

Soy *yo* la que necesita corroborar que esté poniendo en práctica lo que he aprendido.

Soy *yo* la que necesita tener cuidado de no enseñar algo que primeramente no haya aplicado en mi vida.

Si quiero luchar contra el pecado invasor de la hipocresía, mi actitud debe hacerse eco de las palabras de esa antigua canción espiritual: «Soy yo, soy yo, oh Señor, quien necesita oración [...] No mi hermano, ni mi hermana, sino yo, oh Señor, quien necesita oración».[5]

El aspecto más peligroso de la hipocresía es el autoengaño que la acompaña. El problema no surge cuando notamos la hipocresía en nuestra vida; el problema surge cuando no la notamos.

Pablo le advirtió a la congregación de Éfeso que «esos malvados embaucadores irán de mal en peor, engañando y siendo engañados» (2 Timoteo 3.13). Santiago les enseñó a los creyentes: «No se contenten solo con escuchar la palabra, pues así se engañan ustedes mismos. Llévenla a la práctica» (1.22).

Es fácil convencerse de que estamos poniendo en práctica la Palabra, cuando en realidad no es así. En especial si tenemos la suerte de estar expuestas a mucha información y enseñanzas valiosas. Es fácil señalar con arrogancia a las mujeres débiles de Éfeso por no poner en práctica lo que aprendieron. Sin embargo, debemos tener presente la enseñanza de 1 Juan 1.8: «Si afirmamos que no tenemos pecado, nos engañamos a nosotros mismos y no tenemos la verdad».

Actuar conforme a la verdad representa una meta de toda la vida.

Esto también es así en lo que respecta a la lucha contra la hipocresía y el autoengaño.

Se requiere de fortaleza para evitar el autoengaño y procurar siempre la santidad.

A LAS PRUEBAS ME REMITO

Santiago aprendió a ser un hacedor al mirar el comportamiento de su hermano mayor, Jesús. Una cosa es usar una máscara y pretender ser buena enfrente de sus amigos. Sin embargo, resulta mucho más difícil mantener la farsa en casa, frente a su familia. Las personas más cercanas a usted por lo general tienen una mejor perspectiva sobre si su carácter es tan bueno como dice que es.

Como medio hermano de Jesús, Santiago tuvo la oportunidad única de observar a Jesús de manera cercana durante muchos años. Vio cómo se comportaba en casa y en el trabajo, cómo actuaba cuando estaba cansado o se le pedía que hiciera algo. Observó cómo respondía cuando las cosas no iban bien o cuando sus padres estaban malhumorados o eran injustos. Presenció la reacción de Jesús cuando sus hermanos lo trataban mal y en el momento que su padre, José, murió.

Santiago concluyó que Jesús era auténtico. Él predicaba con el ejemplo. Era genuino.

Es interesante notar que fue Santiago quien escribió el libro de la Biblia que pone un mayor énfasis en practicar lo que predicamos. El hermano menor del Señor probablemente se convirtió porque veía que Jesús hacía justamente eso.

Santiago destacó que él se remitía a las pruebas observadas. La fe no puede solo ser un ejercicio intelectual. Si es real, inevitablemente obrará en nuestros corazones, cambiará nuestro carácter e impactará en la manera en que vivimos. Si la fe no nos transforma, entonces es probable que no sea auténtica. Santiago señaló que era posible distinguir la diferencia entre alguien que aplica la verdad y alguien que no.

> Por lo cual, desechando toda inmundicia y abundancia de malicia, recibid con mansedumbre la palabra implantada, la cual puede salvar vuestras almas. Pero sed hacedores de la palabra, y no tan solamente oidores, engañándoos a vosotros mismos. Porque si alguno es oidor de la palabra pero no hacedor de ella, éste es semejante al hombre que considera en un espejo su rostro natural. Porque él se considera a sí mismo, y se va, y luego olvida cómo era. Mas el que mira atentamente a la ley perfecta, la de la libertad, y persevera en ella, no siendo oidor olvidadizo, sino hacedor de la obra, éste será dichoso en lo que hace. (Santiago 1.21-25, RVR1977)

Tal vez a usted le gusta la jardinería. Disfruta al plantar semillas y verlas convertirse en hermosas flores o hierbas, frutas y vegetales deliciosos. Queda fascinada por el milagro de la transformación y el crecimiento que tiene el privilegio de presenciar. Realmente me emociono viendo crecer mi huerto de hierbas con romero aromático, albahaca, orégano y tomillo este verano, y mi macetero de madera lleno de plantas de fresas extendiéndose con flores, brotes y frutas maduras. El crecimiento me deleita.

O quizás lo más cercano que usted ha estado de un huerto fue durante algún proyecto escolar, cuando su maestra de ciencias la hizo plantar una semilla de frijol en un poco de tierra dentro de un vaso desechable. Recuerdo ir corriendo hacia la ventana de mi aula escolar para regar el vaso con mi nombre. Siempre miraba la fila de vasos de poliestireno para comparar el crecimiento de mi semilla de frijol con las demás.

Algunas crecían más rápido y más altas, pero todas germinaron y crecieron. Cada semilla se convirtió en una planta de judías verdes que (si el proyecto de ciencia durara lo suficiente) seguiría creciendo y produciendo más frijoles.

Porque eso es lo que las semillas de frijoles hacen.

Santiago indica que Dios es un agricultor y la Palabra de Dios es una semilla. Dios *implanta* la semilla en nuestros corazones. Una vez implantada, crecerá y producirá fruto.

Si no germina, algo está mal.

Es probable que Santiago estuviera pensando en la parábola que Jesús contó sobre el sembrador, las semillas y los distintos tipos de tierra (Mateo 13.1-23; Marcos 4.1-20; Lucas 8.4-15). Jesús destacó que la fe genuina siempre produce resultados.

¿Cómo podemos determinar si estamos en realidad poniendo en práctica la Palabra? Jesús dijo que «todo árbol bueno da fruto bueno» (Mateo 7.17), y lo mismo puede decirse acerca de los creyentes. Si en realidad estamos siguiendo a Jesús, creceremos en «amor, alegría, paz, paciencia, amabilidad, bondad, fidelidad, humildad y dominio propio» (Gálatas 5.22-23), y de muchas otras maneras que representan «bondad, justicia y verdad» (Efesios 5.9).

SEÑALES DE QUE VA POR BUEN CAMINO

Hasta ahora, en este capítulo hemos incluido las señales de una farsante religiosa que Jesús identificó en los fariseos. Santiago, el hermano de Jesús, afirmó que también hay algunas señales claras que indican que una persona no es falsa, sino de hecho auténtica.

Dios nos anima a que hagamos una evaluación justa de nuestra propia condición espiritual (Romanos 12.3). Es fácil desanimarse ante la hipocresía que vemos en nuestra vida y nos olvidamos de todo el crecimiento que hemos experimentado.

Si Satanás no consigue llevarla hacia la izquierda, tratará de llevarla hacia la derecha.

En otras palabras, el pecado suele crear dos zanjas a lo largo del camino de la verdad. Cuando nos alejamos de una de las zanjas, debemos tener cuidado de no caer en la otra. Por un lado, a Satanás le gustaría atraparnos en los pecados del orgullo y la hipocresía. No obstante, está igualmente complacido si nos atrapa en la zanja opuesta de la derrota y la condenación.

Es importante buscar señales de hipocresía en nuestra vida. Eso es indiscutible. Sin embargo, es igualmente importante celebrar las señales de nuestro crecimiento.

He aquí algunas señales tomadas del libro de Santiago (alias Santiago *Solo Hazlo*) que indican que está creciendo y su fe es verdadera.

1. SU CARÁCTER ESTÁ MEJORANDO.

Santiago usa la analogía de un espejo para ilustrar la diferencia entre el hombre que solo oye la Palabra y el hombre que la oye y la pone en práctica. La Palabra de Dios es como un espejo. Cuando miramos a través de la misma, podemos ver aspectos relacionados con nuestra condición espiritual que necesitamos cambiar.

La persona *oidora* mira su imagen en el espejo, luego se va y se olvida de lo que vio. No hace nada al respecto.

La persona *hacedora* estudia cuidadosamente su imagen y luego actúa según lo que ve.

Imagínese a una mujer alistándose a fin de encontrarse con una amiga para ir a cenar a un bonito restaurante después de haber estado pintando y renovando su casa. La mujer se mira al espejo y ve que tiene su mejilla manchada con pintura Benjamin Moore del color del año; un pegote de mostaza seca en la comisura de su boca; el delineador negro corrido debajo de sus ojos; y un mechón de pelo enmarañado que se asoma por el ángulo derecho de su cabeza.

¿Cree usted que le dará un vistazo a su reflejo y se irá sin hacer nada al respecto? ¿Cree que simplemente se olvidará de su apariencia y conducirá así hasta el restaurante?

Por supuesto que no. El propósito de mirarse al espejo es corroborar que se vea bien.

Si la mujer notara su aspecto desalineado, tomaría una toalla y un cepillo. Limpiaría su rostro y desenredaría su cabello. Arreglaría su apariencia. Y continuaría mirándose al espejo para ver su progreso hasta que estuviera satisfecha con lo que ve.

Cuando una mujer *hacedora* estudia la Palabra de Dios y ve que hay algo sobre su apariencia espiritual que debe modificar, se prepara para corregirlo con la ayuda del Espíritu Santo, y «persevera» en ello (1.25). Santiago dice que los hacedores trabajan para despojarse de «toda inmundicia y abundancia de malicia» (v. 21, RVR1977). A lo largo de todo su libro, identifica varias maneras en que la aplicación de la Palabra impacta en el carácter de una persona.

La mujer que pone en práctica la Palabra obtendrá un mayor control sobre su lengua y su temperamento y se convertirá en una mejor oidora (v. 19). Se quejará menos (5.9), criticará menos (3.9) y será menos envidiosa y menos egoísta (1.14; Tito 3.3; 1 Corintios 13.4). Tendrá más paciencia (Santiago 5.8), será más sabia, honesta, pacífica, bondadosa y dócil (3.17) y permanecerá firme en su fe (1.4).

Con el paso del tiempo, se convertirá en una mujer más agradable, con mayor dominio propio, más fuerte y más devota. Su transformación resultará evidente para ella y todos aquellos que la rodean. Pienso en Karin, cuyo esposo se convirtió a Cristo seis meses después que ella y le dijo: «¡Quiero conocer a este Jesús que te está transformando en una mejor persona!».

¿Está usted convirtiéndose en una mejor mujer? Cuando examina su carácter, ¿es capaz de notar alguna mejora con el paso del tiempo? Quizás la pintura se le esté quitando de su mejilla o sus ojos ya no luzcan tan manchados como solían lucir. Cuando observa su reflejo espiritual, ¿puede ver de qué manera ha cambiado? ¿Pueden sus más allegados darse cuenta de que está cambiando para bien?

Casi cada otoño le pido al Señor que me ilumine acerca de uno o dos asuntos en mi vida sobre los que le gustaría que trabaje. (En lo personal, el otoño me parece una mejor época del año que Año Nuevo para reflexionar y establecer objetivos). Las áreas en las que me enfoqué años atrás fueron ser más agradecida, poder infundirles más aliento a las personas, cuidar más mi cuerpo, aprender a descansar, trabajar en los hábitos espirituales, practicar más la hospitalidad, leer más y quejarme menos. Este año, siento que el Señor quiere que me enfoque en profundizar algunas relaciones.

Despojarse del pecado y crecer en santidad son obviamente hábitos para toda la vida. Cuando usted se mira en el espejo de las Escrituras, siempre verá algo que requiere atención. Nunca seremos transformadas por completo, no en este lado del cielo. Sin embargo, deberíamos ser capaces de mirar hacia atrás y ver una serie de pequeñas *transformaciones*, pasos de progreso significativos «con más y más gloria» (2 Corintios 3.18).

La dirección y la constancia del cambio es tan importante como la dimensión del cambio. Quizás no haya vencido completamente su temperamento volátil, por ejemplo, pero puede cobrar ánimo si ha logrado un progreso lento y constante en cuanto a tenerlo bajo control, y si puede ver que se está volviendo una persona más paciente.

Ver cambios como estos es una de las mejores maneras de estar seguras de que somos hacedoras de la Palabra, no simples oidoras, y de que nuestra fortaleza espiritual va en aumento.

2. SE ENFOCA MÁS EN SU PRÓJIMO.

Una segunda señal de que es una mujer hacedora de la Palabra es que se está enfocando más en los demás y menos en *usted*.

Santiago escribió: «La religión pura y sin mancha delante de Dios nuestro Padre es esta: atender a los huérfanos y a las viudas en sus aflicciones» (1.27). Él preguntó: «Hermanos míos, ¿de qué le sirve a uno alegar que tiene fe, si no tiene obras? [...] Supongamos que un hermano o una hermana no tiene con qué vestirse y carece del alimento diario, y uno de ustedes le dice: "Que le vaya bien; abríguese y coma hasta saciarse", pero no le da lo necesario para el cuerpo. ¿De qué servirá eso?» (2.14-16).

Según Santiago, las personas hacedoras no solo aman a Dios, sino que también se preocupan por cumplir con la segunda parte de «la ley suprema de la Escritura: "Ama a tu prójimo como a ti mismo"» (v. 8).

Éfeso era una ciudad próspera. Las mujeres que siempre estaban aprendiendo pero nunca lograban conocer la verdad eran probablemente ricas o con un buen pasar financiero. Resulta evidente que dedicaban mucho tiempo y recursos a satisfacer su curiosidad intelectual y su deseo de aprender. Sin embargo, al parecer no estaban muy interesadas en emplear su tiempo y recursos para servir a otros, incluyendo a la gente con la que deberían haber sido más devotas: sus propias familias.

Pablo les ordenó: «Si alguna creyente tiene viudas en su familia, debe ayudarlas para que no sean una carga a la iglesia» (1 Timoteo 5.16). Los reprendió: «El que no provee para los suyos, y sobre todo para los de su propia casa, ha negado la fe y es peor que un incrédulo» (v. 8).

¿Peor que un incrédulo? ¡Vaya! Esas sí son palabras fuertes. Aparentemente, Pablo se mostraba tan apasionado como Santiago con respecto a la necesidad de poner nuestra fe en acción.

En los últimos años ha habido un renovado interés por la justicia social entre los cristianos. Se nos anima a cuidar al débil y quebrantado, los pobres, las personas sin hogar, los hambrientos, las víctimas de la trata, los huérfanos, los abusados y los afligidos. Estas son causas dignas y sumamente críticas, y reflejan el interés de Dios por el oprimido. Sin embargo, es interesante notar que la Escritura indica que nuestra preocupación y servicio deben comenzar con los de nuestra propia casa y luego extenderse hacia afuera.

Muchos cristianos están preocupados por las atrocidades y necesidades en otras partes del mundo, mientras que descuidan las necesidades evidentes que existen en sus propias familias biológicas y de la iglesia. Pablo sostuvo que nuestra ayuda desinteresada debe comenzar por las personas más cercanas a nosotras. Insistió en que las mujeres «aprendan primero a cumplir sus obligaciones con su propia familia» (v. 4). «El que no provee para los suyos, y sobre todo para los de su propia casa, ha negado la fe y es peor que un incrédulo» (v. 8).

Luego, nuestro interés y servicio sacrificial debería extenderse a nuestros hermanos y hermanas en Cristo. Finalmente, debería expandirse a las personas de nuestra comunidad y de todo el mundo. Pablo afirmó: «Por lo tanto, siempre que tengamos la oportunidad, hagamos bien a todos, y en especial a los de la familia de la fe» (Gálatas 6.10).

Las mujeres ricas de Éfeso quizás hayan dado mucho dinero con el fin de financiar acciones de socorro en caso de desastres para la gente de Galacia. Sin embargo, es probable que no hayan puesto el mismo énfasis en amar y servir a las mujeres necesitadas de sus propios círculos.

Nosotros también podemos aprender de esta omisión.

Las mujeres a nuestro alrededor tienen muchas necesidades. Como la hermana que tiene un bebé con muchos cólicos y le vendría bien salir una noche. O la madre que sufre de artritis en sus rodillas y podría necesitar algo de ayuda para quitar las malezas del jardín. ¿Y qué hay de la abuela con Alzheimer que se encuentra sola y olvidada en la residencia para ancianos? No nos olvidemos de la tía cuyo hijo está hospitalizado y a su familia le encantaría algo de comida casera. O la mamá soltera de la iglesia que viaja con sus hijos en el autobús y desearía tener un coche. La vecina que se lastimó la espalda y necesita que alguien le limpie la entrada. El empleado al que le cuesta llegar a fin de mes y le vendría muy bien un bono.

Al convertirse en una mujer hacedora de la Palabra, verá las necesidades de aquellos que la rodean mucho más claramente, y el Espíritu Santo inquietará su corazón para abordar cada una de estas necesidades de maneras prácticas. Se volverá menos egoísta y más desinteresada en su servicio a los demás. Esta es otra clara señal de que está poniendo su fe en acción.

3. CRECE EN HUMILDAD.

Santiago dijo que necesitamos recibir con mansedumbre la Palabra implantada a fin de convertirnos en hacedoras (1.21). Mansedumbre significa tener una actitud humilde. Es lo opuesto a una actitud arrogante, engreída, sabionda, la cual prevalecía entre los creyentes de Éfeso. Ellos tenían mucho conocimiento, pero del tipo que infla la cabeza y contrae el corazón. Habían «venido a caer en una vana palabrería, queriendo ser doctores de la ley», pero sin realmente entender lo que con tanta seguridad afirmaban (1 Timoteo 1.6-7, RVR1977).

Pablo dijo que el conocimiento de estas personas los había envanecido. Además, les había dado un «afán enfermizo de provocar discusiones inútiles que generan envidias, discordias, insultos, suspicacias y altercados» (6.4-5). Esta es la clase de personas religiosas sabiondas que puede encontrar hoy en las redes sociales, que publican fuertes discursos religiosos de mal gusto y condescendientes.

Según Pablo, la gente de Éfeso que creía que sabía tanto en realidad no sabía nada (vv. 3-5). «El conocimiento envanece», les dijo a sus amigos en Corinto. «El que cree que sabe algo, todavía no sabe como debiera saber» (1 Corintios 8.1-2). En otras palabras, si está envanecida con el conocimiento, entonces su conocimiento es deficiente. La verdadera sabiduría está siempre vestida de humildad. Como dijo el sabio: «El temor del SEÑOR imparte sabiduría; la humildad precede a la honra» (Proverbios 15.33).

Si usted es una mujer hacedora de la Palabra, crecerá en humildad. Mientras más verdad absorba, más consciente será de lo mucho que todavía tiene por aprender, cuán desesperadamente necesita aprender y cuán dependiente es de la guía del Espíritu Santo.

Me estremezco cuando pienso en mí misma a mis veinticinco años. Esa jovencita creía que lo sabía todo. Tenía mucha más arrogancia y era mucho más atrevida y dogmática de lo que soy ahora. Puedo mirar hacia atrás y ver cómo mi actitud ha madurado. Mi versión más joven dependía de su propia inteligencia; mi versión más madura es mucho más dependiente del Espíritu Santo. Cada día soy más consciente de mi propia falibilidad y de mi necesidad del Señor.

¿Cómo puede usted saber si está creciendo en humildad?

En términos generales, estará cada vez más convencida de que necesita la guía de Dios. Será menos argumentativa, estará menos empeñada en tener la razón y tendrá un mayor interés por escuchar y considerar lo que los demás dicen.

Ninguna de nosotras podría afirmar haber alcanzado la humildad. No obstante, si somos hacedoras de la Palabra, veremos que esta cualidad crece continuamente.

4. ESTÁ MÁS ATENTA ESPIRITUALMENTE.

Una cuarta señal de que es una mujer hacedora es que presta mucha atención a lo que Dios le pide y no lo olvida. Santiago dijo que un hacedor «mira atentamente a la ley perfecta, la de la libertad, y persevera en ella, no siendo oidor olvidadizo» (1.25, RVR1977). Él contrasta esta respuesta atenta, determinada y sostenida con la de alguien que es solo un oidor.

Un oidor *olvida*.

Olvidar hacer algo no es lo mismo que no hacerlo a propósito. El olvido no es una negligencia u omisión intencional. Nadie planea ser olvidadiza.

Sin embargo, el olvido suele ser un indicador de cuánta importancia tiene algo para nosotras. Nuestra concientización y atención, por lo general, se corresponden con el valor que le damos a un objeto. Tendemos a olvidarnos de cosas que consideramos triviales.

Por ejemplo, olvidamos recoger la ropa de la tintorería u olvidamos comprar un nuevo frasco de kétchup en el supermercado. No obstante, hay muy pocas posibilidades de que una novia olvide el día de su boda. Una madre no olvida llevar a su hijo a la escuela o recogerlo a la salida. Un empleado no olvida el día de pago. Cuando algo es importante para nosotras, por lo general no lo olvidamos.

Una segunda razón por la que podríamos olvidar es que nuestra vida esté a punto de estallar con otras cosas que demandan nuestra atención. A veces concentramos nuestros esfuerzos en toda clase de actividades que parecen urgentes y pensamos equivocadamente que también son importantes. La mayoría de las personas pasan mucho tiempo ocupándose de cosas urgentes que no son importantes, pero no separan el tiempo para ocuparse de las cosas importantes que no son urgentes.

El crecimiento espiritual con frecuencia encaja dentro de esta última categoría.

El mismo es muy importante. Sin embargo, dado que no nos envía mensajes de texto todo el tiempo, ni correos electrónicos, ni nos llama, ni nos manda notificaciones, ni nos fastidia, solemos dejarlo a un lado para ocuparnos de ello después, y luego inadvertidamente nos olvidamos.

La mujer hacedora no es indiferente, descuidada o lánguida en lo que respecta a aplicar lo aprendido. La obediencia y el crecimiento espiritual son de muy alta estima para ella. Por lo tanto, crea el hábito de poner en práctica lo que aprende.

No lo posterga.

No se olvida.

Es bueno que el Espíritu Santo nos ayude con esta misión. Como explicó Jesús: «El Consolador, el Espíritu Santo, a quien el Padre enviará en mi nombre, les enseñará todas las cosas y les hará recordar todo lo que les he dicho» (Juan 14.26). Tendemos a ser olvidadizas, pero el Espíritu Santo nos ayuda a recordar. Él es nuestro consolador y maestro, nuestro mentor y entrenador. Nos capacita para que seamos más atentas. Nos recuerda y nos ayuda a *lograr nuestra misión*.

Usted puede estar segura de que es una mujer hacedora si se está volviendo más sensible a la guía del Espíritu Santo de Dios y más atenta a las cosas espirituales.

5. SE OPONE A LAS TENDENCIAS CULTURALES.

Santiago expresó que los seguidores auténticos de Jesús se mantenían apartados, se conservaban «limpios de la corrupción del mundo» (1.27). Aquellos que siguen a Jesús no están en sintonía con la cultura popular. Pensarán y vivirán de manera diferente a la mayoría de las personas a su alrededor.

Como cristianas, nuestra moralidad, valores y creencias no son los mismos que los de este mundo. Nuestras prioridades, motivaciones y aspiraciones son diferentes. Marchamos al ritmo de un tambor diferente. O al menos deberíamos.

Santiago reprendió a sus lectores por ser mundanos. «¡Oh gente adúltera! ¿No saben que la amistad con el mundo es enemistad con Dios? Si alguien quiere ser amigo del mundo se vuelve enemigo de Dios» (4.4).

Con frecuencia, la Biblia compara el pacto entre Dios y su pueblo con la relación matrimonial (Isaías 54.1-6; Jeremías 2.2). En reiteradas ocasiones, los profetas del Antiguo Testamento acusaron a Israel de ser infiel a su esposo (Isaías 54.1-6; Jeremías 3.7-10; Ezequiel 16.23-26; Oseas 3.1). Los autores del Nuevo Testamento extienden la imagen del esposo y la esposa al pacto entre Cristo Jesús y la iglesia (2 Corintios 11.1-2; Efesios 5.22-23; Apocalipsis 19.7; 21.9). Sin duda, Santiago tenía este simbolismo en mente cuando reprendió a sus oyentes: «¡Oh gente adúltera!».

Santiago se sentía disgustado porque sus lectores cristianos estaban engañando a su esposo (Jesús) y jugueteando con un amante ilícito (el mundo). Se sentían más cautivados por el mundo que por su esposo,

Jesús. Él esperaba que esta atracción hacia el mundo fuera disminuyendo mientras su amor por Cristo crecía. Creía que progresivamente se apartarían de su forma mundana de pensar y actuar a medida que fueran creciendo en la obediencia y la madurez cristiana.

¿Qué hay de usted? ¿Puede identificar de qué manera está yendo en contra de las tendencias culturales?

- Se rehusó a leer el último éxito de venta con un matiz erótico sobre el cual todas sus amigas se ríen nerviosamente.
- Se dio de baja del canal de televisión provocativo, el cual ofrece sexo pervertido con el pretexto de ser ficción histórica.
- Decidió que no puede ir en contra de su conciencia al participar en la despedida de soltera de su compañera de trabajo.
- Ha dejado de frecuentar los bares.
- Dijo la verdad cuando su amiga la presionó para que dijera una mentira piadosa.
- Se niega a escuchar chismes y chistes obscenos.
- Ha dejado de maldecir, como lo hacen todas las demás chicas del equipo de *rugby*.

Si busca obedecer a Cristo, sentirá cada vez más que es la nota discordante. Como un salmón que nada contra la corriente, se verá a sí misma rodeada de cada vez menos nadadores que tengan la fuerza de ir contra la marea.

Si este es el caso, cobre ánimo. Esa es una clara señal de que es una mujer hacedora de la Palabra.

Como dijo una vez Malcolm Muggeridge: «Nunca olvides [...] que solo los peces muertos siguen la corriente».[6]

6. TIENE UN MAYOR COMPROMISO POR HACER LO QUE DIOS LE PIDE.

¿Recuerda la historia que le conté sobre mi hijo, quien se rehusó a doblar la pila de ropa que había dejado sobre la mesa? Expliqué que una de las características de una farsante religiosa es la obediencia selectiva. No debe sorprendernos entonces que una de las características de una mujer hacedora sea la obediencia rápida y completa. Una hacedora está dispuesta a realizar las cosas difíciles, y a hacerlas con prontitud.

Santiago citó el ejemplo de Abraham, quien obedeció cuando Dios le pidió que sacrificara a su hijo, Isaac (2.21-23). Isaac era el milagro que Dios les había prometido a Abraham y Sara. Ellos esperaron mucho tiempo para ver el cumplimiento de esa promesa, veinticinco años para ser exacta. Sara tenía más de noventa años y Abraham tenía más de cien años cuando Isaac finalmente nació.

Imagínese la sorpresa de Abraham, años más tarde, cuando Dios le ordenó que sacrificara a su hijo. Para ese entonces, Isaac ya era un jovencito.[7] Abraham llevó a cabo con prontitud lo que Dios le había encomendado. Llevó a Isaac al monte, lo colocó en un altar y estaba a punto de clavarle un cuchillo en el corazón cuando Dios intervino y lo detuvo.

Abraham obedientemente hizo lo que Dios le había mandado, aun cuando era difícil y no entendía por qué (Génesis 22). El escritor de Hebreos explicó que la confianza de Abraham en la bondad y el poder de Dios era tan fuerte que obedeció sin dudarlo. «Consideraba Abraham que Dios tiene poder hasta para resucitar a los muertos, y así, en sentido figurado, recobró a Isaac de entre los muertos» (Hebreos 11.19).

¡Vaya! ¡Qué historia! Resulta impresionante para mí que Abraham haya estado dispuesto a llegar tan lejos para obedecer al Señor. Finalmente, su gran obediencia fue recompensada con una bendición extraordinaria. «Como has hecho esto, y no me has negado a tu único hijo, juro por mí mismo —afirma el Señor— que te bendeciré en gran manera, y que multiplicaré tu descendencia como las estrellas del cielo y como la arena del mar. Además, tus descendientes conquistarán las ciudades de sus enemigos. Puesto que me has obedecido, todas las naciones del mundo serán bendecidas por medio de tu descendencia» (Génesis 22.16-18).

Obedecer siempre trae la bendición de Dios. Las mujeres hacedoras lo saben. Eso no quiere decir que hacer lo correcto siempre será fácil. Puede que sea difícil. Y puede costar. A veces puede costar mucho.

Sin embargo, las mujeres hacedoras están dispuestas a hacer también las cosas difíciles, porque confían en la bondad y el poder de Dios y en la bendición que él concederá sobre quienes hayan confiado y obedecido.

Estar cada vez más dispuestas a hacer lo correcto, aun cuando no sea fácil, es otra señal de que usted es verdaderamente una hacedora de la Palabra.

7. ES UNA PERSONA MÁS FELIZ.

Santiago dijo: «Mas el que mira atentamente en la perfecta ley, la de la libertad, y persevera en ella, no siendo oidor olvidadizo, sino hacedor de la obra, éste será bienaventurado en lo que hace» (1.25, RVR1960). ¿Sabe lo que significa la palabra *bienaventurado*? Bienaventurado significa feliz... una felicidad profunda e inquebrantable.

La obediencia produce felicidad.

Sin duda, Santiago oyó esta verdad de su hermano, Jesús, quien garantizó que son «bienaventurados los que oyen la palabra de Dios, y la guardan» (Lucas 11.28, RVR1960).

¿Alguna vez se detuvo a considerar que Dios es infinitamente feliz? Él es el «Dios bendito» (1 Timoteo 1.11) que se alegra haciéndole bien a su pueblo (Jeremías 32.41). Jesús nos invita a pasar la eternidad con un Dios feliz y gozoso (Mateo 25.23). Él vivió y murió a fin de que su propio gozo, el gozo de Dios, sea cumplido en nosotras y que tengamos gozo en plenitud (Juan 15.11; 17.13).

Dichosos son «los que oyen la palabra de Dios y la obedecen» (Lucas 11.28).

Si la obediencia produce felicidad, entonces las mujeres hacedoras de la Palabra serán personas felices.

Es algo inevitable.

Mientras más obedezca, más dichosa se volverá.

Esto no quiere decir que no vayamos a experimentar tristezas o sufrimientos. Jesús fue un «varón de dolores, hecho para el sufrimiento» (Isaías 53.3). No obstante, incluso las circunstancias tristes y difíciles, cuando se atraviesan con obediencia, producirán gozo. Fue «por el gozo que le esperaba» que Jesús obedientemente soportó la cruz (Hebreos 12.2).

Esta clase de felicidad dista de la felicidad superficial y pasajera que ofrece el mundo, la cual depende de las circunstancias y desaparece ante el primer problema. No. La felicidad de la mujer hacedora es mucho más profunda, rica, fuerte y duradera.

¿Cuán feliz se siente? ¿Consideró alguna vez que puede aumentar el nivel de su felicidad al ser más obediente? Ser una persona feliz es una de las señales de que usted es una hacedora de la Palabra.

TAREA CUMPLIDA

Al contrario que a mi hijo menor, no me gusta mucho hacer ejercicio. No sé cómo organizar mi propia rutina, ni tengo la fuerza de voluntad suficiente para seguir un programa determinado. Si voy al gimnasio, me siento abrumada por todos los tipos de máquinas diferentes. Luego de dar varias vueltas y hacer algunos ejercicios ineficaces en distintas máquinas, me rindo, empaco mis cosas y regreso a casa.

No obstante, hace unos años comencé a asistir a un gimnasio que ofrecía una entrenadora. Durante sesiones de una hora, la entrenadora guía a un pequeño grupo a través de diferentes series de ejercicios cardio-vasculares y de fuerza. Ella nos indica qué necesitamos hacer y por cuánto tiempo debemos hacerlo, luego fija objetivos para la zona de frecuencia cardíaca que quiere que alcancemos.

Nuestras pulsaciones, esfuerzo y logros se registran en grandes monitores coloridos los cuales son visibles desde cualquier parte del salón. La entrenadora monitorea nuestro progreso, nos da instrucciones personales y consejos, corrige cualquier problema que ve con nuestra forma y continuamente nos anima y alienta.

Tener una entrenadora hace que las cosas sean más simples.

Realmente a mí me funciona. Todo lo que necesito hacer es asistir, colocarme el monitor de frecuencia cardíaca, y esforzarme por seguir las instrucciones de mi entrenadora.

Obedecer a Dios se asemeja a esto. No es complicado. Él nos ha dado el regalo del Espíritu Santo que mora en nosotras para que sea nuestra guía y entrenador permanente. Todo lo que necesitamos hacer es presentarnos, poner nuestros ojos en Dios y seguir su guía.

Como he destacado a lo largo de este libro, las pequeñas elecciones se acumulan con el tiempo. Las pequeñas cosas que se hacen con constancia producen grandes resultados. Es la constancia del hábito a lo largo del tiempo más que la magnitud de cada acción individual la que marca toda la diferencia.

No es un gran entrenamiento ocasional en esa máquina impresionante en el gimnasio el que me volverá fuerte. No. Lo que se necesita es muchos pequeños esfuerzos repetitivos sostenidos en el tiempo.

No me malentienda. A veces la obediencia sí requiere de un gran entrenamiento y de mucho esfuerzo. No obstante, la mayoría de las veces solo tiene lugar a lo largo de cada día en los cientos de pequeñas decisiones que tomo todo el tiempo.

¿Voy a perder la calma?

¿Voy a decir algo cruel?

¿Repetiré ese chisme?

¿Voy a acudir a la queja?

¿Voy a transigir?

¿Voy a ser amable?

¿Voy a perdonar?

¿Voy a devolver bien por mal?

¿Voy a obedecer lo que mi entrenador me diga que haga hoy?

¿Estoy siquiera escuchando su voz?

La mayoría de nosotras sabemos qué es lo que Dios nos está pidiendo que hagamos. También sabemos que cuando nos pide que hagamos algo, nos da la fortaleza para lograrlo. A veces pienso que la razón por la que somos débiles —siempre aprendiendo, pero nunca logrando conocer la verdad— es porque nuestros corazones son como el del capitán Naamán, el comandante del ejército arameo que quería que Dios le curara la lepra.

Este capitán orgulloso y capaz, sobre quien leemos en 2 Reyes 5, se resistió cuando Eliseo le indicó que se sumergiera en el Jordán siete veces. El profeta lo mandó a hacer algo demasiado común y demasiado simple.

El capitán Naamán fue a la casa de Eliseo y se le apareció en su puerta con un despliegue de caballos y carros impresionantes. Eliseo ni siquiera se molestó en salir y encontrarse con él personalmente. Solo le transmitió su instrucción a través de un mensajero. El gran capitán se sintió insultado. Zambullirse en ese pequeño arroyo fangoso que Israel llamaba río no era digno de él. Era una afrenta a su gran poder y dignidad. Él era un hombre poderoso y de gran valor. Si Eliseo le hubiese pedido que hiciera algo desafiante y monumental, sin duda lo habría hecho. ¿Pero algo tan insignificante, trivial y común? *¡Puf!*

El capitán dio la vuelta con sus caballos y se fue enfurecido. Por suerte, un criado lo hizo entrar en razón y lo convenció de que lo intentara. El acto de obediencia era muy sencillo, y había hecho un largo viaje. Realmente, ¿qué tenía que perder?

¿Puede imaginarse cómo debió haberse sentido el gran capitán cuando descendió de su caballo, se quitó su impresionante armadura, se metió en esa agua fría y sucia en ropa interior enfrente de todos sus subordinados y criados, y humildemente se zambulló siete veces?

Finalmente, fue esa insignificante acción repetitiva y en apariencia trivial la que lo sanó.

Si Pablo hubiese desafiado a esas mujeres efesias eruditas a que hicieran algo grande e ilustre por Jesús, estimo que lo habrían hecho. Eso es lo que queremos. Deseamos hacer algo grande e impresionante por Dios. Estaríamos felices con eso. ¿Pero obedecer en las pequeñas cosas? *¡Puf!* ¿Quién tiene tiempo para eso? ¿Qué diferencia podría llegar a hacer?

Es importante que podamos comprender que el crecimiento generalmente no llega a través de actos de obediencia grandes e ilustres, sino a través de esos pequeños actos que realizamos repetidas veces todos los días y son en apariencia triviales. Ejercitar nuestros músculos espirituales al hacer todas las pequeñas cosas que Dios nos pide que hagamos es lo que nos volverá fuertes.

¿Quiere que Dios transforme su debilidad en fortaleza? ¡Entonces es hora de presentarse, escuchar a su entrenador y solo hacerlo!

HÁBITO 6

Manténgase firme

Sin convicciones doctrinales sólidas será una
persona débil y se apartará de la verdad.

Los jóvenes soldados israelíes permanecían firmes en la
oscuridad, esperando la última parte de la ceremonia que completaría
su entrenamiento básico. El comandante se paseaba por las filas en for-
mación, entregándole a cada aprendiz dos elementos fundamentales: un
nuevo rifle y una copia personal de las Escrituras judías, el Tanaj, el cual
contiene la Torá y los escritos de los profetas hebreos.

Cuando todos estuvieron armados con la Escritura a su derecha y el
arma a su izquierda, el comandante dio la orden de encender el fuego.

El cielo oscuro se iluminó con una enorme colección de letras hebreas
encendidas que enunciaban un mensaje inconfundible. En voz alta y con
convicción, el comandante gritó fuertemente la frase: «¡Masada no caerá!».

En respuesta, los soldados elevaron su Tanaj y rifles hacia el ardiente
mensaje y exclamaron: «¡Lo juro! ¡Lo juro! ¡Lo juro!».

El antiguo paracaidista israelí que era nuestro guía turístico se detuvo
por un momento después de compartir este vívido recuerdo. Estábamos

parados sobre Masada, los restos de la antigua fortaleza del rey Herodes en el desierto, donde tuvo lugar el último enfrentamiento judío contra la invasión romana, y en el sitio exacto donde, siendo un soldado militar recién entrenado, nuestro guía hizo su juramento.

De acuerdo con el historiador Josefo, el prolongado asedio de los romanos en Masada terminó con el suicidio masivo de casi mil judíos. Ellos habían jurado que nunca serían esclavos del emperador romano ni de ningún dios que no fuera Jehová.[1] Estaban dispuestos a morir por sus convicciones, al igual que nuestro guía, Moshe, que había pasado la mejor parte de su vida en el ejército.

«Masada no ha caído», Moshe declaró quedamente, «y no caerá, no bajo mi vigilia».

Dijo esto de manera figurada, por supuesto, aludiendo a que protegería la nación a la que había servido y amado.

Mientras caminábamos alrededor de las ruinas, me preguntaba si estaría dispuesta a morir por mis convicciones. Esta pregunta se volvió aún más conmovedora al toparme con el único ocupante de Masada, un escriba judío que cada día se enclaustraba en una de las pocas estructuras remanentes para copiar minuciosamente la Torá a mano, línea por línea, letra por letra. Lo observé mientras con todo cuidado y respeto movía su pluma a través del pergamino, transcribiendo el libro de Levítico. Era evidente que estaba convencido de que el rollo que duplicaba era la santa Palabra de Dios.

A lo largo de los siglos, multitudes de creyentes han sido perseguidos y martirizados «por causa del testimonio de Jesús y por la palabra de Dios» (Apocalipsis 20.4). ¿Tengo esa clase de compromiso? ¿Tengo esa clase de convicción? ¿Estoy dispuesta a arriesgar mi vida para defender la Escritura como la Palabra de Dios? ¿Estoy dispuesta a defender la verdad de manera inquebrantable e implacable? ¿Y usted?

LA BÚSQUEDA DEL CONOCIMIENTO

Las mujeres débiles de Éfeso no tenían convicciones, ninguna por la que estuvieran dispuestas a morir en cualquier caso. Nuestro texto dice que «siempre están aprendiendo, pero nunca logran conocer [griego: *epignosis*] la verdad» (2 Timoteo 3.7).

La palabra hebrea para «conocimiento» es *yada*, cuyo significado abarca más que solo una comprensión intelectual. También conlleva un sentido de experiencia, emoción y relación personal. Esta contrasta con la palabra griega para conocimiento, *gnosis*, la cual se limita a un conocimiento intelectual. No obstante, los escritores del Nuevo Testamento tendían a usar la palabra *gnosis* de un modo que estaba más alineado con la connotación hebrea.[2]

A veces, escogían usar la palabra compuesta *epignosis* en su lugar, añadiendo el prefijo *epi-* a *gnosis* para indicar que tenían en mente la definición más amplia de la palabra. El prefijo *epi-* indica que algo es más profundo, más completo o más intenso. *Epignosis* significa un conocimiento pleno: intelectual, vivencial, emocional e íntimamente personal. Este conocimiento pleno de la verdad es lo que las mujeres débiles de Éfeso no lograban alcanzar.

Según Pablo, el objetivo de aprender era alcanzar un nivel de certeza y convicción sobre lo que uno cree.

Dios «quiere que todos sean salvos y lleguen a conocer la verdad» (1 Timoteo 2.4). Pablo argumentó que por esta misma razón Dios lo «nombró heraldo y apóstol [...] maestro de los gentiles para enseñarles la verdadera fe» (v. 7). Él fue enviado como apóstol para «proclamar fe a los que Dios ha elegido y para enseñarles a conocer la verdad que les muestra cómo vivir una vida dedicada a Dios» (Tito 1.1, NTV).

La Biblia dice que podemos *conocer* la verdad.

Con certeza.

¿Qué sentido tiene aprender si no podemos estar seguras de que lo que estamos aprendiendo es verdadero y confiable? ¿Y qué sentido tiene si personalmente no abrazamos la verdad y vivimos conforme a la misma?

Las mujeres en la iglesia de Timoteo eran débiles en sus creencias. Tenían ganas de aprender, pero nunca llegaban a ninguna conclusión firme. Eran como «niños, zarandeados por las olas y llevados de aquí para allá por todo viento de enseñanza» (Efesios 4.14). ¿Por qué eran así?

Si miramos su cultura, podemos ver qué aspectos contribuyeron a que fueran tan inestables.

En líneas generales, la filosofía griega era la filosofía dominante en ese tiempo y sirvió de base para todos los libros del Nuevo Testamento.[3] Una característica bien conocida de la cultura griega era el amor por el aprendizaje. Los griegos eran pensadores. Sus filósofos se consideraban a sí mismos como científicos y se enorgullecían de ser buscadores y amantes de la sabiduría.[4] Pablo notó que este era un reconocido rasgo cultural. «Los griegos buscan sabiduría», escribió en 1 Corintios 1.22 (RVR1977).

Dado que Éfeso era una ciudad griega, se colocaba un valor extremadamente alto en el aprendizaje, el conocimiento, y la presentación y deliberación de las ideas. Sus bibliotecas, los foros, plazas públicas, salones y teatros eran diseñados explícitamente para llevar a cabo discursos, lecturas, conferencias y debates. Y no solo los hombres estaban interesados en asistir. Como hice mención anteriormente, las mujeres de clase alta solían invitar a los maestros para dar charlas privadas a grupos de mujeres que se reunían en los salones de sus casas adosadas. Debatir nuevas ideas era una parte normal de la vida en Éfeso tanto para los hombres como para las mujeres.

Cuatro escuelas filosóficas florecieron durante ese período: los escépticos, los cínicos, los epicúreos y los estoicos. Todas abordaban la pregunta popular sobre cómo vivir para ser felices. Es probable que las mujeres de Éfeso estuvieran familiarizadas con estas nuevas ideas modernas. Ciertamente, un centro metropolitano como Éfeso habría estado entusiasmado con las mismas. El libro de Hechos menciona que cuando Pablo estaba en Atenas, debatía con los filósofos epicúreos y estoicos (17.18).

El escepticismo se refiere a un estado mental dudoso e inquisitivo. El término proviene del verbo griego *skeptomai*, que significa observar con cuidado, reflexionar. Los escépticos creían que era imposible conocer la verdad, que no existía tal cosa como la certeza en el conocimiento humano. Ese fue el punto de vista que Pilato adoptó cuando retóricamente le preguntó a Jesús: «¿Y qué es la verdad?» (Juan 18.38). El escepticismo es la doctrina opuesta al dogmatismo, el cual propone la idea de que existe un conjunto de creencias establecidas y que no pueden ser disputadas, puestas en duda, ni es posible divergir de las mismas.

Los escépticos decían: «No hay forma de saber con certeza qué es la verdad. No te atrevas a decirme que tu manera de ver las cosas es la correcta y la mía no lo es. Puedes creer lo que quieras. Yo voy a creer lo que quiera creer. Eso es lo que nos hará felices».

Los cínicos creían que para alcanzar la felicidad era necesario satisfacer los deseos naturales de comida, sexo y vivienda de la manera más sencilla, libre de las limitaciones sociales. El término *cínico* significa mostrar desprecio por los estándares aceptados, ser muy desconfiado y despectivo. Los cínicos eran exactamente de esta manera. Rechazaban la religión, el matrimonio, las riquezas, el poder y la fama. Y trataban de vivir una vida libre de posesiones y bienes.

Los cínicos creían que el mundo les pertenecía a todos por igual y que el sufrimiento era causado por todas las costumbres, convenciones y estructuras de poder inútiles en la sociedad. Los cínicos eran particularmente críticos de cualquier manifestación de ambición o exceso capitalista, la cual consideraban una de las causas principales del sufrimiento. Esta filosofía es similar en muchos aspectos al movimiento *hippie* de la década de los sesenta o al movimiento *Ocupa la Bolsa* que se ha extendido en las décadas más recientes.

Los cínicos decían: «No confío en ti. Me ofende que tengas poder y que trates de dictar mi comportamiento. Hago lo que siento que es correcto y estoy feliz cuando hago lo que me sale naturalmente».

El epicureísmo afirmaba que la felicidad provenía del contentamiento y de la búsqueda de placeres inmediatos. El uso moderno del término *epicúreo* está asociado con el dicho: «Come, bebe y sé feliz». Epicuro, el filósofo responsable de esta escuela de pensamiento, animaba a sus seguidores a disfrutar de su estado actual. También promovía la autosuficiencia y la autodeterminación. Él decía: «Es absurdo pedirles a los dioses lo que cada uno es capaz de procurarse por sí mismo».[5]

Epicuro creía en la igualdad y recibía a las mujeres y los esclavos en su escuela juntamente con los hombres.[6] Él enseñaba que mientras siguieran el principio de «no dañar ni ser dañado», las personas deberían ser libres de buscar la felicidad como mejor les pareciera.[7]

Los epicúreos decían: «Solo tenemos una vida, por lo tanto, voy a sacarle el mayor provecho. Mientras no le haga daño a nadie, soy libre de hacer todo lo que me haga feliz». Cuando Pablo estuvo en Éfeso, le escribió una carta a la iglesia de Corinto, citando lo que parece ser un dicho epicúreo: «Comamos y bebamos, que mañana moriremos» (1 Corintios 15.32).

Los estoicos creían que la senda a la felicidad era aceptar cada momento tal como se presentara. Apuntaban a ser sobrios e impasibles ante las emociones, sin importar lo que deparara el destino.[8] Los estoicos creían que uno debía asumir la responsabilidad por las cosas que puede controlar, pero permanecer impasible e indiferente con respecto a aquello sobre lo que uno no tiene el control.

Los estoicos viven en un estado marcado por la ausencia de emociones, y llevan a cabo acciones calmadas y precisas en respuesta a las situaciones que suceden en sus vidas. Cato, Séneca y Marco Aurelio fueron famosos por practicar esta filosofía.[9]

Los estoicos decían: «No puedo controlar lo que me sucede, pero sí puedo controlar cómo responder ante ello. La felicidad significa permanecer calmado y en control de mis emociones».

En la actualidad, la mayoría de las personas están familiarizadas con lo que significa ser escéptico, cínico, epicúreo y estoico. Estas palabras provienen de las enseñanzas filosóficas que se promovían durante los tiempos del Nuevo Testamento. Sin embargo, en ese entonces estas ideas eran nuevas y representaban la vanguardia del pensamiento progresista.

Cualquier mujer de Éfeso habría oído hablar en las calles sobre todas estas nuevas doctrinas. Habría estado expuesta a la idea de que era imposible conocer la verdad (escepticismo), que debía desconfiar de las personas en posiciones de poder que le dijeran qué hacer (cinismo), que mientras no le hiciera daño a nadie, debía hacer todo lo que la hiciera feliz (epicureísmo), y que debía enfocarse en lo que podía controlar y evitar sentir emociones intensas (estoicismo).

A todos nos afecta la cultura en la que vivimos, y las mujeres en la iglesia de Timoteo no eran la excepción. Mientras que sus amigas mundanas estaban ocupadas aprendiendo y debatiendo las ideas filosóficas, estas mujeres que asistían a la iglesia estaban ocupadas aprendiendo y debatiendo cuestiones religiosas. Estimo que habían absorbido por lo menos algunas de las ideas filosóficas que se hallaban en auge en la sociedad secular. Y no solo la filosofía, sino también la actitud hacia el aprendizaje que derivaba de la misma.

A la gente de Éfeso le encantaba aprender solo por placer. Al igual que los residentes de Atenas, que «se pasaban el tiempo sin hacer otra cosa más que escuchar y comentar las últimas novedades» (Hechos 17.21).

Estaban mucho más interesados en el proceso que en el resultado. Los filósofos los habían convencido de que «nunca llegar a conocer» era de hecho una virtud.[10] Como resultado, a las personas les importaba más aprender que conocer la verdad. Es algo así como el chico que está más interesado en la emoción de la búsqueda que en encontrar al verdadero amor y establecerse. Las nuevas ideas eran las mejores, no porque fueran más ciertas, sino simplemente porque eran más novedosas.

Esta actitud popular hacia la verdad presentó un desafío para la iglesia del Nuevo Testamento. El cristianismo se mostraba dogmático en cuanto a que Jesucristo era *la* verdad y que todas las demás alternativas resultaban falsas (Juan 14.6). Cristo mismo enfatizó reiteradamente que vino a revelar verdades de Dios eternas y absolutas. Su frase favorita, «Les aseguro», aparece innumerables veces en los Evangelios.

Los cristianos creemos que «toda la Escritura es inspirada por Dios» (2 Timoteo 3.16), que la Escritura es la «palabra de verdad» (2.15) y que la Escritura tiene «la esencia misma del conocimiento y de la verdad» (Romanos 2.20).[11]

Una de las razones principales de por qué las mujeres en la iglesia de Timoteo nunca lograban conocer la verdad era que les gustaba escuchar otras ideas. Querían oír algo nuevo. Se habían aburrido de las enseñanzas de Timoteo. *Lo mismo de siempre.* Ya lo habían escuchado todo. Querían algo actual y emocionante.

Así que exploraron otros contenidos, al igual que nosotras.

He aquí algunas equivalencias actuales:

- Leer un éxito de ventas de un autor religioso controversial que cuestiona y desafía todas las normas.

- Escuchar los *podcasts* de comentaristas religiosos de moda conocidos por sus críticas ácidas y divertidas.

- Actualizar nuestras cuentas en las redes sociales para seguir a ese enérgico, provocativo y progresista pastor de megaiglesia (que luce tan bien en sus pantalones vaqueros ajustados).

- Leer un «sitio web informativo» conducido por autoproclamados cazadores de herejes a fin de enterarnos del último chisme sobre un viejo teólogo aburrido que está muy *pasado de moda* y necesita un poco de ayuda para salir adelante.

- Seguir blogs de gurús religiosos prometedores que cuestionan el *statu quo* y presentan nuevas maneras de ver las cosas.

Pablo advirtió: «Porque llegará el tiempo en que no van a tolerar la sana doctrina, sino que, llevados de sus propios deseos, se rodearán de maestros que les digan las novelerías que quieren oír. Dejarán de escuchar la verdad y se volverán a los mitos» (2 Timoteo 4.3-4).

Ya era un problema en los días de Timoteo, y creo que se ha convertido en un problema aún mayor en nuestro tiempo. Si vamos a convertirnos en mujeres fuertes, debemos estar arraigadas en la verdad y tener cuidado de no aceptar nuevas ideas vanguardistas a ciegas.

EL PROBLEMA DE LA FALSA CIENCIA

Una tormenta teológica había golpeado a la congregación de Éfeso. Ciertas personas en la iglesia de Timoteo estaban promoviendo ideas a las que falsamente llamaban «ciencia» (1 Timoteo 6.20). En otras palabras, transmitían doctrinas que no eran ciertas. Y para preocupación de Pablo, las mujeres las aceptaban con entusiasmo.

Los falsos maestros habían inundado la iglesia con ideas que eran políticamente correctas, pero teológicamente erróneas. Es probable que quisieran hacer que el cristianismo fuera más apetecible, así se alinearía mejor con su cultura y se volvería más atrayente. Sin lugar a duda, eran grandes oradores y muy cautivadores, populares y provocativos. Si vivieran en nuestros días, tendrían blogs fantásticos e innumerables seguidores en sus redes sociales. Sin embargo, la llamada ciencia que promovían estaba desatando una tormenta de controversias, una tormenta tan grave que afectaba a toda la comunidad cristiana.

Pablo describe ampliamente el problema en su primera y segunda carta a Timoteo. A estos falsos maestros les gustaba enseñar y pretendían ser «doctores de la ley», pero no tenían idea de lo que hablaban (1 Timoteo 1.7). Sus ideas eran progresistas, desde luego. Ellos enseñaban una doctrina nueva y «diferente» (v. 3) que se desviaba de la verdad histórica (2 Timoteo 2.18) y se apartaba de la sana enseñanza de Jesús (1 Timoteo 6.3) o de la sana doctrina (1.10).

No aplicaban la Escritura como es debido (v. 8). Su teología se basaba en «leyendas» y en argumentos complicados (v. 4). Esta presentaba muchos mitos urbanos e ideas políticamente correctas (v. 4), junto con lo que una traducción llama «fábulas profanas» (4.7, RVR1960). Si bien sus argumentos sonaban persuasivos, sus razonamientos eran incongruentes y llenos de contradicciones (6.20).

Los intrusos que promovían esta falsa ciencia eran combativos y argumentativos (2 Timoteo 2.14). Les gustaba ser controversiales (v. 23), generar «discusiones inútiles» (v. 14) y provocar controversias (1 Timoteo 1.4). Hacían uso de un montón de «palabrerías profanas» (2 Timoteo 2.16).

Esto indica que eran irrespetuosos y condescendientes. Y que hablaban mucho... más bien demasiado. Siempre tenían que compartir sus opiniones y nunca se les terminaban las palabras. Hoy en día, tuitearían y publicarían enérgicamente.

Pablo indicó que las enseñanzas que estos maestros promovían se habían extendido a toda la comunidad cristiana «como gangrena» (v. 17).

Gangrena.

La información falsa puede ser peligrosa.

En 1938, Orson Welles narró por la radio CBS una adaptación dramática del clásico de ciencia ficción *La guerra de los mundos*. Se suponía que el informativo falso sobre una invasión de extraterrestres causaría diversión, pero Welles no tenía idea del caos que la transmisión causaría. Los oyentes creyeron que una verdadera invasión extraterrestre estaba en camino. El pánico se desató por todo el país. Los ciudadanos aterrorizados colapsaron las autopistas buscando escapar de los alienígenas. La Prensa Asociada reportó que un hombre en Pittsburgh regresó a su hogar a mitad de la transmisión y encontró a su esposa sosteniendo una botella de veneno. Ella le dijo: «Prefiero morir de esta manera».[12] Si bien los reportes de los medios sobre la histeria masiva fueron probablemente exagerados, sí hubo registros de estampidas, suicidios y —una vez que se aclaró que la narración era falsa— oyentes furiosos que amenazaban con matar a Welles.[13]

En una noticia más reciente, el 23 de abril de 2013 apareció un anuncio alarmante en la cuenta pirateada de Twitter de la Prensa Asociada: «Último momento: Dos explosiones en la Casa Blanca; Barack Obama se encuentra herido». El pánico se desató de inmediato. El Dow Jones cayó ciento veinte puntos en dos minutos.[14]

El año pasado, la Administración de Alimentos y Medicamentos de Estados Unidos retiró del mercado un medicamento para la presión arterial debido a una confusión potencialmente mortal con la etiqueta. La etiqueta de la botella identificaba de manera errónea la droga como una medicación diferente.

La información falsa no es benigna; puede ser extremadamente peligrosa, en especial cuando está relacionada con cuestiones de vida o muerte.

Las doctrinas falsas que se abrían paso a través de la congregación en Éfeso destruyeron a sus oyentes (2 Timoteo 2.14) y trastornaron la fe de algunos (v. 18). Aquellos que las aceptaron terminaron en una pendiente teológica resbaladiza que iba de «mal en peor» (3.13), alejándose «cada vez más de la vida piadosa» (2.16) y finalmente abandonando su fe (1 Timoteo 1.20; 4.1).

Nadie sabe con certeza cuáles eran las doctrinas falsas que se promovían en Éfeso. Los eruditos han hecho algunas conjeturas. La mayoría piensa que las enseñanzas se trataban de una forma primitiva de gnosticismo, que en griego significa *tener conocimiento*. Se presume que este grupo de enseñanzas heréticas se fueron mezclando con los conceptos del cristianismo, la filosofía griega y varias otras tradiciones religiosas.[15] Más allá de las cuestiones específicas, Pablo sostuvo que este conocimiento especial no era ninguna ciencia en absoluto. Le dijo a Timoteo que eran argumentos de la «falsamente llamada ciencia» y que los evitara (6.20, RVR1960).

Lo que resulta más evidente sobre lo que sucedía en la iglesia de Timoteo es que había muchas especulaciones, controversias y parloteo. A los impostores les encantaba discutir y debatir sobre religión y filosofía.

Hay una frase maravillosa de la novela de T. H. White sobre el rey Arturo, *El libro de Merlín*, cuando la reina Ginebra a su edad avanzada se convierte en la abadesa de un convento. White la describe como extremadamente experta en religión, pero carente de devoción: «Ginebra nunca tuvo temor de Dios. Era buena conocedora de la teología, pero eso era todo».[16]

Podríamos decir justificadamente lo mismo sobre las personas que habían aceptado la falsa doctrina en Éfeso.

Hablaban mucho acerca de religión, pero eso era todo.

LA CIENCIA FALSA EN LOS ÚLTIMOS TIEMPOS

El problema de la ciencia falsa no se limita a los tiempos del Nuevo Testamento. Pablo advirtió que sería un problema persistente. En su primera carta a Timoteo, expresó que Dios le había dicho explícitamente que «inspiraciones engañosas y doctrinas diabólicas» se infiltrarían en la iglesia «en los últimos tiempos» (1 Timoteo 4.1).

En su segunda carta, justo antes de mencionar las diecinueve cualidades de un intruso, Pablo le recordó a Timoteo sobre este peligro constante. «En los últimos días vendrán tiempos difíciles» (3.1).

El término griego traducido como *difíciles* se refiere a algo terrible. Algunos griegos utilizan esta palabra para describir a animales feroces o un mar violento. Se refiere a una situación peligrosa que es difícil de controlar y la cual no es fácil de atravesar a salvo.[17]

Esta situación terrible sucederá en los últimos días, lo cual se refiere al segmento final de la historia entre el tiempo en que Jesús se fue y el tiempo en que regresará. Tal período de tiempo no es nuestro futuro, sino nuestra era presente.[18]

Según Pablo, estamos viviendo en tiempos difíciles. Y lo que hace que estos tiempos sean tan terribles no es la tribulación ni la persecución que enfrentan los cristianos. Aunque eso es grave, no es el problema que Pablo tenía en mente. Él se refería al problema terrible de la falsa ciencia, una de la clase que está llena de «inspiraciones engañosas y doctrinas diabólicas» (1 Timoteo 4.1).

Esta falsa ciencia engañosa surge desde adentro —no desde afuera— de la comunidad cristiana y conduce a muchos a la perdición.

Aunque Dios estableció a la iglesia para ser «columna y fundamento de la verdad» (3.15), Pablo advirtió que siempre habría personas en la iglesia que se opondrían a la verdad (2 Timoteo 3.8). Predijo que esta era estaría repleta de falsedad, la cual sería difícil de contener y controlar. Y que el pueblo de Dios no saldría ileso. Muchos serían heridos y destruidos.

Siempre ha habido personas que han promovido falsas doctrinas. Sin embargo, el tiempo de la venida de Cristo está ahora mucho más cerca. Estamos en la recta final de los últimos tiempos. Y según mi parecer, el problema continúa agravándose.

Cada vez es peor.

Estoy segura de que habrá notado que hay una enorme presión sobre los cristianos a fin de modernizar las enseñanzas históricas de la iglesia sobre moralidad, matrimonio y género; el significado del pecado y la salvación; el juicio, la ira y la misericordia de Dios; y la realidad del infierno. Y esta presión no proviene de afuera de la iglesia, sino de adentro.

En los últimos tiempos, hemos presenciado el surgimiento de numerosos maestros cristianos populares que se han alejado de la verdad, llevándose con ellos a decenas de seguidores fieles.

Estos maestros comenzaron por cuestionarse si las cosas que la iglesia tradicionalmente consideró erróneas podrían en realidad ser correctas. Apelaban a nuevas interpretaciones alternativas de la Biblia para respaldar sus ideas. Alegaban que ellos eran los verdaderos defensores de la verdad, mientras que los que defendían las formas antiguas estaban sumidos en la falsedad.

Esto no es nada nuevo.

Cuando se trata de la verdad de Dios, siempre habrá personas «que llaman a lo malo bueno y a lo bueno malo, que tienen las tinieblas por luz y la luz por tinieblas, que tienen lo amargo por dulce y lo dulce por amargo» (Isaías 5.20). Lo que sí resulta nuevo es la gran cantidad de enseñanzas cristianas que tenemos que filtrar. Hay tantas voces, y tantas controversias y discusiones, que se torna difícil discernir quién está diciendo la verdad y quién no. Todo puede volverse muy confuso.

Ya hablamos del hecho de que a las mujeres de Éfeso les encantaba aprender y consumían un montón de información, pero no se molestaban por ponerla en práctica. En este capítulo, estamos considerando un problema estrechamente relacionado. Esas mujeres no solo no ponían en práctica lo que aprendían, sino que tampoco discernían si el conocimiento que estaban recibiendo era verdadero.

No eran lo suficientemente fuertes para poner en práctica el conocimiento recibido, ni tampoco eran lo suficientemente fuertes para darse cuenta si deberían aplicarlo.

Hoy el desafío para nosotras es incluso mayor. Si queremos ser mujeres fuertes, necesitamos desarrollar convicciones sólidas sobre la verdad y resistirnos con firmeza a ser persuadidas por la falsedad.

Necesitamos tener discernimiento.

EL CONOCIMIENTO VERDADERO Y SALUDABLE

La preocupación primordial de Pablo en sus dos cartas a Timoteo era que los creyentes abrazaran con fuerza lo verdadero y rechazaran lo falso. Él utilizó once veces la palabra griega que significa doctrina/enseñanzas/instrucción y habló sobre la *sana* doctrina cinco veces (1 Timoteo 1.10; 4.6; 6.3; 2 Timoteo 1.13; 4.3). Le dijo a su joven protegido: «Ten cuidado de tu conducta y de tu enseñanza» (1 Timoteo 4.16).

Para algunas de ustedes, quizás el término *doctrina* sea una palabra religiosa un poco intimidante. No obstante, significa sencillamente *enseñanzas*. El diccionario define la doctrina como un «conjunto de creencias que se da para instrucción de alguien».[19] La doctrina es lo que usted cree acerca de Dios, el mundo, usted misma, cómo vivir y lo que está mal o bien.

Todos tenemos una doctrina.

Los grupos LGBT tienen una doctrina.

Los grupos supremacistas blancos tienen una doctrina.

Greenpeace tiene una doctrina.

Las feministas tienen una doctrina.

CNN tiene una doctrina.

Fox tiene una doctrina.

La serie de Netflix que mira tiene una doctrina.

Su escuela local tiene una doctrina.

Todo aquel que publica sus opiniones en Facebook o Twitter tiene una doctrina.

Pablo argumentaba que los cristianos no deben aceptar cualquier doctrina. Necesitamos adherirnos a una doctrina específica: el conjunto de creencias que Dios reveló por medio de la Escritura, a través de Jesucristo y sus apóstoles. Según Pablo, esa es la única doctrina que califica como sana.

Ciertas personas en la iglesia de Éfeso presentaban una mezcla de creencias, las cuales incluían las creencias cristianas y un montón de creencias seculares. Pablo le encargó a Timoteo que les ordenara a algunos supuestos maestros que dejaran «de enseñar doctrinas falsas» (1 Timoteo 1.3). Le dijo a su amigo, Tito, el cual trabajaba en Creta, que reprendiera severamente a las personas de su congregación que enseñaban doctrinas falsas. «Repréndelos con severidad a fin de que sean sanos en la fe» (Tito 1.13).

La palabra *sano* es importante.

El término griego es *hygianio*. Es la raíz de donde proviene la palabra española *higiene*. Ser *hygianio* significa ser saludable, correcto o preciso, libre de contaminantes, dolencia o enfermedad.

Cuando pensamos en la palabra *sano*, por lo general pensamos en algo que es confiable, fiable y creíble, como en un «consejo sano». O también pensamos en algo que está en buena forma, que no ha sufrido daños, como en «regresó sano y salvo». No obstante, *sano* también significa saludable y libre de contaminantes, lo cual es la idea principal detrás de la palabra griega *hygianio*.

Es como comparar un vaso de agua pura de manantial que viene en una botella esterilizada con un vaso de agua sacada del desagüe. El agua de manantial es sana. Es pura y limpia. Es saludable y está libre de contaminantes. La tomaría con gusto, sabiendo que no hay ningún peligro en ella y no me va a hacer daño.

El agua del desagüe es *insana*. Es impura. Contiene toda clase de microorganismos insalubres y bacterias. Tomar el agua contaminada no es una buena idea. Si la bebiere, podría enfermarme gravemente y hasta morir. El agua cristalina es *sana*, y el agua contaminada es *insana*.

Entiende el concepto, ¿cierto?

Cuando Pablo le dijo a Timoteo que se asegurase de que la gente en su iglesia abrazara la sana doctrina, no estaba preocupado principalmente por la precisión teológica. Su preocupación era que se alimentaran de aquello que les diera salud. La ciencia falsa contiene contaminantes peligrosos. Enferma espiritualmente a la gente, como también puede enfermarnos espiritualmente a usted y a mí.

Hace varios años emprendí un viaje a Asia para equipar e infundir aliento a las mujeres cristianas de toda la región. Mi esposo se encontró conmigo después en Bangkok, Tailandia, para hacer algo de turismo. Decidimos dar un paseo por el canal en un viejo barco de teca, el cual navegaba un hombre anciano tailandés. Después de llevarnos por el colorido mercado flotante y haber pasado por los templos deslumbrantes y los hoteles lujosos, nos llevó a los barrios marginales del centro de Bangkok.

Me había dado cuenta desde el inicio del recorrido que el agua en Bangkok se hallaba contaminada y sucia. Tenía un color amarronado, estaba llena de desechos y olía mal. ¡De ninguna manera iba a extender mis dedos para tocar el agua desde el barco! Sin embargo, lo que vi cuando llegamos a los suburbios realmente me impactó.

Allí, las chozas y casuchas descuidadas bordeaban el canal. En muchas áreas el agua se tornaba espesa con los desechos de las casas y olía a podrido. Para mi asombro e incredulidad, vi a niños jugando en el agua contaminada. Algunos niños de la zona sufrían de deformidades físicas visibles. Otros tenían grandes lesiones en la piel y en varias partes del cuerpo.

Y entonces la vi... una niña adorable de cinco años aproximadamente, de cabello bien oscuro, usando un traje de baño y jugando al lado de su mamá al costado del canal.

La niña se volteó para mirarme y me sonrió tímidamente. Mi corazón se estremeció cuando noté la enorme lesión cutánea infectada que cubría casi la mitad de su rostro y cuello.

Cuando comenzó a escalar las rocas para saltar al canal, me fue muy difícil no gritarle para tratar de detenerla: «¡No! ¡Detente! ¡No saltes al agua! ¡Te está haciendo enfermar». Y gritarle a su mamá: «¡Detenla! ¡No dejes que juegue en esta agua contaminada! ¿Acaso no ves cuán perjudicial es? ¿No sabes que le está haciendo daño?».

Sin embargo, permanecí en silencio, pues no hablaba su idioma. No me hubieran entendido. Mientras nos alejábamos, las lágrimas comenzaron a rodar por mis mejillas.

La pequeña niña estaba contenta jugando en el agua contaminada. Ella no tenía idea de cuán insalubre y perjudicial era para su salud. Si hubiese podido, le habría enseñado a ella y su mamá acerca de los peligros de la contaminación del agua y le hubiera proporcionado una fuente de agua potable.

Eso es exactamente lo que el Señor hace por nosotras en la Escritura. Él nos provee una fuente de agua pura, saludable y sin contaminación para que bebamos de ella.

No obstante, lamentablemente, muchas mujeres no creen que lo que leen en la Biblia sea bueno y saludable. En nuestra cultura, estamos todo el tiempo expuestas al mensaje de que la enseñanza que encontramos en la Biblia no es favorable para las mujeres, y es en realidad dañina. Algunos alegan, por ejemplo, que es tóxico exhortar a las mujeres a que atesoren la pureza, la modestia, una actitud pacífica y gentil, un afecto por el hogar, la feminidad, y especialmente (horror de horrores) un espíritu sumiso. Muchas voces nos dicen que necesitamos agregar una gota de ideología feminista a nuestros baldes doctrinales.

En lo personal, no estoy de acuerdo.

Creo que la Biblia es la Palabra de Dios y la única que verdaderamente podrá sanar nuestro dolor y quebrantamiento y hacernos libres. La Escritura, y solo la Escritura, sin otros contaminantes ideológicos, proporciona las enseñanzas más sanas, vivificantes y vitales que las mujeres podemos recibir. Nada más tiene el poder para salvar o el poder para transformar.

Debemos ofrecer la enseñanza pura de la sana doctrina si es que queremos ver a las discípulas de Cristo cada vez más saludables y plenas. ¿Usted también lo cree así?

La enseñanza que se encuentra en la Palabra de Dios es sana. Es nutritiva y vivificante. Pablo le dijo a Timoteo: «Si enseñas estas cosas a los hermanos, serás un buen servidor de Cristo Jesús, nutrido con las verdades de la fe y de la buena enseñanza que paso a paso has seguido» (1 Timoteo 4.6).

La sana doctrina nutre a las personas. Las vuelve saludables y fuertes.

Las mujeres de Éfeso escuchaban toda clase de ideas religiosas interesantes, pero no aceptaron la buena enseñanza de la Escritura. Y como resultado, estaban enfermas y débiles en lugar de saludables y fuertes. Una doctrina saludable conduce a una fe saludable, un discurso saludable, un modo de pensar saludable, actitudes saludables y decisiones saludables. Estoy convencida de que todos los fracasos y defectos de nuestra vida surgen como consecuencia de alguna clase de error o deficiencia doctrinal.

La sana doctrina constituye el fundamento vital para vivir una vida santa. Por eso Pablo estaba tan decidido a que nos aferráramos a la sana doctrina. Una de las cualidades más importantes de un supervisor (un pastor o un anciano) es que «debe apegarse a la palabra fiel, según la enseñanza que recibió, de modo que también pueda exhortar a otros con la sana doctrina y refutar a los que se opongan» (Tito 1.9).

Apegarse a la Escritura no es solamente para las personas que enseñan en la iglesia. Es para todos. Incluyéndola a usted.

El Señor desea que desarrolle algunas convicciones firmes. Él no quiere que permanezca inmadura, siendo sacudida de un lado a otro por «todo viento de enseñanza» o dejándose llevar «por la astucia y los artificios» y por argumentos engañosos que son falsamete llamados conocimiento (Efesios 4.14).

No. Él nos exhorta: «Sigan firmes y manténganse fieles a las enseñanzas» (2 Tesalonicenses 2.15). Él desea que guardemos nuestra vida y doctrina cuidadosamente. Quiere que permanezcamos firmes «ceñidos con el cinturón de la verdad» (Efesios 6.14).

¿CÓMO PUEDO SABER SI ES VERDADERA O FALSA?

«¡*Ssserpiente* astuta!». Esa fue la conclusión de mi nieta de tres años luego de escuchar la historia de la Biblia que su mamá le había leído la noche anterior.

La manera en que lo dramatizó me resultó graciosa. Ella entrecerró sus ojos, frunció su ceño y agitó su dedo en dirección a la *ssserpiente* astuta mientras la acusación condenatoria salía de su boca.

No había manera de que la serpiente la hubiera engañado para comer del fruto prohibido. Su pequeña mente de tres años era bastante sabia como para caer en su juego. Ella sabía que la serpiente era *astuta*.

Sonreí. Si solo fuera así de simple. No es tan fácil discernir el engaño. Especialmente en la iglesia.

Eso se debe a que la falsa doctrina siempre contiene una buena porción de verdad. Por lo general, tergiversa apenas la verdad. Se le añade un poco, se le resta otro poco o se proyecta desde una perspectiva diferente. La distinción es sutil y poco evidente.

Además, aquellos que impulsan el engaño suelen también estar engañados. Viven engañados, creyendo sinceramente que lo que proponen es la verdad (2 Tesalonicenses 2.11). No solo eso, el espíritu de engaño que ha clavado sus garras en sus mentes los vuelve hábiles, astutos y manipuladores para emplear artimañas engañosas (Efesios 4.14).

Parecen amigables, carismáticos, elocuentes, conocedores espirituales y bien informados. Lucen como verdaderos creyentes, e incluso más devotos que la mayoría. No se presentan como serpientes *astutas*. Sin embargo, no es de extrañar, pues como mencioné antes: «Satanás mismo se disfraza de ángel de luz» (2 Corintios 11.14).

Como una imitación de un bolso de diseñador, los falsos maestros parecen genuinos. Y no resulta fácil detectar el espejismo. Si la falsedad fuera fácil de identificar, la gente no sería víctima de ella. Eso es lo que hace que el engaño sea tan cautivador y peligroso.

Entonces, ¿cómo puede saber si lo que usted está aprendiendo es verdadero o falso? Es importante que aprenda a discernir la diferencia. No querrá que su espíritu se enferme, ¿cierto?

He aquí algunas preguntas que puede hacerse para evaluar si esas ideas religiosas que está escuchando son verdaderas o falsas:

1. ¿SE BASAN EN LA VERDAD DE LA ESCRITURA?

Pablo le recordó a Timoteo que las Escrituras son sagradas, diciendo: «Toda la Escritura es inspirada por Dios» (2 Timoteo 3.15-16). Pedro explicó: «Porque la profecía no ha tenido su origen en la voluntad humana, sino que los profetas hablaron de parte de Dios, impulsados por el Espíritu Santo» (2 Pedro 1.21).

La Escritura también nos dice algunas cosas poderosas sobre sí misma. Nos enseña que la Palabra del Señor es «justa» (Salmos 33.4), «perfecta» (19.7) e «intachable» (18.30). Afirma que la Escritura tiene «en la ley la esencia misma del conocimiento y de la verdad» (Romanos 2.20) y que la suma de todas sus palabras es la verdad (Salmos 119.160). ¡Esas son proclamaciones increíbles!

Podemos confiar en la Biblia.

Jesús siempre apelaba a la autoridad y la verdad de la Escritura. Solía citarla, diciendo: «Escrito está...». En el camino a Emaús, Jesús utilizó las Escrituras para convencer a dos viajeros de que la muerte y la resurrección de Cristo eran necesarias. «Entonces, comenzando por Moisés y por todos los profetas, les explicó lo que se refería a él en todas las Escrituras» (Lucas 24.27).

Resulta interesante para mí que basara su argumento en la Escritura cuando podría haberles mostrado las heridas en sus manos y apelar al milagro de su resurrección. Sin embargo, obviamente era importante para Jesús que comprendieran que él no les estaba presentando una verdad nueva o diferente, sino que estaba cumpliendo la Escritura. Jesús dijo: «Yo para esto nací, y para esto vine al mundo: para dar testimonio de la verdad. Todo el que está de parte de la verdad escucha mi voz» (Juan 18.37).

Poco antes de que Jesús fuera entregado para ser crucificado, oró: «Santifícalos en la verdad; tu palabra es la verdad» (17.17). Este versículo es sumamente significativo, porque Jesús no empleó aquí un adjetivo. No dijo: «Tu palabra es verdadera». En cambio, usó un sustantivo. Señaló: «Tu palabra es la verdad». La Palabra de Dios no solo es verdadera, sino también la medida de la verdad.

«La diferencia es significativa», dijo un teólogo, «porque esta afirmación nos anima a pensar no solo que la Biblia es "verdadera" en el sentido de que se ajusta a alguna norma más alta de verdad, sino más bien a pensar que la Biblia en sí misma es la norma definitiva de la verdad».[20]

La Biblia es la Palabra santa y sagrada de Dios. Nos define qué es lo verdadero y qué no lo es. Por lo tanto, debemos considerarla como «la suprema norma de verdad, el punto de referencia por el cual se debe medir toda otra afirmación de veracidad».[21]

¿Qué es entonces lo verdadero?

La verdad es lo que Dios dice, y podemos leer al respecto en la Biblia. Si alguna doctrina no se alinea con la Biblia, entonces es falsa. Si se opone a la Escritura (Romanos 16.17; 1 Timoteo 1.3) usted debe rechazarla. No es verdadera.

El desafío radica en que Satanás es bueno para tergiversar sutilmente lo que dice la Biblia. Cuando Cristo fue tentado en el desierto, Satanás citó la Escritura para tratar de hacer pecar a Jesús. Así que no debe tomarnos por sorpresa que esos impostores constantemente usen mal la Biblia. La tergiversan (Gálatas 1.7), la distorsionan (Hechos 20.30), la tuercen (2 Corintios 4.2), añaden a sus palabras (Proverbios 30.5-6), la malinterpretan (1 Timoteo 4.2), la manejan mal (1 Timoteo 1.7-8) y no la usan de manera legítima (1.8).

Hay una forma correcta y una forma incorrecta de interpretar la Palabra de Dios. Pablo le rogó a Timoteo: «Esfuérzate por presentarte a Dios aprobado, como obrero que no tiene de qué avergonzarse y que interpreta rectamente la palabra de verdad» (2 Timoteo 2.15).

Pablo también dijo: «Hemos renunciado a todo lo vergonzoso que se hace a escondidas; no actuamos con engaño ni torcemos la palabra de Dios» (2 Corintios 4.2). Hay una frase fascinante que utilizó en 1 Timoteo 1.4, la cual resume cómo su enfoque hacia la Escritura difiere del de los falsos maestros. Él explicó que los falsos maestros estaban interesados en «leyendas [...] en vez de llevar adelante la obra de Dios».

¿Qué significa eso exactamente? ¿Cuál es la diferencia entre llevar adelante [administrar] la obra de Dios y las leyendas?

Un *administrador* es alguien que administra los bienes ajenos. Aquel que cuenta *leyendas* es alguien que se complace en las conjeturas, que especula o formula una opinión o teoría sin tener pruebas suficientes.

La persona que se ve a sí misma como un administrador abordará la Biblia con seriedad, un profundo respeto y gran cuidado. La Biblia no le pertenece. Le pertenece a Dios. Por lo tanto, procurará ser responsable y extremadamente meticuloso con la manera en que la trata. Pablo le encomendó a Timoteo: «¡Cuida bien lo que se te ha confiado!» (1 Timoteo 6.20). Él quería que Timoteo fuera un administrador fiel de la Palabra de Dios.

Un falso maestro no está preocupado por llevar adelante la obra de Dios. Solo está interesado en las leyendas, es decir, en sus propias ideas. Quiere usar la Biblia para respaldar y promover su causa y sus nociones preconcebidas de lo que él piensa que Dios debería decir. Puede pretender que cree que toda la Escritura es inspirada por Dios, pero su actitud arrogante demuestra que realmente cree que le pertenece para hacer lo que le plazca.

La manera en que las personas usan la Biblia (o no la usan) es un poderoso indicador que determina si están promoviendo un conocimiento verdadero o falso. Si usted presta atención, por lo general puede darse cuenta de la diferencia.

2. ¿CONSIDERAN A LA PERSONA Y LA OBRA DE CRISTO JESÚS?

El segundo análisis que la ayudará a determinar si algo es verdadero es qué dice el maestro o sus enseñanzas sobre la persona y la obra de Cristo Jesús.

A Satanás le gusta sembrar confusión entre las personas y quiere «tergiversar el evangelio de Cristo» (Gálatas 1.7). Él quiere distorsionar la verdad sobre Jesús.

Al diablo no le importa si las personas creen en Jesús, mientras que no crean todo lo que dice la Biblia sobre Cristo. Una versión benigna y atenuada está bien. Si la gente quiere creer que Jesús es simplemente un maestro justo enviado por Dios que amó a las personas lo suficiente como para morir por ellas, está bien. Eso satisface los propósitos de Satanás.

Está bien siempre y cuando no crean que Jesús es el Hijo de Dios hecho carne, que Dios el Padre lo envió para morir en nuestro lugar, expiar el pecado y apaciguar la ira de Dios. Que Cristo vivió una vida sin pecado y murió por nuestros pecados de acuerdo con las Escrituras, que fue sepultado y que resucitó de entre los muertos al tercer día según las Escrituras. Que Jesús es el camino, la verdad y la vida, y que nadie va al Padre sino por él. Que Jesús es el *único* camino para ser perdonados del pecado y reconciliarnos con Dios. Que un día regresará, dirigiendo las huestes celestiales, y juzgará y hará la guerra con justicia. Que los que creen en Cristo vivirán eternamente con él en el cielo, mientras que los que no han creído serán juzgados y enfrentarán el fuego eterno del infierno.

Estas verdades pueden sonar molestas para los oídos modernos. Sin embargo, esto es lo que la Biblia nos enseña acerca de Jesús.

La manera en que usted puede darse cuenta de que se encuentra ante un maestro falso es si este proclama a *un Jesús diferente* del que se describe en la Escritura. Pablo escribió:

> Me temo que, así como la serpiente con su astucia engañó a Eva, los pensamientos de ustedes sean desviados de un compromiso puro y sincero con Cristo. Si alguien llega a ustedes predicando a *un Jesús diferente* del que les hemos predicado nosotros, o si reciben *un espíritu*

o un evangelio diferentes de los que ya recibieron, a ese lo aguantan con facilidad. (2 Corintios 11.3-4, énfasis añadido)

Judas dijo lo siguiente sobre los falsos maestros: «El problema es que se han infiltrado entre ustedes ciertos individuos [...] impíos que cambian en libertinaje la gracia de nuestro Dios y niegan a Jesucristo, nuestro único Soberano y Señor» (Judas v. 4).

Una visión pobre de Jesús conduce a un compromiso pobre.

Los falsos maestros suelen considerar a Jesús como un gran ejemplo para amar y emular, pero la mayoría de las veces no lo ven como el *único* Soberano y Señor, a quien debemos honrar y obedecer en todo (1 Corintios 12.3; 1 Juan 2.20-23; 2 Juan vv. 7-11).

3. ¿TIENEN UN ANTECEDENTE PROBADO?

La verdad tiene un antecedente probado. Por eso Jesús fue tan cuidadoso en establecer que sus enseñanzas estaban en consonancia con lo que dijeron los profetas de Dios. Él no iba en contra de la historia de la verdad. «No piensen que he venido a anular la ley o los profetas», enfatizó Jesús. «No he venido a anularlos, sino a darles cumplimiento» (Mateo 5.17).

Los apóstoles les aseguraban a los nuevos creyentes que las enseñanzas de Jesús se alineaban con la verdad que los profetas judíos habían guardado cuidadosamente y transmitido durante siglos. Los apóstoles habían evaluado las ideas de Cristo. Las habían comparado con la Escritura y las creencias de las generaciones anteriores y concluido que eran ciertas.

¿Cómo puede usted saber si una creencia es verdadera? Examine sus antecedentes. Eso la ayudará a decidir.

Recuerde, Pablo advirtió que los falsos maestros «irán de mal en peor» (2 Timoteo 3.13). La palabra traducida como «irán» significa avanzar, progresar o proceder. «Pero tú», alentó a Timoteo, «permanece firme en lo que has aprendido y de lo cual estás convencido, pues sabes de quiénes lo aprendiste. Desde tu niñez conoces las Sagradas Escrituras» (vv. 14-15).

¿Notó la diferencia? Los falsos maestros *irán*. Los verdaderos maestros *permanecen firmes*.

Timoteo tenía una fuerte herencia espiritual. Las creencias que profesaba le habían sido transmitidas por su abuela judía, Loida, y por su madre, Eunice (2 Timoteo 1.5). Había conocido las Sagradas Escrituras desde que era un niño. Además, Pablo fue su mentor y le recordó: «Tú, en cambio, has seguido paso a paso mis enseñanzas, mi manera de vivir, mi propósito, mi fe, mi paciencia, mi amor, mi constancia» (3.10).

La cuestión que Pablo estaba planteando es que las creencias de Timoteo no eran nuevas o sin comprobar. Él podía estar confiado y continuar profesando esas creencias porque otras personas de confianza ya las habían sometido a prueba y determinaron que eran verdaderas.

La Escritura nos advierte: «Todo el que se descarría y no permanece en la enseñanza de Cristo no tiene a Dios; el que permanece en la enseñanza sí tiene al Padre y al Hijo. Si alguien los visita y no lleva esta enseñanza, no lo reciban en casa ni le den la bienvenida» (2 Juan vv. 9-10).

Las personas que aceptan las falsas doctrinas no *permanecen firmes* en la verdad. Se *descarrían* de lo que la iglesia ha establecido como verdadero. Pablo le dijo a Timoteo que evitara cometer este error.

«Continúa en la verdad, Timoteo. No te desvíes a otras creencias. Aférrate a las creencias que tienen un antecedente probado. Aprendiste estas enseñanzas de tu abuela, de tu madre y de mí. Tú sabes que somos dignos de confianza. No te enamores de las nuevas ideas ni te dejes llevar por ellas».

La prueba de la verdad no es infalible. Durante la Reforma, por ejemplo, resultó necesaria una corrección importante en la doctrina de la iglesia, y Martín Lutero fue el responsable al señalar la fuente de verdad inmutable que es aún más antigua que la iglesia católica: la Escritura. Es importante sujetar cada enseñanza a la Escritura. No obstante, como acabamos de ver, también es una buena regla general prestarle atención a aquello que ha sido comprobado históricamente. Si usted llega a oír alguna nueva interpretación de la Escritura que no ha sido comprobada históricamente, empiece a levantar sospechas. En especial si esa enseñanza refleja una tendencia cultural, y fundamentalmente si las personas que usted sabe que son de confianza se mantienen firmes en las creencias que han superado la prueba del tiempo y no aceptan esa nueva interpretación.

4. LAS PERSONAS QUE LAS PROFESAN CRECEN EN SANTIDAD.

Otra prueba que puede ayudarla a determinar si una creencia es verdadera es observar el carácter de la persona que la profesa. «Por sus frutos los conocerán» (Mateo 7.16).

La sana doctrina «es conforme a la piedad» (1 Timoteo 6.3, RVR1977). «Es útil para enseñar, para reprender, para corregir y para instruir en la justicia» (2 Timoteo 3.16). No solo nos dice lo que queremos oír, como lo hacen las falsas doctrinas (4.3), sino que nos desafía y nos transforma.

El verdadero conocimiento produce justicia, fe, perseverancia, amor, amabilidad, santidad, paciencia y bondad (Gálatas 5.22; 1 Timoteo 6.11). El crecimiento que provoca en el carácter es innegable. Todos pueden ver el progreso (4.15). No espere ver la perfección. Sin embargo, definitivamente, notará algunos cambios positivos.

La persona que abraza el conocimiento verdadero se vuelve más piadosa. Por el contrario, los que promueven las falsas doctrinas «se alejan cada vez más de la vida piadosa» (2 Timoteo 2.16).

Las falsas doctrinas producen arrogancia, envidia, avaricia, discordias, insultos, suspicacias, altercados y ofensas (1 Timoteo 6.3-6, 20; 2 Pedro 2.3). Estas aparentan ser piadosas, pero no tienen el poder de la piedad (2 Timoteo 3.5). No sirven de nada frente a los deseos de la naturaleza pecaminosa (Colosenses 2.20-23). Por el contrario, les dan a las personas permiso para pecar. Aquellos que las siguen son seducidos por las mismas y comprometen sus estándares morales (2 Pedro 2.2, 18-19). Las falsas doctrinas le proporcionan a la gente libertad para hacer cosas que la Biblia dice que no se deben hacer.

Los falsos maestros se disfrazan «de servidores de la justicia» (2 Corintios 11.15). Pretenden tener un carácter piadoso a fin de engañarla. No obstante, a medida que usted crece en madurez y discernimiento, percibirá cada vez mejor la diferencia entre alguien que simplemente parece piadoso y alguien que realmente lo es.

5. ¿PRODUCEN UNA CERTEZA MAYOR O MENOR?

Un verdadero maestro la anima a formular preguntas acerca de su fe; un farsante la anima a cuestionar su fe. El primero la conduce a una certeza más profunda, mientras que el último la conduce a una mayor incertidumbre.

No siempre es fácil discernir la diferencia. No al principio, de ninguna manera. Después de todo, ambos incluyen indagaciones. El verdadero maestro desea que sepa que las preguntas la conducirán a una mayor comprensión; el farsante desea que se pregunte si la comprensión es siquiera posible. Los farsantes quieren hacerle creer que alcanzar la certeza implica estrechez mental y legalismo, y que la incertidumbre equivale a la fe genuina. Lo único de lo que están seguros es de que usted no puede estar segura de nada.

Sin embargo, ese no es el mensaje de la Biblia.

Pablo le aseguró a Timoteo que el fundamento de Dios era sólido (2 Timoteo 2.19). Los farsantes no tienen fe en este fundamento firme. No confían en él. No permanecen en él (2 Juan vv. 9-10). «Pero tú», le dijo Pablo a Timoteo, «permanece firme en lo que has aprendido y de lo cual estás convencido» (2 Timoteo 3.14).

La fe implica una creencia firme. Implica certeza y confianza. «La fe es la garantía de lo que se espera, la certeza de lo que no se ve» (Hebreos 11.1). La verdad es nuestra «firme y segura ancla del alma» (6.19).

La mujer que abraza la verdad tiene una mayor certeza con respecto a sus convicciones, pero la que duda «es como las olas del mar, agitadas y llevadas de un lado a otro por el viento» (Santiago 1.6).

Pablo quería que las mujeres de Éfeso maduraran y alcanzaran una fe firme y el conocimiento de la verdad. Cuando alcanzaran ese nivel de madurez, ya no serían como «niños, zarandeados por las olas y llevados de aquí para allá por todo viento de enseñanza y por la astucia y los artificios de quienes emplean artimañas engañosas» (Efesios 4.14). Tendrían convicciones firmes y estarían seguras de lo que habían creído.

¿Tiene usted convicciones firmes?

¿Está segura de lo que cree?

Tener seguridad en lo que creemos no significa arrogancia por nuestra propia capacidad intelectual. No significa que nunca tendremos preguntas o dudas. Esta seguridad va acompañada por una humildad profunda que reconoce cuán propensas somos al engaño y cuán desesperadamente necesitamos que el Espíritu Santo continúe enseñándonos, reprendiéndonos, corrigiéndonos e instruyéndonos en la verdad de la Escritura. Nuestra seguridad se basa en una certeza profunda de que Dios es fiel para enseñarnos la verdad. Si buscamos, hallaremos. Dios quiere que sepamos con certeza. Quiere que tengamos convicciones tan fuertes que estemos dispuestas a entregar nuestra vida por ellas.

Suelo bromear diciendo que lamento envejecer, porque cuando era joven sabía mucho más. Esta es una broma sobre la arrogancia que generalmente acompaña a la juventud. Al aprender más sobre la Palabra de Dios, me he vuelto más consciente de cuánto más tengo todavía que aprender. Por un lado, tengo muchísimas más preguntas. Por el otro, tengo mucha más certeza.

Sé que *sé.*

Sé que conozco a Jesús. Sé que conozco la verdad. El Espíritu de verdad me guía «a toda la verdad» (Juan 16.13). Sé que las Sagradas Escrituras son la Palabra de Dios. De esto estoy segura. Y en mis mejores momentos, esta es una convicción por la que estoy dispuesta a morir.

La verdad produce una certeza inquebrantable en el evangelio y en la confiabilidad de la Palabra de Dios. «Porque somos hechos participantes de Cristo, con tal que retengamos firme hasta el fin nuestra confianza del principio» (Hebreos 3.14, RVR1960).

Firme. Hasta el fin.

6. ¿DEMUESTRAN EL ENFOQUE CORRECTO?

La sexta prueba que usted puede utilizar para discernir si alguien dice la verdad o promueve una doctrina falsa es analizar su enfoque. Aquel que dice la verdad tendrá un amor genuino por la iglesia de Dios y explicará con paciencia, amabilidad y claridad su postura basándose en la Escritura.

Pablo pretendía que la persona que anduviera en la verdad se comportara de una determinada manera. «Y un siervo del Señor no debe andar peleando; más bien, debe ser amable con todos, capaz de enseñar y no propenso a irritarse. Así, humildemente, debe corregir a los adversarios» (2 Timoteo 2.24-25). Él encargó lo siguiente: «Predica la Palabra; persiste en hacerlo, sea o no sea oportuno; corrige, reprende y anima con mucha paciencia, sin dejar de enseñar» (4.2).

Pablo mismo se regía por una norma similar. «Más bien, hemos renunciado a todo lo vergonzoso que se hace a escondidas; no actuamos con engaño ni torcemos la palabra de Dios. Al contrario, mediante la clara exposición de la verdad, nos recomendamos a toda conciencia humana en la presencia de Dios» (2 Corintios 4.2).

Jesús advirtió que los que promueven la falsedad se nos acercarían como lobos disfrazados de ovejas (Mateo 7.15). Ellos son extremadamente difíciles de identificar y desenmascarar. En especial porque tienen el hábito de usar palabras suaves y lisonjeras (Romanos 16.18). «Aun de entre ustedes mismos se levantarán algunos que enseñarán falsedades para arrastrar a los discípulos que los sigan» (Hechos 20.30).

Resulta muy difícil mantener una discusión lógica y razonable con personas así. Las mismas tergiversan las palabras, tergiversan lo que uno dice y tergiversan las Escrituras (2 Pedro 3.16). Provocan discusiones y generan discordias (1 Timoteo 6.4). Mientras más hablan, más retorcidos, complicados y confusos se tornan sus argumentos. A primera vista, sus palabras suenan plausibles y persuasivas (Colosenses 2.4), pero «engañan a los ingenuos» (Romanos 16.18).

Son lobos disfrazados de ovejas muy competentes «que para engañar emplean con astucia las artimañas del error» (Efesios 4.14, RVR1960). Dan la impresión de que son muy amables mientras apuñalan con una daga las espaldas de los fieles. Asimismo, se complacen en la caída de los demás.

Pablo reprendió a los creyentes en Corinto por tolerar a esta clase de personas. «Aguantan incluso a cualquiera que los esclaviza, o los explota, o se aprovecha de ustedes, o se comporta con altanería, o les da de bofetadas» (2 Corintios 11.20).

Por supuesto, sus amigos no creían que estaban siendo esclavizados, explotados o maltratados. El punto de Pablo era que ellos no se percataban de lo que estaba sucediendo realmente. Los maestros populares les habían vendado los ojos.

He aquí algunas pautas que pueden indicar que alguien está promoviendo una doctrina falsa:

- Rara vez razona basándose en la Escritura, y cuando lo hace, tergiversa de manera selectiva el versículo fuera de contexto.
- Malinterpreta las ideas de las personas que critica.
- Difama a quienes se le oponen. Ataca a la persona en lugar de respetar sus ideas.
- Utiliza argumentos poco sólidos, silogismos y toda clase de otras falacias lógicas en su razonamiento.
- Se hace la víctima. Acusa a los que dicen la verdad de ser crueles, desagradables y malintencionados (y también de tener mentes cerradas y resultar dogmáticos, por supuesto).
- Dice que ama a la iglesia, pero demuestra una actitud negativa y crítica hacia la misma.
- Tiene una actitud insubordinada, irrespetuosa y sarcástica hacia las autoridades espirituales.
- Exhibe una humildad y un amor falsos. Hay una corriente subterránea de maldad y malevolencia en su espíritu hacia todo aquel que tiene una opinión diferente. Ve la paja en el ojo ajeno, pero no nota la viga en su propio ojo.
- Se preocupa más por hacer crecer su propio reino que el de Dios.

Santiago advirtió: «Hermanos míos, no pretendan muchos de ustedes ser maestros, pues, como saben, seremos juzgados con más severidad» (Santiago 3.1).

Eso es aleccionador.

Tiemblo al pensar en las ocasiones en que he sido una persona desagradable, provocado discusiones o tratado de ganar los argumentos a través de la astucia humana, en lugar de simplemente presentar una «clara exposición de la verdad» (2 Corintios 4.2) y confiar en que el Espíritu Santo confirmaría la misma en los corazones de los que aman a Dios. No creo que ningún siervo de Dios pueda afirmar ser irreprochable. Todos hemos fallado en cumplir la norma a la perfección.

No obstante, el enfoque general de una persona es una de las pruebas que indican si la misma sirve a Dios o simplemente promueve sus propios argumentos.

7. ¿TIENEN PODER DE PERMANENCIA?

¿Alguna vez escuchó el dicho: «La verdad saldrá a la luz»? Esto significa que con el tiempo todo será conocido o se pondrá de manifiesto. Los falsos maestros quizás sean muy populares por algún tiempo, pero a la larga, inevitablemente, se apartarán de la fe. Pablo le recordó a Timoteo que este era el caso de dos defraudadores conocidos. Si bien ellos engañaron a mucha gente, su verdadera naturaleza finalmente quedó expuesta.

Timoteo podía estar seguro de que aquellos que promovían las falsas doctrinas en su congregación un día también quedarían expuestos como farsantes. Su falsedad se volvería evidente para todos. Pablo le dijo: «Del mismo modo que Janes y Jambres se opusieron a Moisés, también esa gente se opone a la verdad. Son personas de mente depravada, reprobadas en la fe. Pero no llegarán muy lejos, porque todo el mundo se dará cuenta de su insensatez, como pasó con aquellos dos» (2 Timoteo 3.8-9).

La Escritura advierte que aquellos que promueven las falsas enseñanzas con el tiempo «abandonarán la fe» (1 Timoteo 4.1). No retendrán la confianza que tenían al principio en Jesús «firme hasta el fin» (Hebreos 3.14). En lugar de *permanecer firmes* en la verdad de la Palabra de Dios, se *dejarán persuadir* por otras creencias.

La falsedad es progresiva en su naturaleza. No tiene poder de permanencia. Aleja cada vez más a una persona de las creencias que alguna vez tuvo. A veces el proceso es lento, otras veces sucede con rapidez. Este fue el caso de los amigos de Pablo en Galacia. «Me asombra que tan pronto estén dejando ustedes a quien los llamó por la gracia de Cristo, para pasarse a otro evangelio» (Gálatas 1.6). Independientemente de si sucede rápido o lento, tarde o temprano los que promueven las falsas doctrinas se pasarán a otro evangelio. Y será evidente para quienes permanecieron firmes en la Palabra de Dios que ellos han abandonado el barco.

La verdad saldrá a la luz.

SEA VALIENTE POR LA VERDAD

Pablo les dijo a sus amigos en Corinto: «Manténgase alerta, permanezcan firmes en la fe; sean valientes y fuertes» (1 Corintios 16.13). Este fue un llamado a defender la verdad.

¿Cómo puede usted ser valiente y defender la verdad?

Al no creer todo lo que oye proveniente de los supuestos maestros, autores, blogueros o amigos de las redes sociales cristianos, o incluso de sus amigas.

Al tener el hábito de comprobar todo lo que dicen. Y al mantenerse firme en la Palabra de Dios y decirle que no a los intrusos doctrinales.

Las siguientes palabras de Pablo a los gálatas lo expresan muy bien:

> Estoy horrorizado de que ustedes estén apartándose tan pronto de Dios, quien los llamó a sí mismo por medio de la amorosa misericordia de Cristo. Están siguiendo un evangelio diferente, que aparenta ser la Buena Noticia, pero no lo es en absoluto. Están siendo engañados por los que a propósito distorsionan la verdad acerca de Cristo. Si alguien —ya sea nosotros o incluso un ángel del cielo— les predica otra Buena Noticia diferente de la que nosotros les hemos predicado, que le caiga la maldición de Dios. Repito lo que ya hemos dicho: si alguien predica otra Buena Noticia distinta de la que ustedes han recibido, que esa persona sea maldita. (Gálatas 1.6-9, NTV)

Pablo animó a sus amigos a que comprobaran y verificaran que lo que él estaba diciendo era verdad. Se mostró entusiasmado cuando los de Berea «recibieron el mensaje con toda avidez y todos los días examinaban las Escrituras para ver si era verdad lo que se les anunciaba» (Hechos 17.11).

Por lo tanto, examine lo que escuche. Haga de esto un hábito. Sométalo todo a prueba. Incluso lo que oiga de parte mía. Si es verdad, resistirá el escrutinio.

«Queridos hermanos, no crean a cualquiera que pretenda estar inspirado por el Espíritu, sino sométanlo a prueba para ver si es de Dios, porque han salido por el mundo muchos falsos profetas» (1 Juan 4.1).

«Sométanlo todo a prueba, aférrense a lo bueno» (1 Tesalonicenses 5.21).

La iglesia necesita más mujeres fuertes, mujeres que se aferren a la sana doctrina y enseñen lo que esté de acuerdo con la misma, sin importar cuán políticamente incorrecto e impopular pueda llegar a ser.

Mujeres con corazones sensibles, mentes agudas y cuerpos de acero. Mujeres que profesen la verdad con un espíritu de gracia, amor y humildad. Que tengan la convicción inquebrantable de que la Biblia es verdadera. Que velen, sosteniendo la Escritura a la derecha y la espada del Espíritu a la izquierda.

Mujeres fuertes que se comprometan a defender la verdad hasta su último aliento.

«Masada no caerá. No bajo mi vigilia. Lo juro. Lo juro. Lo juro».

HÁBITO 7

Admita sus necesidades

La verdadera fortaleza es una paradoja,
ya que se alcanza cuando uno rechaza
la clase de fuerza equivocada y
abraza la verdadera debilidad.

Una vez tuve una pelea. Y no fue una simple escaramuza. Fue una lucha cuerpo a cuerpo, con patadas en la espinilla, piñazos, torceduras de brazos, caídas, similar a la lucha libre.

El altercado sucedió un jueves por la noche. Me acuerdo porque el ritmo de vida en mi niñez seguía un patrón predecible: los viernes en la noche teníamos reunión de jóvenes. Los sábados hacíamos los quehaceres, nos bañábamos y cenábamos perros calientes. Los domingos íbamos a la iglesia, recibíamos visitas y de nuevo a la iglesia. Los lunes en la noche se llevaba a cabo la reunión de diáconos. Los martes en la noche teníamos el club de chicos y chicas. Los miércoles en la noche la reunión de oración. Los jueves en la noche, mis padres me dejaban a mí y a mis cinco hermanos en casa y salían a hacer las compras en el supermercado. O eso decían.

Ese jueves, me habían asignado lavar los platos junto con mi hermano mayor, Gordon. (No teníamos un lavavajillas en nuestro hogar). Él lavaba. Yo secaba. Comenzamos a discutir acerca de algo, como suelen hacer los hermanos de la escuela secundaria. No recuerdo por qué estábamos peleando. No obstante, sí recuerdo la ocurrencia que despertó mi furor y me sacó de quicio: «¿Y tú qué sabes? ¡Solo eres una niña cobarde y débil!», se burló.

Eso fue todo. Tiré el paño de cocina, levanté mis puños y lo desafié a pelear. ¡Nadie iba a llamarme debilucha! Era el peor insulto que podía recibir.

Detestaba los vestidos. Detestaba el rosa. No era una chica coqueta. Todo lo remotamente femenino me daba náuseas. ¡Y sin dudas, no era débil! Podía treparme a los árboles. Hacer equilibrio en las vías del tren a lo largo del puente sobre el barranco. Podía pegarle a una pelota de béisbol. Podía usar un martillo.

Todo lo que los varones podían hacer, yo podía hacerlo mejor.

Al principio mi hermano ignoró el desafío que le había lanzado. Al ser tres años mayor que yo, estaba seguro de que me daría una buena golpiza. Sin embargo, cuando no cedí y lo incité con algunos empujones, finalmente, aceptó mi propuesta.

Dado que la cocina era demasiado pequeña, fuimos a la sala de estar e hicimos a un lado todos los muebles. La mirada presumida y divertida en su rostro me enfurecía. Iba a darle una lección. Nadie se iba a salir con la suya al llamarme débil. ¿Acaso el himno feminista no lo había convencido? A mí sí. «¡Soy fuerte! ¡Soy invencible! ¡Soy mujer!».[1]

En la conclusión del libro les contaré cómo acabó la pelea.

LA FORTALEZA INCORRECTA

A ninguna mujer le gusta que la llamen débil, y en especial si esto viene de parte de un hombre. Estimo que las mujeres en la congregación de Timoteo se sintieron ofendidas cuando Pablo les dijo que eran débiles. Probablemente no se veían a sí mismas de esa manera. Como mencioné antes, las evidencias sugieren que muchas de ellas fueron exitosas, independientes y autosuficientes. Para los parámetros romanos contemporáneos (y probablemente según nuestros parámetros también) se las habría considerado como modelos de fortaleza.

Sin embargo, estas mujeres no resultaban ser tan fuertes ni capaces como creían. Por el contrario, sus hábitos indicaban que eran versiones insignificantes, subdesarrolladas y atrofiadas de las mujeres que podrían haber sido.

Solo eran mujercillas débiles.

La razón de su debilidad consistía en que habían abrazado el tipo de fortaleza incorrecta. Como hemos estado viendo a lo largo de este libro, ellas habían aceptado el ideal grecorromano en lugar del ideal de Dios en cuanto a lo que significa ser una mujer verdaderamente fuerte.

Nuestra sociedad también promueve un ideal para las mujeres.

Durante más de medio siglo hemos sido bombardeadas con ideologías feministas. Miles de millones de dólares se han invertido en promover esta visión de la igualdad y el empoderamiento femenino. Desde que una nace, escucha mensajes sobre cuán increíblemente asombrosa, capaz y fuerte es por el solo hecho de haber nacido mujer.

Solo necesita buscar en la sección de ropa de mujer para encontrar un sinfín de eslóganes serigrafiados sobre el poder femenino, tales como:

Las chicas mandan
Las chicas dirigen el mundo
Lista. Dura. Genial. Fuerte.
Fuerte. Valiente. Atrevida.
El poder femenino
No soy fuerte por ser mujer, simplemente soy fuerte
Las chicas fuertes mandan

Estos no son mensajes divertidos benignos. Ellos promueven una ideología específica. (¿Alguna vez vio una camiseta con el eslogan «Los chicos fuertes mandan»?). Como el goteo intravenoso en un paciente inconsciente, la cultura contemporánea ha inyectado ideas en nuestros subconscientes sobre lo que significa ser una mujer fuerte. Para cuando una chica alcanza la adultez, sabe que ser fuerte es de vital importancia, y también tiene algunas opiniones profundamente arraigadas sobre lo que ello significa (aunque por lo general tiene escasa consciencia de dónde obtuvo esas nociones).

Numerosos sitios webs, blogs y artículos informativos nos cuentan cómo reclamar y ejercer nuestro poder femenino. En resumen, estos son los indicadores que se destacaron como las diez características principales de una mujer fuerte.

1. Siempre cree en sí misma.
2. Elabora sus propias reglas.
3. Se pone siempre en primer lugar.
4. No depende de nadie.
5. Hace lo que quiere, sin importar lo que los demás piensen.
6. Se ama a sí misma sin importar lo que suceda.
7. Asume el control. Es la dueña de su cuerpo, sexualidad, finanzas, relaciones (especialmente con los hombres) y profesión (la cual debe ser de alto rango; su objetivo es ser directora general).
8. Dice lo que piensa y nunca se retracta.
9. Es valiente y audaz. Puede hacer todo lo que se proponga.
10. Lucha contra el patriarcado y ayuda a otras mujeres a ser fuertes.

¿Qué le viene a la mente cuando oye la frase «una mujer fuerte»? Basándome en los mensajes culturales actuales, he aquí algunos adjetivos que se me ocurrieron:

segura	firme
competente	a cargo
autosuficiente	insistente
autónoma	dura
decisiva	ambiciosa

implacable	audaz
poderosa	agresiva
libre	imparable
valiente	inquebrantable
independiente	astuta
obstinada	resistente
feroz	

¿Está de acuerdo con que esta lista define la fortaleza de la mujer que nuestra cultura admira y promueve?

Si fuera leal a Hollywood, podría incluir que se dobla como un *pretzel* y es una guerrera *ninja* capaz de golpear sin ayuda y humillar a varios hombres asesinos a la vez. (Ah, y ser una profesional atractiva, rica, famosa y poderosa no va a lastimar a nadie).

Compare esta lista con la concepción popular de las características de una mujer débil:

inadecuada	vulnerable
insegura	sin fuerza
vacilante	tierna
indecisa	delicada
indefensa	sumisa
insustancial	dócil
incapaz	complaciente
incompetente	compatible
sin carácter	modesta
tranquila	dulce
mansa	débil
temerosa	reservada
frágil	cobarde

¿Qué clase de mujer preferiría ser usted?

Probablemente esté pensando: *¿Acaso necesitas preguntar? La mujer fuerte, por supuesto.*

Cuando era más joven, me habría enfrentado contra cualquiera que sugiriese que poseía algún rasgo de la lista de mujeres débiles.

Sin embargo, espere un minuto. Démosle otro vistazo. Las listas ciertamente reflejan lo que nuestra cultura promueve, ¿pero se alinean con lo que la Biblia promueve? ¿Puede identificar algún atributo de la lista de una mujer *débil* que podría en realidad hacer fuerte a una mujer? ¿Y algún rasgo de la lista de una mujer *fuerte* que podría de hecho volverla débil?

¿Acaso la dulzura, la sumisión, la ternura y la tranquilidad no son características positivas? ¿Y la autosuficiencia, la agresividad y un espíritu inquebrantable no podrían ser negativas?

¿Quién es más fuerte, la mujer que se aferra a su propio egoísmo o aquella que con sacrificio lo deja a un lado?

No pretendo sugerir que las mujeres deberían aspirar a ser débiles. Todo lo contrario. El objetivo de este libro es ayudarla a superar la debilidad para convertirse en una mujer fuerte... pero revestida de la verdadera fortaleza.

La Biblia nos enseña que una mujer con un espíritu amable y apacible es una mujer fuerte. El problema es que la cultura nos alimenta con una visión engañosa de lo que significa ser fuerte. Y también nos alimenta con una visión engañosa de lo que significa ser mujer.

Ahora bien, por favor, no me acuse de promover el ideal de las chicas coquetas y soñadoras de la década de los cincuenta. (¿Le conté que una vez tuve una pelea, que puedo usar un martillo y treparme a un árbol? Bueno, quizás la parte de trepar árboles ya no sea tan real, pero sí renové sin ayuda toda mi cocina, incluso me encargué de la plomería y la electricidad). No me interesan los estereotipos. Y a la Biblia tampoco. No obstante, la misma sí nos enseña que si bien el hombre y la mujer son creados a la imagen de Dios por igual, los sexos son diferentes, y no solo en lo que respecta a nuestros sistemas genitourinarios. Somos *ontológicamente* distintos, lo cual significa que somos hombres y mujeres únicos en cuanto a la esencia de nuestro ser.

A lo largo de este libro le he recordado que Satanás es el padre de los intrusos y un maestro del engaño. (¡*Ssserpiente* astuta!). También le he recordado que su *modus operandi* es tergiversar solo un poco la verdad.

Sus mentiras siempre contienen la cuota de verdad suficiente para que sus argumentos suenen legítimos y creíbles. De lo contrario, no seríamos víctimas de ellas.

Cuando leo las diez características principales de una mujer fuerte según nuestra cultura, puedo ver que cada punto contiene una verdad parcial. Por ejemplo, la primera característica es: «Una mujer fuerte siempre cree en sí misma».

Resulta indiscutible que el Señor quiere que tengamos confianza y que no nos acobardemos sumiéndonos en el miedo o la timidez. Él dijo: «En la serenidad y la confianza está su fuerza» (Isaías 30.15).

¿Quiere Dios que sus hijas tengan confianza? ¡Por supuesto que sí! No obstante, he aquí cómo esto se malinterpreta. El mundo anima a las mujeres a tener confianza en sí mismas. Y de acuerdo con la Biblia, la mujer que solo confía en sí misma es una mujer débil. Ella necesita poner su confianza en el Señor para ser verdaderamente fuerte (Proverbios 3.26; 14.26).

Y allí reside el problema. El mundo la anima a que sea fuerte en sus propios términos, a su manera y con sus fuerzas.

Una escritora de HuffPost sostuvo: «Ser una mujer fuerte significa ser *usted misma* sin excusas, con fuerza y de todo corazón».[2]

Ser fuerte significa que se ama a sí misma y se pone en primer lugar. Usted es su propio dios.

La Biblia tiene una perspectiva radicalmente diferente.

Jesús dijo: «Si alguien quiere ser mi discípulo, que se niegue a sí mismo, lleve su cruz cada día y me siga» (Lucas 9.23). Por desdicha, la manera en la que el mundo nos anima a que seamos fuertes sutilmente nos empuja a adoptar las características de un intruso: ser egoístas, amantes del dinero, jactanciosas, arrogantes, blasfemas, desobedientes a los padres, ingratas, impías, insensibles, implacables, calumniadoras, libertinas, despiadadas, enemigas de todo lo bueno, traicioneras, impetuosas, vanidosas y más amigas del placer que de Dios (2 Timoteo 3.2-4).

Recuerde, cuando Pablo despectivamente le llamó débiles a ese grupo de mujeres de Éfeso, su punto era que no se suponía que fueran débiles. Él quería que fueran mujeres fuertes. Lo irónico es que probablemente ellas

creían que lo eran. Por desgracia, sus conceptos de lo que hacía verdaderamente fuerte a una mujer no se alineaban con los del Señor.

Ellas habían abrazado la fortaleza equivocada.

No es de sorprender entonces que nuestra cultura nos anime a cometer el mismo error.

LA VERDADERA FORTALEZA

El mundo nos dice que debemos confiar en nuestra propia fortaleza y hallar
nuestra fuerza interior. Sin embargo, la Biblia nos instruye a mirar hacia
una fuente infinitamente más poderosa y confiable. Categóricamente,
nos advierte que *no* debemos confiar en nuestras propias fuerzas. «¡Nadie
triunfa por sus propias fuerzas!» (1 Samuel 2.9).

La fuerza humana es débil, frágil y anémica cuando la comparamos
con la fuerza de Dios. Es como comparar el poder de un petardo de
la tienda del dólar con cien bombas nucleares. Incluso «la debilidad de
Dios es más fuerte que la fuerza humana» (1 Corintios 1.25). Es por eso
que la independencia constituye el tipo de fuerza incorrecta. En cambio,
debemos depender de la fuerza divina de Dios.

«Fortalézcanse con el gran poder del Señor» (Efesios 6.10). Sean
«fortalecidos en todo sentido con su glorioso poder» (Colosenses 1.11).
«¡Refúgiense en el SEÑOR y en su fuerza, busquen siempre su presencia!»
(1 Crónicas 16.11).

La mujer fuerte no depende de sus propias fuerzas; ella depende de
la fuerza del Señor.

Pablo oró por sus amigos de Éfeso: «Pido también que les sean iluminados los ojos del corazón para que sepan a qué esperanza él los ha
llamado [...] y cuán incomparable es la grandeza de su poder a favor de
los que creemos. Ese poder es la fuerza grandiosa y eficaz que Dios ejerció
en Cristo cuando lo resucitó de entre los muertos y lo sentó a su derecha
en las regiones celestiales» (Efesios 1.18-20).

No dejo de asombrarme cada vez que medito en este versículo. Contiene
una verdad que simplemente es increíble. Asombrosa. Extraordinaria.

Solo piense en esto: ¡si usted cree en Jesús, la grandeza incomparable del poder de Dios, el *mismo poder* que resucitó a Cristo de entre los muertos, está a su disposición! Se trata del vasto, inmensurable y gran poder del Dios Todopoderoso, creador del universo. Él se ha «ceñido de valentía» (Salmos 65.6, RVR1960). «Se ha revestido de grandeza» (93.1). «En tu santuario, oh Dios, eres imponente; ¡el Dios de Israel da poder y fuerza a su pueblo!» (68.35).

Me asombro al considerar que el poder que creó las montañas, las cataratas, los océanos, las estrellas y las galaxias, el poder que puede resucitar a los muertos, es el mismo poder que obra en mi vida. Tal pensamiento es demasiado maravilloso. Imponente. Asombroso. Es una verdad difícil de asimilar. Con razón Pablo oró para que los creyentes fueran iluminados a fin de que verdaderamente pudieran entenderlo.

No creo que podemos empezar a comprender la magnitud de la fuerza que tenemos en Dios. Él «puede hacer muchísimo más que todo lo que podamos imaginarnos o pedir, por el poder que obra eficazmente en nosotros» (Efesios 3.20).

¿Puede usted imaginar cuán diferente sería su vida si lograra comprender que *el poder de Dios* obra en usted? ¿Que *su* fuerza está a su disposición? ¿Y que puede volverse cada vez más fuerte a medida que aprenda a depender de él y no de sus propias capacidades?

Todo lo que tenemos, todos nuestros dones, talentos y habilidades. provienen de Dios. Todo el aliento que exhalamos y cada gramo de fuerza que poseemos vienen de Dios. Es inapropiado pensar que podemos recibir el crédito, incluso por el más insignificante de nuestros logros. «No se te ocurra pensar: "Esta riqueza es fruto de mi poder y de la fuerza de mis manos". Recuerda al SEÑOR tu Dios, porque es él quien te da el poder» (Deuteronomio 8.17-18).

Simplemente soy una administradora de aquello que Dios me ha encomendado. Rindo ante su dominio y control todos mis talentos y fuerzas, y reconozco que él es merecedor de todo el honor.

«El que habla, hágalo como quien expresa las palabras mismas de Dios; el que presta algún servicio, hágalo como quien tiene el poder de

Dios. Así Dios será en todo alabado por medio de Jesucristo, a quien sea la gloria y el poder por los siglos de los siglos» (1 Pedro 4.11).

En la iglesia de Corinto, algunas personas se jactaban de sus propias fuerzas y conocimientos. Pablo les preguntó: «¿Quién te distingue de los demás? ¿Qué tienes que no hayas recibido? Y, si lo recibiste, ¿por qué presumes como si no te lo hubieran dado?» (1 Corintios 4.7).

La reprensión que el rey Nabucodonosor recibió por parte del Señor cientos de años antes tampoco fue muy amable. Nabucodonosor había exclamado con orgullo: «¡Miren la gran Babilonia que he construido como capital del reino! ¡La he construido con mi gran poder, para mi propia honra!» (Daniel 4.30).

No había terminado de hablar, cuando Dios le bajó un poco los humos. Nabucodonosor fue afectado por una enfermedad mental debilitante. Su juicio no regresó hasta que elevó sus ojos al cielo y reconoció que Dios era el único Dios. A pesar de que Nabucodonosor era un rey, necesitaba aprender que era débil e insignificante en comparación con el Rey Todopoderoso, y que cualquier habilidad y poder que tuviera provenían de Dios (vv. 31-37).

El Señor no quiere que olvidemos que todo lo que somos y todo lo que tenemos proviene de él. Aun cuando nos destacamos en algo. Aun cuando obramos desde el punto máximo de nuestras propias fuerzas, talentos y dones. *Aun entonces*, debemos depender del Señor.

Dios le dijo a su pueblo: «¡Ay de los que descienden a Egipto en busca de ayuda, de los que se apoyan en la caballería, de los que confían en la multitud de sus carros de guerra y en la gran fuerza de sus jinetes, pero no toman en cuenta al Santo de Israel, ni buscan al Señor!» (Isaías 31.1). Descender a Egipto en busca de ayuda significaba depender de las estrategias y soluciones mundanas, del poder y la fuerza humanos. Las mujeres «descienden a Egipto en busca de ayuda» cada vez que dependen de sí mismas.

La actitud del rey David se alineaba mucho más con la actitud que Dios buscaba. David dijo: «Estos confían en sus carros de guerra, aquellos confían en sus corceles, pero nosotros confiamos en el nombre del Señor nuestro Dios» (Salmos 20.7). Eso no quiere decir que el ejército de David no usara carros o corceles, sino que David dependía de Dios, no de su propia fuerza y capacidad, para obtener la victoria.

¿Hacía él su mejor esfuerzo? Sí, al cien por ciento.

También dependía de Dios. Al cien por ciento.

Estas dos mentalidades no son incompatibles. No cuando reconocemos que todo lo que tenemos proviene de Dios. Él quiere que demos lo mejor de nosotras *y* que dependamos de su fuerza por completo. «No será por la fuerza ni por ningún poder, sino por mi Espíritu —dice el Señor Todopoderoso» (Zacarías 4.6).

Depender de la fuerza del Señor es un tema recurrente en toda la Escritura. «En las 264 ocasiones en que la palabra hebrea para "fortaleza" se menciona en el Antiguo Testamento, la mayoría de las veces esta palabra se refiere a la fortaleza espiritual, a la fortaleza del Señor».[3] El significado de dicha palabra puede ser fuerte, resuelto, poderoso, valiente o firme en convicciones que conducen a la acción.[4]

Fortaleza significa poseer la determinación interior necesaria para cumplir los mandamientos de Dios (Deuteronomio 11.8; 1 Crónicas 28.7).[5] Ese es un punto importante. Tan importante que voy a repetirlo. ¿Qué es la verdadera fortaleza? La fortaleza es poseer la determinación interior necesaria para cumplir los mandamientos de Dios.

Dios no nos ciñe de poder para que hagamos lo que nos plazca. Él nos hace fuertes a fin de que tengamos el poder para hacer lo que *él quiere*.

Esto es completamente diferente a la perspectiva del mundo sobre la fortaleza.

Nuestra cultura afirma que una mujer fuerte hace todo lo que se propone. La Biblia dice que una mujer fuerte tiene el poder para hacer lo que Dios dice que debe hacer. Tiene el poder para mantenerse firme haciendo lo que es correcto a los ojos de Dios.

«Dichoso el que tiene en ti su fortaleza, que solo piensa en recorrer tus sendas» (Salmos 84.5). La mujer firme se propone llegar a Sión, la ciudad de Dios. En otras palabras, decide en su corazón recorrer las sendas que Dios tiene para ella. Con valentía y coraje hace de esas sendas su objetivo de vida.

Su fuerza está en Dios y su objetivo es seguirlo a él. Esto la llena de gran gozo. ¡Bienaventuradas —felices— las que hallan en Dios su fortaleza y en cuyos corazones están sus sendas!

La fortaleza que proviene de Dios no siempre parece fuerte a los ojos del mundo. Piense en Jesús, por ejemplo. «Maltratado y humillado, ni siquiera abrió su boca; como cordero, fue llevado al matadero; como oveja, enmudeció ante su trasquilador; y ni siquiera abrió su boca» (Isaías 53.7). Ahora bien, eso no parece describir a alguien fuerte, ¿verdad?

Pablo explicó que esa debilidad aparente de Cristo no era debilidad en absoluto, sino una demostración de fortaleza, porque estaba siendo obediente a Dios. Él se despojó a sí mismo. Tomó la naturaleza de siervo. «Se hizo obediente hasta la muerte, ¡y muerte de cruz!» (Filipenses 2.7-8).

Al volverse voluntariamente «débil» en ese sentido, aplastó y conquistó victoriosamente el poder del pecado. Lo que el mundo veía como debilidad era en realidad un acto de fuerza incalculable. Cristo no fue crucificado debido a que fuera débil, porque no fuera lo suficiente fuerte como para escapar de tal destino desagradable. La crucifixión fue más bien la expresión suprema de su fortaleza.

Pablo sostuvo esta contradicción aparente como modelo para su propio comportamiento. Él procedió a explicar: «[Cristo] no se muestra débil en su trato con ustedes, sino que ejerce su poder entre ustedes. Es cierto que fue crucificado en debilidad, pero ahora vive por el poder de Dios. De igual manera, nosotros participamos de su debilidad, pero por el poder de Dios viviremos con Cristo para ustedes» (2 Corintios 13.3-4).

Los corintios murmuraban contra Pablo, diciendo que él era débil en comparación con los grandes apóstoles. Pablo les advirtió que no se dejaran engañar por su presencia corporal débil y su actitud mansa y tierna. En la economía de Dios, el comportamiento que parece débil puede estar lleno de fuerza. La ternura y la mansedumbre no son signos de debilidad. Estos atributos dan un golpe más fuerte que la dureza y la impertinencia. Aunque Pablo pareciera débil para los corintios, él sabía que estaba fortalecido con el poder de Dios. Sabía que Dios lo usaría para aplastar el pecado en medio de ellos de manera poderosa.

La Biblia tiene su Salón de la Fama de los Héroes de la Fe donde aparecen los hombres y mujeres que fueron reconocidos por su fuerza, aunque parecían débiles según los parámetros de este mundo:

> Porque el tiempo me faltaría para contar de [aquellos] que mediante la fe conquistaron reinos, hicieron justicia, alcanzaron promesas, taparon bocas de leones, apagaron fuegos impetuosos, escaparon del filo de la espada, se revistieron de poder, siendo débiles, se hicieron fuertes en batallas, pusieron en fuga a ejércitos extranjeros. Las mujeres recibieron sus muertos mediante resurrección; mas otros fueron torturados, no aceptando el rescate, a fin de obtener una mejor resurrección. Otros experimentaron vituperios y azotes, y a más de esto prisiones y cárceles. Fueron apedreados, aserrados, puestos a prueba, muertos a filo de espada; anduvieron de acá para allá cubiertos con pieles de ovejas y de cabras, menesterosos, atribulados, maltratados; de los cuales el mundo no era digno; errando por los desiertos, por los montes, por las cuevas y por las cavernas de la tierra. (Hebreos 11.32-38, RVR1977)

El mundo no era digno de estos héroes. La gente los consideraba débiles, pero estaban equivocados. ¡Estos hombres y mujeres llenos de fe poseían la verdadera fortaleza!

En esta sección, hemos hecho hincapié en que la verdadera fortaleza depende de la fuerza de Dios. Se trata de una fortaleza débil y dependiente de la manera adecuada. Asimismo, hemos establecido que la verdadera fortaleza nos da el poder para hacer lo que Dios quiere que hagamos, incluso si hacer lo correcto nos hace parecer débiles ante los ojos de este mundo. De lo siguiente que quisiera hablarle es de aquello que hace que la verdadera fortaleza sea increíblemente fenomenal: podemos ser fuertes incluso cuando somos débiles.

La fortaleza de Dios se *perfecciona* en la debilidad.

CUANDO SOY DÉBIL,
ENTONCES SOY FUERTE

La fuerza humana es una ilusión frágil. Suele agotarse cuando nos encontramos ante circunstancias difíciles. De pronto, de manera inesperada, todo se nos puede venir abajo. Un accidente. Un diagnóstico desalentador. La pérdida de un empleo. Catástrofes. Engaño. La ruptura de una relación. Estos son los momentos en que vemos cuán débiles realmente somos.

Los eslóganes de nuestras camisetas pueden anunciar que somos fuertes, inteligentes, duras, asombrosas, feroces. Afirmar: «Las chicas pueden hacer cualquier cosa» o «ser fuerte me sienta bien». Sin embargo, en lo profundo de nuestro ser sabemos que no es verdad. Nuestra propia fuerza lamentablemente es insuficiente. Los eslóganes son huecos. Ningún grado de empoderamiento personal puede silenciar la comprensión persistente de que no tenemos lo necesario.

Simplemente, somos débiles.

Nuestra fortaleza y nuestro sentido de control son solo productos de nuestra imaginación, ilusiones que se desvanecen tan rápido como la neblina con el soplo del viento. «¡Un soplo nada más es el mortal! [...] Una quimera es la gente de humilde cuna, y una mentira la gente de alta alcurnia; si se les pone juntos en la balanza, todos ellos no pesan nada» (Salmos 39.5; 62.9).

¿Se sintió alguna vez de ese modo? Yo sí.

Cuando he llegado al límite de mi capacidad y ya no me quedan más fuerzas, es que el poder de Dios se vuelve extremadamente preciado para mí. Es entonces que me aferro a él para recibir lo que ha prometido. «Él fortalece al cansado y acrecienta las fuerzas del débil. Aun los jóvenes se cansan, se fatigan, y los muchachos tropiezan y caen; pero los que confían en el Señor renovarán sus fuerzas; volarán como las águilas: correrán y no se fatigarán, caminarán y no se cansarán» (Isaías 40.29-31).

Cuando no tengo fuerzas, no hay nada que pueda hacer excepto dejarme caer en los brazos de mi Padre celestial y Dios Todopoderoso. Y hallar fuerzas en él.

El apóstol Pablo solía alcanzar ese punto de debilidad. Les contó a sus amigos de las tantas veces en que se había sentido débil, incluso de sus encarcelamientos y golpizas que por lo general lo dejaban al borde de la muerte.

Cinco veces recibí de los judíos los treinta y nueve azotes. Tres veces me golpearon con varas, una vez me apedrearon, tres veces naufragué, y pasé un día y una noche como náufrago en alta mar. Mi vida ha sido un continuo ir y venir de un sitio a otro; en peligros de ríos, peligros de bandidos, peligros de parte de mis compatriotas, peligros a manos de los gentiles, peligros en la ciudad, peligros en el campo, peligros en el mar y peligros de parte de falsos hermanos. He pasado muchos trabajos y fatigas, y muchas veces me he quedado sin dormir; he sufrido hambre y sed, y muchas veces me he quedado en ayunas; he sufrido frío y desnudez. Y, como si fuera poco, cada día pesa sobre mí la preocupación por todas las iglesias. Cuando alguien se siente débil, ¿no comparto yo su debilidad? (2 Corintios 11.24-29)

Pablo comentó que la aflicción que experimentó en Asia fue tan extrema que él y sus acompañantes estaban tan agobiados bajo tanta presión que hasta habían perdido la esperanza de salir con vida.

Estaban seguros de que iban a morir.

«Pero eso sucedió para que no confiáramos en nosotros mismos», explicó, «sino en Dios, que resucita a los muertos» (1.9).

Si bien Pablo experimentó muchas situaciones difíciles, tenía una debilidad que particularmente le molestaba. La llamaba «una espina en mi carne» (12.7, RVR1977). No sabemos con exactitud qué era esta debilidad, pero sí sabemos que lo hostigaba y lo atormentaba. Tres veces le rogó a Dios que se la quitara.

El Señor le dijo: «Bástate mi gracia; porque mi poder se perfecciona en la debilidad» (v. 9, RVR1977). Como resultado de esta respuesta, Pablo dejó de pedirle a Dios que lo liberara de tal molestia. En cambio, comenzó a ver la debilidad como una oportunidad para que Dios pudiera manifestar su fuerza divina.

«Por tanto, de muy buena gana me gloriaré más bien en mis debilidades, para que habite en mí el poder de Cristo. Por lo cual, por amor a Cristo me complazco en las debilidades, en afrentas, en necesidades, en persecuciones, en estrecheces; porque cuando soy débil, entonces soy fuerte» (vv. 9-10, RVR1977).

La verdadera fortaleza «se perfecciona en la debilidad».

En otras palabras, la debilidad presenta la ocasión perfecta —la oportunidad más evidente y la más llamativa— para que el poder de Dios se manifieste. La capacidad de Dios resplandece con más fuerza en medio de la incapacidad humana.

Dios obra en medio de toda habilidad humana cuando es rendida a sus pies. Sin embargo, obrar en la debilidad prueba que también puede hacer su obra en la ausencia de cualquier habilidad de nuestra parte. Cuando es evidente que no tenemos la capacidad para prevalecer, él recibe una mayor gloria. Por eso el poder de Dios se perfecciona en la debilidad.

No sé si usted piensa igual, pero me conforta saber que *no necesito ser fuerte*.

Está bien ser débil.

De hecho, mi debilidad le da a Dios la oportunidad perfecta para mostrarme que él no necesita de mi fuerza ni de mi capacidad. Solo necesita que dependa de él.

Y él se encargará del resto.

Pablo nunca dijo que le gustaba ser débil. Tampoco dijo que intencionalmente trataba de ser débil. No. Lo que dijo fue que se complacía en las debilidades por amor a Cristo.

Comprendió la importancia de las mismas.

Comprendió que la incapacidad humana es el escenario perfecto para que la capacidad de Dios se manifieste. «Pero tenemos este tesoro en vasijas de barro para que se vea que tan sublime poder viene de Dios y no de nosotros» (4.7).

La debilidad de Pablo aumentó su dependencia de Jesús. Lo forzó a depender de esa relación. Por eso concluyó: «Cuando soy débil, entonces soy fuerte». Como una vez dijo el teólogo J. I. Packer: «Dios usa el dolor crónico y la debilidad, junto con otras clases de aflicciones, como su cincel para esculpir nuestra alma. La debilidad profundiza la dependencia de Cristo cada día. Mientras más débiles nos sintamos, mayor será nuestra dependencia y más fuerte creceremos espiritualmente, incluso cuando nuestros cuerpos se deterioren».[6]

Esto me trae a la memoria la historia de la vida de Joni Eareckson Tada. En una fracción de segundo, en una tarde calurosa de julio de 1967, un accidente de buceo transformó su vida para siempre. Ella pasó de ser una mujer joven y activa a quedar paralizada de los hombros para abajo y tener que vivir cada día en una silla de ruedas. Joni es cuadripléjica. Hoy, más de cincuenta años después de su accidente, resulta asombroso ver lo que ha logrado. Nadie se lo podría haber imaginado.

Ella es una conocida artista internacional que pinta con la boca, una vocalista talentosa que ha grabado varios álbumes musicales, presentadora de TV y radio, autora de más de cincuenta libros y defensora de las personas con discapacidades alrededor del mundo. Es fundadora de Joni y Amigos, una organización internacional dedicada a ayudar a personas con discapacidad, la cual organiza conferencias, restaura sillas de ruedas y dispositivos de movilidad, brinda aliento a los discapacitados y defiende sus derechos. Su historia fue publicada en un libro y una película galardonados. Ha recibido seis doctorados honorarios, ha sido honrada con docenas de premios y designada como asesora del Comité Consultivo de Discapacidades del Departamento de Estado de los Estados Unidos.

En contra de los pronósticos devastadores, Joni ha impactado a millones de vidas alrededor del mundo con el mensaje de salvación, esperanza y fortaleza en Cristo Jesús. A pesar de que está confinada a una silla de ruedas, ha sido una propulsora del reino de Dios. Y Joni no solo ha logrado todo esto mientras vive con cuadriplejia, también ha luchado contra el cáncer de mama y el dolor crónico e insoportable de por vida. Cada día ha sido una lucha.

Joni ha afirmado que su debilidad, es decir, su cuadriplejia, es su mayor recurso, porque cada mañana cuando despierta la obliga a correr a los brazos de Cristo.[7]

Cada mañana es un desafío levantarme. Es muy difícil vivir con cuadriplejia y sobrellevar sesenta y cinco años. Cuando me despierto en la
mañana, mis ojos permanecen aún cerrados, mi cabeza reposa sobre
la almohada, y puedo oír a mi amiga en la cocina preparando el agua
para el café. Sé que en un momento más va a entrar en la habitación
para bañarme en la cama, hacer mi rutina de ir al baño, ejercitar mis
piernas, ajustar mi corsé, vestirme y sentarme en una silla de ruedas.
Luego me llevará al baño, me cepillará el cabello, los dientes y limpiará mi nariz. Mis ojos aún están cerrados y ya estoy exhausta. Pienso:
«No tengo las fuerzas para hacer esto. Dios, estoy tan cansada de ser
cuadripléjica. Estoy tan cansada de todo. No puedo enfrentar esto un
día más, pero todo lo puedo a través de ti si me fortaleces. Entonces,
¿me darías tus fuerzas para enfrentar este día? Infunde hoy dentro de
mí la gracia necesaria para que pueda abrir mis ojos y vivir este día con
una actitud positiva». Le aseguro que cuando oro de esa manera —y
sucede casi cada mañana— para el momento en que mi amiga entra
en mi habitación con esa taza de café, tengo una sonrisa que ha sido
enviada directamente del cielo.[8]

He conocido a Joni. Su rostro es absolutamente radiante. Ella es un
ejemplo poderoso y viviente de lo que Dios puede hacer a través de la
debilidad.

«Niegue su debilidad», escribió Joni, «y nunca verá la fortaleza de
Dios en su vida [...] Mientras más débil me sienta, mayor será mi dependencia de la gracia de Dios; mientras más dependa de él, más descubriré
su poder y daré testimonio de su gracia».[9]

Tendemos a pensar en la debilidad y la fortaleza como opuestos. Ser
fuerte es un rasgo positivo; significa no tener debilidades. Ser débil es un
rasgo negativo; significa no tener fuerza. Sin embargo, espero que pueda
ver que la Biblia no se adhiere a esta definición.

La misma replantea su significado.

La Escritura enseña que todo aquel que confía en Dios es fuerte y el
que confía en sí mismo es débil. Su capacidad o incapacidad personal no
determina si usted es débil o fuerte, sino su dependencia de Dios.

Somos fuertes cuando dependemos de él. Cuando dependemos de Dios, él obra poderosamente a través de nuestras fortalezas y nuestras debilidades. Nuestras fuerzas ponen de manifiesto la fuerza de Dios. Sin embargo, ¿sabe algo? Nuestras debilidades también ponen de manifiesto la fuerza de Dios.

Usted puede ser una mujer fuerte sin importar qué combinación de fuerzas y debilidades presente. ¿Es una mujer fuerte y talentosa? ¡Genial! Sepa que todo lo que tiene proviene de Dios y dependa de él para recibir sabiduría y fortaleza a fin de usar sus talentos para la gloria de Dios.

¿Se siente débil e incapaz? ¡También es genial! Porque su incapacidad es el escenario perfecto para la capacidad de Dios. Esta le da a Dios la oportunidad de demostrar lo poderoso y fuerte que él es. Es una gran paradoja que, sin importar sus capacidades inherentes, abrazar la verdadera debilidad la hará más fuerte, y abrazar la fortaleza incorrecta la hará más débil.

¿Alguna vez se ha sentido débil?

Contrario a lo que el mundo pueda decirle, ese sentimiento no es algo que debería negar o por el cual sentirse avergonzada. Simplemente está sintiendo la verdad y la realidad de su situación. Usted *es* débil. ¡Todas lo somos! La mujer fuerte reconoce que es débil y que necesita a un Salvador.

Ella admite su necesidad.

Sabe que es solo el tipo bueno de debilidad —la debilidad humilde, dócil y dispuesta a aprender— la que la hará verdaderamente fuerte.

El Señor permite que nos sintamos débiles de vez en cuando (o a menudo, o incluso constantemente), a fin de que aprendamos a depender de su fortaleza. Él quiere que sepa que su gracia es suficiente para usted. Su debilidad es el escenario perfecto para que el poder de Dios se manifieste. Depender de él es lo que la fortalecerá. En la medida en que lo haga, descubrirá, como Joni e incontables otras mujeres, que todo lo *puede* en Cristo que la fortalece (Filipenses 4.13).

CONCLUSIÓN

Cada día más fuerte

Así son los que van de casa en casa
cautivando a mujeres débiles cargadas de
pecados, que se dejan llevar de toda clase de
pasiones. Ellas siempre están aprendiendo,
pero nunca logran conocer la verdad.
—2 Timoteo 3.6-7

En este libro hemos estudiado el pasaje en el cual Pablo
les llamó débiles a un grupo de mujeres en la iglesia de Timoteo. Es triste
pensar que la historia las ha inmortalizado de esta manera. En las páginas de la Escritura ellas siempre serán #PequeñasMujercillas; versiones
empequeñecidas, subdesarrolladas y limitadas de las mujeres que podrían
haber sido.

Me pregunto si habrán continuado por esos mismos caminos que las
condujeron a la debilidad. O si tal vez la carta de Pablo constituyó un
llamado de atención. Quizás algunas de ellas volvieron en sí y renuncia-
ron a los hábitos negativos que estaban debilitando sus fuerzas. Tal vez
comenzaron a poner en práctica algunos hábitos positivos y edificadores.

Es posible que algunas hayan crecido para llegar a ser tan fuertes como la amiga de Pablo, Priscila.

Eso espero. En realidad, me gusta pensar que sucedió así.

Porque todas hemos estado en el mismo lugar que ellas. Todas hemos estado en sus zapatos. Todas sabemos cómo se siente experimentar la debilidad incorrecta.

Y aunque a veces fracasamos miserablemente, la Escritura no nos deja sin esperanza. Tenemos a un Conquistador que murió por nosotras, pero aún más, resucitó victorioso; uno que conquistó el pecado y la muerte; que incluso ahora está a la derecha de Dios e intercede por nosotras (Romanos 8.34).

Dios quiere revestirla de fuerza y dignidad, ceñir su cintura y fortalecerla para el trabajo (Proverbios 31.17, 25). Quiere que sea una mujer fuerte. Y solo piense: para este fin, Cristo intercede por usted.

Recuerde, no existe un atajo o una fórmula secreta. Solo se trata de la sabiduría comprobada de la Escritura que establece los hábitos necesarios para edificar la fortaleza espiritual en su ser. Como dije al principio, estos hábitos no son tareas complicadas que necesitará agregar a su lista de quehaceres diarios. Por el contrario, son hábitos sencillos, cosas pequeñas que puede poner en práctica *todo el tiempo*. Si hace estas cosas constantemente, crecerá en fortaleza. No obstante, si solo piensa en hacerlas o solo las hace de vez en cuando, no será así.

Hagamos una revisión rápida de lo que hemos aprendido de 2 Timoteo 3.6-7 y analizado en los capítulos anteriores.

HÁBITO 1: ATRAPE A LOS INTRUSOS

La mujer débil tolera a los intrusos («van de casa en casa»). No sabe cómo diferenciarlos ni tiene la fuerza suficiente para resistir sus avances. La mujer fuerte permanece alerta. Sabe que el pecado no avanza a saltos, sino que lo hace poco a poco, un pequeño paso a la vez.

HÁBITO 2: DOMINE SU MENTE

La mujer débil no guarda su mente («cautivando»). Es cautivada y seducida por patrones de pensamientos que no están en consonancia con la verdad. La mujer fuerte alinea sus pensamientos con la verdad. Busca llevar cautivo todo pensamiento a la obediencia a Cristo.

HÁBITO 3: DESHÁGASE DE LA CARGA

La mujer débil está cargada de pecado, culpa y vergüenza («cargadas de pecados»). Deja que la carga se acumule. La mujer fuerte tiene el hábito de confesar de manera rápida, honesta, sincera y con la tristeza que viene de Dios. Se deleita en la libertad y el gozo del perdón de Cristo.

HÁBITO 4: CONTROLE SUS EMOCIONES

La mujer débil está dominada por sus emociones («se dejan llevar de toda clase de pasiones»). Ella reprime sus emociones o coloca su mente en punto muerto, permitiendo que sus emociones la dirijan. La mujer fuerte controla sus emociones. No permite que Satanás las use contra ella. En cambio, se las ofrece a Dios como instrumentos de justicia.

HÁBITO 5: PASE DEL DICHO AL HECHO

La mujer débil no pone en práctica lo que aprende («siempre están aprendiendo»). La mujer fuerte entiende que nada se aprende hasta que se pone en práctica. Examina su corazón buscando señales de hipocresía y constantemente da pequeños pasos de obediencia.

HÁBITO 6: MANTÉNGASE FIRME

La mujer débil no tiene convicciones sólidas («nunca logran conocer la verdad»). Es influenciada fácilmente por ideas nuevas y populares que promueven las celebridades religiosas y los amigos de Facebook. La mujer fuerte ejercita el discernimiento. Se mantiene firme en la sana doctrina, aun cuando sea poco popular o parezca pasada de moda.

HÁBITO 7: ADMITA SUS NECESIDADES

La mujer débil abraza la fortaleza equivocada («mujeres débiles»). La mujer fuerte sabe que depender de Jesús constantemente es lo que la hará fuerte. Reconoce que todo lo que ella es y tiene ha venido de su mano. Es fuerte incluso cuando es débil, porque el poder de Dios se perfecciona en su debilidad.

FUERTE Y VALIENTE EN TODO MOMENTO

Comencé el capítulo anterior contándole la historia de cuando mi hermano Gordon y yo nos peleamos porque me dijo que era una niña cobarde y débil. Ahora debo contarle el resto de la historia.

Con mis puños levantados, me movía lentamente alrededor del cuadrilátero que habíamos creado, intimidando con la mirada a mi oponente. Sabía que esa era la manera correcta de comenzar una pelea basándome en lo que había visto en los disturbios después de la escuela.

Lo rodeé varias veces, y luego comencé a lanzar golpes.

Al principio, mi hermano simplemente realizaba maniobras evasivas. Le causaba gracia.

Me molestaba que no quitara esa sonrisa exasperante de su rostro. Empecé a golpear más fuerte. De algún modo, logré darle un buen golpe en la nariz. Y la sonrisa arrogante desapareció.

Fue en ese momento que comenzó a pelear.

Y fue entonces cuando comencé a perder.

Sus golpes me dolían. No pasó mucho tiempo antes de que me encontrara sollozando, enfurecida, fuera de control, arañando y gritando y pegando patadas como mejor podía. Aunque resultaba evidente que me estaba ganando, no había forma de que me rindiera o admitiera la derrota.

Estaba claro que sustancialmente él era más fuerte. No había manera de que pudiera ganar una pelea contra él.

Nuestro hermano Bert, que era un año mayor que Gordon, oyó el alboroto desde abajo y subió a investigar. Entró a la sala de estar justo cuando Gordon me inmovilizaba boca abajo sobre la alfombra. Tomando a Gordon del cuello, Bert lo quitó de encima de mí y le gritó: «¡Cómo te atreves a golpear a tu hermana!».

Respirando con dificultad, le expliqué que Gordon me había dicho que era una niña cobarde y débil. Molesto, Bert replicó: «Será mejor que entiendas que sí *eres* una niña, y que si te involucras en una pelea con él, vas a recibir una golpiza». Él continuó diciendo: «La próxima vez que tengas un problema, me llamas y yo me encargo».

Sonrío cuando considero la precisión con que este enfrentamiento de mi infancia refleja algunas verdades importantes sobre la fuerza y la debilidad.

No me gusta que me llamen débil. En particular, no me gusta que Pablo haya llamado débiles a esas mujeres en la iglesia de Éfeso.

No obstante, la verdad es que todas nosotras *somos* débiles.

En la batalla contra el pecado y el engaño, nuestra propia fuerza lamentablemente es insuficiente. Creemos que somos lo suficientemente fuertes para manejar las cosas, pero no lo somos. Sin ayuda, vamos a recibir una golpiza.

Todas las veces.

He aquí la ironía: una mujer débil intenta parecer fuerte. Sin embargo, una mujer de fortaleza reconoce que es débil y necesita a un Salvador.

Con Cristo Jesús como nuestro poderoso Salvador, somos capaces de ganar la batalla. No porque seamos fuertes e invencibles, sino porque él lo es.

Moisés se sentía débil. Cuando Dios lo mandó a que librara a los hijos de Israel de Egipto y los guiara a la tierra prometida, trató de eludir la misión. No obstante, el Señor no dejó que se escapara. Cada vez que el anciano de ochenta años presentaba una objeción aludiendo a su debilidad y falta de capacidad, el Señor la rechazaba. En esencia, le dijo a Moisés: «El hecho de que seas débil es irrelevante. Yo soy fuerte. Yo estaré contigo. Yo te ayudaré. Yo te enseñaré. Yo soy quien hará que todo suceda» (Éxodo 3.11; 4.10-17).

Moisés debió haber aprendido una o dos cosas con los años, porque en el momento en que se dirigió al pueblo de Israel poco antes de su muerte, cuando estaban a punto de entrar a la tierra prometida, los exhortó a que fueran fuertes y valientes. Les aseguró que el Señor estaría con ellos y pelearía a su favor.

Por eso podían ser fuertes.

Por eso podían ser valientes.

«Sean fuertes y valientes. No teman ni se asusten ante esas naciones, pues el Señor su Dios siempre los acompañará; nunca los dejará ni los abandonará». Llamó entonces Moisés a Josué, y en presencia de todo Israel le dijo: «Sé fuerte y valiente, porque tú entrarás con este pueblo al territorio que el Señor juró darles a sus antepasados. Tú harás que ellos tomen posesión de su herencia. El Señor mismo marchará al frente de ti y estará contigo; nunca te dejará ni te abandonará. No temas ni te desanimes». (Deuteronomio 31.6-8)

El mandato de ser fuerte y valiente se repite en varias oportunidades en toda la Biblia. Y en cada una de ellas la razón de esta actitud llena de valentía no se basaba en la capacidad de los individuos a quienes les era encomendada esta orden, sino en el hecho de que Dios estaría con ellos. «Ya te lo he ordenado: ¡Sé fuerte y valiente! ¡No tengas miedo ni te desanimes! Porque el Señor tu Dios te acompañará dondequiera que vayas» (Josué 1.9).

Dios, su Dios, está con usted *dondequiera que vaya*.

Este es un gran recordatorio. Convertirse en una mujer fuerte no es algo que sucede de la noche a la mañana. Hay mucho por recorrer en este peregrinaje. Conlleva años de hábitos consecuentes; miles de pequeños y en apariencia insignificantes pasos de obediencia. Estos pequeños pasos, dados de manera constante a lo largo del tiempo, marcarán una diferencia radical en su vida. Los hábitos piadosos son los que la convertirán en una mujer fuerte de Dios. Y hacia el final de su vida, tendrá la satisfacción de mirar hacia atrás y saber que usted fue fuerte en el Señor.

Se ciñó con la verdadera fortaleza.

La única fortaleza que realmente cuenta.

Para terminar, permítame encargarle este mandato: «Fortalézcanse con el gran poder del Señor» (Efesios 6.10). Usted todo lo *puede* en él que la fortalece. Sea fuerte y muy valiente.

No tenga miedo ni se desanime. Porque el SEÑOR su Dios la acompañará dondequiera que vaya.

SIETE HÁBITOS PARA DESARROLLAR SU FORTALEZA

7. ADMITA SUS NECESIDADES

1. ATRAPE A LOS INTRUSOS

6. MANTÉNGASE FIRME

2. DOMINE SU MENTE

5. PASE DEL DICHO AL HECHO

3. DESHÁGASE DE LA CARGA

4. CONTROLE SUS EMOCIONES

NOTAS

AQUÍ NO HAY MUJERES DÉBILES

1. «These Boots Are Made for Walkin'», interpretada por Nancy Sinatra, escrita por Lee Hazlewood, 1966. «Respect», interpretada por Aretha Franklin, escrita por Otis Redding, 1967. «I Am Woman», interpretada por Helen Reddy, escrita por Helen Reddy y Ray Burton, 1971.

2. Estoy en deuda por la mayor parte de la información sobre el antiguo Éfeso con Steven Baugh y su estudio exhaustivo de las inscripciones efesias. Ver Steven Baugh, «A Foreign World: Ephesus in the First Century», en *Women in the Church: A Fresh Analysis of 1 Timothy 2:9-15*, eds. Andreas J. Köstenberger, Thomas R. Schreiner, y H. Scott Baldwin (Grand Rapids, MI: Baker Books, 1995), pp. 46-47. Ver también G. L. Borchert, «Ephesus», en *The International Standard Bible Encyclopedia*, vol. 2, ed. Geoffrey W. Bromiley, ed. rev. (Chicago, IL: Howard-Severence Company, 1915; Grand Rapids, MI: Eerdmans, 1982), pp. 115-17.

3. Matthew G. Easton, *Easton's Bible Dictionary* (Nueva York: Harper & Brothers, 1893).

4. Steven Baugh, «Cult Prostitution in New Testament Ephesus: A Reappraisal», *Journal of the Evangelical Theological Society* 42, n°. 3 (septiembre 1999), p. 452, http://www.etsjets.org/files/JETS-PDFs/42/42 -3/42-3-pp443-460_JETS.pdf.

5. Mark Cartwright, «Temple of Artemis at Ephesus», *Ancient History Encyclopedia*, https://www.ancient.eu/Temple_of_Artemis_at_Ephesus/.

6. Steven Baugh, «A Foreign World», pp. 46-47.

7. «Run the World (Girls)», interpretada por Beyoncé, escrita por Terius «The Dream» Nash y Beyoncé, 2011. «Independent Women», interpretada por Destiny's Child, escrita por Beyoncé, Cory Rooney, Samuel Barnes y Jean-Claude Olivier, 2000. «Confident», interpretada por Demi Lovato, escrita

por Demi Lovato y Savan Kotecha, 2015. «Fight Song», interpretada por Rachel Platten, escrita por Rachel Platten y Dave Bassett, 2015. «Brave», interpretada por Sara Bareilles, escrita por Sara Bareilles y Jack Antonoff, 2013. «Stronger», interpretada por Britney Spears, escrita por Max Martin y Rami Yacoub, 2000.

HÁBITO 1: ATRAPE A LOS INTRUSOS

1. Corey Charlton, «This Thai Woman Holds the Guinness World Record for Holding a Deadly Scorpion in Her Mouth for More Than Three Minutes», *The Sun*, 5 junio 2017, https://www.thesun.co.uk/news/3728554/ thai-woman-guinness-world-record-held-scorpion-in-mouth-three-minutes/.
2. «Phobia List—The Ultimate List of Phobias and Fears», FearOf.net, https://www.fearof.net/.
3. Johannes P. Louw y Eugene Albert Nida, *Greek-English Lexicon of the New Testament: Based on Semantic Domains* (Nueva York: United Bible Societies, 1996), p. 194. También, Barclay M. Newman Jr., *A Concise Greek-English Dictionary of the New Testament* (Stuttgart, Alemania: Deutsche Bibelgesellschaft; United Bible Societies, 1993), p. 60.
4. C. S. Lewis, *Cartas del diablo a su sobrino*, ed. rev. (Londres: Geoffrey Bles, 1942; San Francisco: HarperOne, 2015), p. ix.
5. *Autobiography of Charles Darwin*, ed. rev. (Londres: John Murray, 1887; Nueva York: Barnes and Noble Publishing, 2005), p. 156. [*Autobiografía Charles Darwin* (Bogotá: Grupo Editorial Norma, 2007)].
6. «How Much Time Do We Spend on Social Media?», Mediakix, 15 diciembre 2016.

HÁBITO 2: DOMINE SU MENTE

1. Soren Billing, «Four Decades of Stockholm Syndrome», *The Local*, 21 agosto 2013, disponible en: https://www.thelocal.se/20130821/49754.
2. Christopher Klein, «The Birth of "Stockholm Syndrome", 40 Years Ago», *History*, 23 agosto 2013, https://www.history.com/news/ stockholm-syndrome.
3. «Patty Hearst», biografía, https://www.biography.com/people/ patty-hearst-9332960.
4. Johannes P. Louw y Eugene A. Nida, *Greek-English Lexicon of the New Testament: Based on Semantic Domains*, vol. 1, 2.ª ed. (Nueva York: United Bible Societies, 1989), p. 352.

5. Esther Landhuis, «Neuroscience: Big Brain, Big Data», *Scientific American*, 26 enero 2017, https://www.scientificamerican.com/neuroscience-big-brain-big-data/.

6. Fundación Nacional para la Ciencia, citado en Fran Simone, «Negative Self-Talk: Don't Let It Overwhelm You», *Psychology Today*, 4 diciembre 2017, https://www.psychologytoday.com/us/blog/family-affair/201712/negative-self-talk-dont-let-it-overwhelm-you.

7. «What Would Jesus Do?: The Rise of a Slogan», *BBC News*, 8 diciembre 2011, https://www.bbc.com/news/magazine-16068178.

8. R. C. Sproul, citado en Nathan W. Bingham, «Renewing Your Mind: Celebrating 20 Years and Still Growing», Ligonier Ministries, 8 octubre 2014, https://www.ligonier.org/blog/renewing-your-mind-celebrating-20-years-and-still-growing/.

9. Tim Challies, «Renew Your Mind», Challies (sitio web), 26 mayo 2017, https://www.challies.com/articles/renew-your-mind/.

10. Spiros Zodhiates, ed., *The Complete Word Study Dictionary: New Testament* (Chattanooga, TN: AMG Publishers, 2000).

HÁBITO 3: DESHÁGASE DE LA CARGA

1. Terrence McCoy, «The Strange Saga of Now-Dead Billionaire South Korean Ferry Owner Yoo Byung-Un», *Washington Post*, https://www.washingtonpost.com/news/morning-mix/wp/2014/07/22/the-strange-saga-of-now-dead-billionaire-south-korean-ferry-owner-yoo-byung-un/?utm_term=.bb941e8d7407; Choe Sang-Hun, Martin Fackler, Alison Leigh Cowan y Scott Sayare, «In Ferry Deaths, a South Korean Tycoon's Downfall», Nytimes.com, 26 julio 2014, https://www.nytimes.com/2014/07/27/world/asia/in-ferry-deaths-a-south-korean-tycoons-downfall.html; «South Korea Ferry Disaster Suspect Hid as Cops Searched Cabin», NBC News, https://www.nbcnews.com/storyline/south-korea-ferry-disaster/south-korea-ferry-disaster-suspect-hid-cops-searched-cabin-n162861; «Thousands March in South Korea Anti-Government Protest over Ferry Disaster», *CBC News*, http://www.cbc.ca/news/world/south-korea-ferry-disaster-sparks-anti-government-protest-1.3048816, *The Times*, 2015, «Ferry Disaster in South Korea: a Year Later», Nytimes.com, https://www.nytimes.com/interactive/2015/04/12/world/asia/12ferry-timeline.html#/#time367_10851.

2. Will L. Thompson, «Cuán tiernamente nos está llamando», 1880, http://www.literaturabautista.com/himno-cuan-tiernamente-nos-esta-llamando.

3. «Sin», Urban Dictionary, 1 febrero 2018, https://www.urbandictionary. com/define.php?term=Sin.

4. «Billy Graham's Answer: What Is Sin? Are All Sins Equal in God's Eyes?», Billy Graham Evangelistic Association, 26 marzo 2014, https://billygraham. org/story/billy-grahams-answer-what-is-sin-are-all-sins-equal-in-gods-eyes/.

5. R. E. O. White, «Sin», en *Baker Encyclopedia of the Bible*, vol. 2, ed. Walter A. Elwell (Grand Rapids, MI: Baker Book House, 1988), p. 1968. Ver también Deuteronomio 5; Mateo 5.33-35; 6.1-6, 9-10, 25-33; 22.35-38; 23.2-4, 16-26; 25.41-46; Marcos 3.28-30; Lucas 12.16-21; 16.19-31; Romanos 1.28-32; 1 Corintios 5.11; 6.9-10; 2 Corintios 12.20-21; Gálatas 5.19-21; Efesios 4.25-32; 5.1-4; Filipenses 4.6; 2 Timoteo 3.1-3.

6. Thompson, «Cuán tiernamente nos está llamando».

7. Simon J. Kistemaker y William Hendriksen, *Comentario al Nuevo Testamento: Santiago – 1-3 Juan* (Libros Desafío, 2001). Ver también Colin G. Kruse, *The Letters of John*, The Pillar New Testament Commentary (Grand Rapids, MI: Eerdmans; Leicester, Reino Unido: Apollos, 2000), p. 68.

8. Kenneth S. Wuest, *Word Studies from the Greek New Testament*, vol. 1 (Grand Rapids, MI: Eerdmans, 1955), p. 177.

HÁBITO 4: CONTROLE SUS EMOCIONES

1. Douglas J. Moo, *The Letter of James*, The Pillar New Testament Commentary (Grand Rapids, MI: Eerdmans; Leicester, Reino Unido: Apollos, 2000), p. 74.

2. Randy Alcorn, «Emotions: Part of Being Created in God's Image», Eternal Perspective Ministries, 2 mayo 2011, https://www.epm.org/blog/2011/ May/2/emotions-part-being-created-gods-image.

3. D. Martyn Lloyd-Jones, *Depresión espiritual: Sus causas y su cura* (Grand Rapids, MI: Libros Desafío, 2004), p. 65.

4. G. Walter Hansen, «The Emotions of Jesus», *Christianity Today*, 3 febrero 1997, https://www.christianitytoday.com/ct/1997/february3/7t2042.html.

5. Matthew Elliott, *Feel: The Power of Listening to Your Heart* (autopublicación, Amazon CreateSpace, 2014), p. 36.

6. Ver Mary A. Kassian y Nancy Leigh DeMoss, *True Woman 101: Divine Design, An Eight-Week Study on Biblical Womanhood* (Chicago, IL: Moody Publishers, 2012), p. 102. [*Mujer verdadera 101: Diseño divino, un estudio de ocho semanas sobre la feminidad bíblica*, (Grand Rapids, MI: Editorial Portavoz, 2014)].

7. Os Guinness, *God in the Dark: The Assurance of Faith Beyond a Shadow of Doubt* (Wheaton, IL: Crossway, 1996), p. 128.

8. Carolyn Mahaney y Nicole Whitacre, *True Feelings: God's Gracious and Glorious Purpose for Our Emotions* (Wheaton, IL: Crossway, 2017), p. 51.

9. Lloyd-Jones, *Depresión espiritual*, p. 69.

10. Mahaney y Whitacre, *True Feelings*, p. 58.

11. Andrew Colman, *A Dictionary of Psychology*, 3.ª ed. (Oxford, Reino Unido: Oxford University Press, 2015), p. 248.

12. Elliott, *Feel*, p. 52.

13. Jon Bloom, «Your Emotions Are a Gauge, Not a Guide», Desiring God, 3 agosto 2012, https://www.desiringgod.org/articles/your-emotions-are-a-gauge-not-a-guide.

14. Lloyd-Jones, *Depresión espiritual*, p. 21.

15. Blaise Pascal, *Pensamientos* (Madrid: Ediciones Rialp, S. A., 2014), p. 48.

16. C. S. Lewis, *The Weight of Glory: and Other Addresses,* ed. rev. (Londres: Geoffrey Bles, 1949; San Francisco: HarperOne, 2001), p. 26. [*El peso de la gloria* (Nashville: HarperCollins Español, 2016)].

HÁBITO 5: PASE DEL DICHO AL HECHO

1. «Number of English Translations of the Bible», American Bible Society, 2 diciembre 2009, http://news.americanbible.org/article/number-of-english-translations-of-the-bible.

2. «Faith Has a Limited Effect on Most People's Behavior», Barna Research, 24 mayo 2004, https://www.barna.com/research/faith-has-a-limited-effect-on-most-peoples-behavior/; «Research: Only 17% of Christians Actually Have a Biblical Worldview», *Relevant*, 11 mayo 2017, https://relevantmagazine.com/slice/research-only-17-of-christians-actually-have-a-biblical-worldview/.

3. «Leaning Tower of Pisa Facts», Leaning Tower of Pisa, http://www.towerofpisa.org/leaning-tower-of-pisa-facts/. Philippe Ridet, «Leaning Tower of Pisa Straightens Up», *The Guardian*, 24 septiembre 2013, https://www.theguardian.com/artanddesign/2013/sep/24/leaning-tower-pisa-restoration-architecture.

4. Previamente hablé acerca de las señales de la hipocresía en otro libro: Mary A. Kassian, *Chicas sabias en un mundo salvaje* (Grand Rapids, MI: Editorial Portavoz, 2017).

5. «Standing in the Need of Prayer», African-American spiritual, https://hymnary.org/text/not_my_brother_nor_my_sister_but_its_me.

6. *The Very Best of Malcolm Muggeridge*, ed. Ian Hunter, 2.ª ed. (Londres: Hodder & Stoughton Ltd.; Vancouver, British Columbia: Regent College Publishing, 2003), p. 109.

7. Varios comentaristas han opinado acerca de la edad de Isaac al momento de este suceso. La mayoría cree que tenía más de dieciocho años. Para una revisión de la literatura y un resumen de los argumentos, ver Dave Miller, «How Old Was Isaac When Abraham Was Told to Offer Him?», Apologetics Press, 2003, https://www.apologeticspress.org/APContent.aspx?category=11&article=1272.

HÁBITO 6: MANTÉNGASE FIRME

1. Andrew Knighton, «When Rome Crushed Israel: The Siege of Masada», *War History Online*, 1 marzo 2018, https://www.warhistoryonline.com/ancient-history/rome-crushed-israel-masada.html.

2. Anthony J. Saldarini, «Knowledge», en *The HarperCollins Bible Dictionary*, ed. Mark Allan Powell, 3.ª ed. (San Francisco: HarperOne, 2011), pp. 521-22.

3. A. H. Pierce, «Hellenistic Schools» en *The Lexham Bible Dictionary*, ed. John D. Barry et al. (Bellingham, WA: Lexham Press, 2016).

4. «10 Famous and Great Philosophers in Greek History», EnkiVillage, https://www.enkivillage.org/famous-greek-philosophers.html.

5. «Epicureanism», ReligionFacts, 17 marzo 2015, http://www.religionfacts.com/epicureanism.

6. «10 Famous and Great Philosophers in Greek History».

7. «Epicureanism and Religion», The Basics of Philosophy, 2009, https://www.philosophybasics.com/branch_epicureanism.html.

8. Chris Fisher, «The Stoic God—Episode 3», 5 abril 2018, en *Stoicism on Fire*, pódcast, MP3 audio, http://www.traditionalstoicism.com/the-stoic-god-episode-3/.

9. «Stoicism: Practical Philosophy You Can Actually Use», Ryan Holiday, Meditations on Strategy and Life (sitio web), 17 junio 2014, https://ryanholiday.net/stoicism-a-practical-philosophy-you-can-actually-use/.

10. W. D. Mounce, *Word Biblical Commentary*, vol. 46, *Pastoral Epistles* (Nashville, TN: Thomas Nelson, 2000), p. 549.

11. Para un excelente resumen general de la doctrina de la Palabra de Dios y la autoridad de nuestro canon de la Escritura, le recomiendo que lea Wayne Grudem, *Teología sistemática: Introducción a la doctrina bíblica* (Zondervan, 2012).

12. David Emery, «Did the 1938 Radio Broadcast of "War of The Worlds" Cause a Nationwide Panic?», Snopes, 28 octubre 2016, https://www.snopes.com/fact-check/war-of-the-worlds/.

13. A. Brad Schwartz, «The Infamous "War of The Worlds" Radio Broadcast Was a Magnificent Fluke», Smithsonian.com, 6 mayo 2015, https://www.smithsonianmag.com/history/infamous-war-worlds-radio-broadcast-was-magnificent-fluke-180955180/.

14. «Fake White House Bomb Report Causes Brief Stock Market Panic», *CBC News*, http://www.cbc.ca/news/business/fake-white-house-bomb-report-causes-brief-stock-market-panic-1.1352024.

15. Walter A. Elwell y Philip W. Comfort, eds., *Tyndale Bible Dictionary* (Wheaton, IL: Tyndale House Publishers, 2001), p. 535.

16. T. H. White, *The Book of Merlyn: The Conclusion to the Once and Future King* (Austin, TX: University of Texas Press, 1977), p. 132 [*El libro de Merlín: La conclusión de la vida del rey Arturo* (Debolsillo, 2012)].

17. Knofel Staton, *Timothy–Philemon, Unlocking the Scriptures for You*, 2.ª ed. (Cincinnati, OH: Standard, 1988; Eugene, OR: Wipf y Stock, 2001), p. 147.

18. Staton, *Timothy–Philemon*.

19. «Doctrine», *English Oxford Living Dictionaries*, https://en.oxforddictionaries.com/definition/doctrine; «Doctrine», *Collins Dictionary*, https://www.collinsdictionary.com/dictionary/english/doctrine.

20. Grudem, *Systematic Theology*, p. 83.

21. Grudem, *Systematic Theology*, p. 83.

HÁBITO 7: ADMITA SUS NECESIDADES

1. «I Am Woman», Reddy y Burton.

2. Danielle Campoamor, «What It Means to Be a "Strong" Woman», HuffPost, 21 octubre 2016, https://www.huffingtonpost.com/danielle-campoamor/what-it-means-to-be-a-strong-woman_b_8341406.html.

3. Eugene E. Carpenter y Philip W. Comfort, *Holman Treasury of Key Bible Words: 200 Greek and 200 Hebrew Words Explained and Defined* (Nashville, TN: Broadman & Holman Publishers, 2000), p. 182.

4. Ingrid S. Faro, «Strength», en *Lexham Theological Wordbook*, eds. Douglas Mangum et al., Lexham Bible Reference Series (Bellingham, WA: Lexham Press, 2014).

5. Faro, «Strength».

6. J. I. Packer, *In God's Presence: Daily Devotions with J. I. Packer*, ed. Jean Watson (Colorado Springs, CO: Shaw Books, 2000), p. 19.

7. Joni Eareckson Tada, entrevista de Eryn Sun, «Joni Eareckson Tada on Wilberforce Award, "Better Off Dead than Disabled" Mentality», *The Christan Post*, 2011, https://www.christianpost.com/news/joni-eareckson-tada-on-wilberforce-award-better-off-dead-than-disabled-mentality-71536/.

8. Joni Eareckson Tada, entrevista de Warren Cole Smith, «Joni Eareckson Tada: Suffering Is Sacred», *World*, 22 octubre 2014, https://world.wng.org/2014/10/joni_eareckson_tada_suffering_is_sacred.

9. Joni Eareckson Tada, *La mano de Dios en tiempos difíciles* (B&H Publishing Group, 2012).

ACERCA DE LA AUTORA

Mary A. Kassian es una autora galardonada y conferencista de reconocimiento internacional. Ha publicado varios libros y estudios bíblicos, entre ellos *Chicas sabias en un mundo salvaje* y *La conversación apacible: Para que la Palabra de Dios cambie su manera de hablar*. Ella y su familia viven en Canadá.

Nos agradaría recibir noticias suyas.
Por favor, envíe sus comentarios sobre este libro
a la dirección que aparece a continuación.
Muchas gracias.

Vida@zondervan.com
www.editorialvida.com

Printed in the USA
CPSIA information can be obtained
at www.ICGtesting.com
LVHW031448040824
787161LV00010B/75